台灣經濟論叢②

台灣通貨膨脹
1945~1998

于宗先、王金利／著

序

　　通貨膨脹現象，在已開發國家是個久受重視的課題；在新興工業化國家是個不可掉以輕心的經濟問題；在開發中國家是個揮不掉的夢魘。在台灣，儘管最近二十年來未再出現使人有朝不保夕之感的通貨膨脹，但是衹要回顧過去五十年來台灣經濟發展史，我們無法不理會1940年代至1950年代初，所體驗過的惡性通貨膨脹，給人們的慘痛經驗。從1950年代下半期到1960年代，台灣經濟出現高成長、低通膨的昇平局面，曾使人們沉醉於那種從未經歷過的美好境界。可是曾幾何時，1970年代所發生的世界性石油危機，又一度使我們陷入惡性通貨膨脹之泥沼。自1980年代至二十世紀末，惡性通貨膨脹未再出現，但是經歷過惡性通貨膨脹肆虐的人，對惡性通貨膨脹仍有「談虎色變」的反應。事實上，世界各國的物價起起伏伏，持續不斷干擾人們的日常生活，所以大家重視通貨膨脹，並視其為衡量一國經濟發展的一種重要指標，是有其歷史原因的。

　　我們撰寫這本《台灣通貨膨脹》，其目的不是介紹通貨膨脹的各種理論，而是以台灣一般物價變動為主幹，運用基本經濟理論和計量的實證分析，探討台灣經濟發展各階段中一般物價劇烈翻動和溫和波動的成因，其對社會經濟造成的傷害，政府的因應對策及其效果，俾產生鑑古知今的作用。

　　如同1997年我們所完成的《台灣泡沫經濟》一樣，這是由俞國華文教基金會所支持進行的「台灣通貨膨脹」研究計畫的成果。如果沒有俞國華文教基金會的大力支持，要想撰寫一種像這樣的專書，雖非不可能，但困難是相當的多，這是我們衷心銘感的。為使這本書避免不必要的錯誤，我們特地邀請國內經濟學界的幾位朋友，如李庸三、巫和懋與吳中書等，給我們提供意見，使我們避免了不應犯的錯誤。同時，在這裡，我們也要感謝中國經濟企業研究所黃國樞先生的校閱，行政院主計處第三局林國榮研究員，台灣銀行經濟研究處周大中科長，他們熱心協助蒐集有關資料；程文田先生一年來盡心盡力蒐集資料、整理與計算，同時也負責打字與排版，最為辛勞。如本書仍有謬誤，本書作者負完全責任。尚祈海內外讀者，不吝指正。

于宗先、王金利　同識

1999 年元月

目　次

表 次

圖　次

第一章
導　論

　　通貨膨脹之所以爲人類的夢魘是有其歷史背景的。世界上的國家無論貧或富，都曾經歷過通貨膨脹的肆虐與其所帶來的痛苦，所以當談到通貨膨脹時，無論政府或社會大眾，都有「談虎色變」的反應。正因爲通貨膨脹對人類生活之影響如此之大，在論及一國經濟發展時，無不將通貨膨脹作爲一個重要的指標。

　　回顧二十世紀，第一次世界大戰結束後，德國的惡性通貨膨脹孕育了納粹勢力，使希特勒取得了德國的政權；而第二次世界大戰結束後，中國的惡性通貨膨脹助長了共產黨勢力，使毛澤東輕易取得中國的政權。由此可以理解，如果一國通貨膨脹過於嚴重，它會使舊政治體制瓦解，新政治體制誕生；而新政治體制能否造福一國人民，歷史未給予肯定的答案，但嚴重的通貨膨脹卻被視爲人類公敵。既然它是人類公敵，我們就應防範它的產生與蔓延。

　　我們撰寫這本書的目的，主要是要記取歷史教訓，盡最大的努力，使通貨膨脹產生的根源斷絕；使通貨膨脹發生後的影

響範圍縮小。為了記取歷史教訓,我們將二次世界大戰末期至
1990年代期間,各階段台灣通貨膨脹,結合歷史分析法和實證
方法,探討其形成原因所產生的影響,及政策措施的效果。基
於這些考慮,本書的安排是:先說明通貨膨脹的涵義,及其所
牽涉的問題,以期廓清一般人對通貨膨脹的誤解。接著分析通
貨膨脹的成因,在這一部分,我們扼要地介紹了流行的各種學
說,並以台灣為例,說明決定物價變動的因素,然後從歷史的
角度,將過去六十年期間的物價變化,按其性質,分成四時期
來闡釋,即(1)惡性通貨膨脹時期,(2)快速成長與物價穩定時
期,(3)石油危機時期及(4)泡沫經濟與資產不景氣時期。對於
每個時期物價變化的過程做了詳細的描述,對其成因也做了客
觀的剖析。

　　戰後初期的惡性通貨膨脹,當時由於台灣正處於戰亂時
期,生產衰退、濫發通貨,同時需求增強,致發生歷史上罕見
的惡性通貨膨脹。為消除這種通貨膨脹,政府採取了財政政策、
外匯政策與貨幣政策,這些政策多發揮了它的效果。當物價上
漲被消除之後,便是溫性通貨膨脹的來臨,在此期間,台灣經
濟成長快速。孰料到了1970年代,石油危機發生,以對外貿易
為經濟發展領導部門的台灣經濟受了很大的衝擊。第一次石油
危機來臨時,政府採取了傳統的限價措施,結果,不但無效,
且益增物價之上漲;到第二次石油危機時,政府放任市場的自
由運作,物價上漲的程度反而大幅降低。石油危機所影響的年
代很短,前後共有四年,石油危機過後,馬上恢復高度的經濟

成長，到了1980年代的泡沫經濟時期，雖然股價飆漲，房地產價值也一夕數漲，但是一般物價卻十分穩定。由於新台幣的大幅升值及關稅率的不斷降低，進口價格一直處於較低的水準，對蠢蠢欲動的國內物價發生了抵銷作用。1990年代爲產業不景氣時期，房地產價格下降了20～40%，因受了國內政局的影響，及兩岸關係時鬆時緊的衝擊，股市動盪不已。房地產不景氣尙未好轉，東亞金融風暴爆發，台灣亦受其波及，貨幣貶值，股市大跌，不少金融機構岌岌可危，政府採取了些措施，但是成效並不顯著。

　　對於未來，也就是二十一世紀，在本書中，也作了蠡測。大致言之，像1940年代的惡性通貨膨脹不致再度發生。不過，大自然反撲對地球所造成的各種災難，恐怕是未來通貨膨脹中，不能忽視的造因。

　　最後，根據前面的分析，我們作了幾項結論，並提出具體可行性的建議，供有關機構參考。無論如何，對於物價變化，應經常進行預測，一旦發現有持續上漲的趨勢，應究其原因，採取適當的措施，加以制止，最重要的措施是使供需管道暢通。調節供需，清除壟斷，限制濫發通貨是預防通貨膨脹「不逾矩」的重要藥方。

第二章

通貨膨脹之涵義

第一節 通貨膨脹之意義

通貨膨脹（inflation）一詞源自西方文獻。在中國社會，原沒有這個名詞，但有物貴與物賤的概念。也有人將 "inflation" 譯為物價膨脹。顧名思義，通貨膨脹是指貨幣供給過多現象；物價膨脹是指物價漲幅過大現象。所謂貨幣供給過多是相對國內所生產的財貨與勞務而言，亦即以太多的錢，去購買太少的財貨與勞務，致物價上漲。這是從物價上漲的根源去定義。由於通貨膨脹一詞已流傳日久，一般人已習慣使用這個名詞來表示物價的上漲現象。其實，造成物價上漲的原因，除貨幣因素外，還有其他因素，如國際油價大幅上漲，工資水準大幅調升，糧食及原料短缺所引發的物價上升等。為了從俗，我們也使用「通貨膨脹」這個名詞。

根據大家所認定的意義，通貨膨脹是指一般物價的持續上

漲。它牽涉到兩個層面：(1)所指的是一般物價而非個別物價；(2)所指的是持續上漲而非偶爾上漲。如果物價上漲符合這兩個條件，才稱為通貨膨脹。在討論通貨膨脹之前，我們必須廓清這兩個條件的意義，因為很多人並不了解這兩個條件，以致誤認股價大漲也是通貨膨脹現象。

個別物價與一般物價並不相同。個別物價也是指一類產品的價格，像米價也是一個較籠統的名詞，米分蓬萊米和在來米，這兩種米的價格就不相同。米本身也有新舊之分，新米價格通常較貴，舊米價格則較便宜。所謂米價不但代表一個地區，也代表某一時間。在一個地區，如台北市，就有很多米市，每個市場的米價也不一樣。在某一時間，如1998年8月的米價，它包括31天，即使一天，也有上午與下午之分。試想，米價是個最易辨識的物價，它卻包括了種類、新舊、地區和時間這四個因素。如果有人說台北市的米價每斤上漲了2元，這是指什麼呢？它必然是不同米的平均值，新舊米的平均值，不同市場的平均值和不同時間的平均值。一個簡單的米價就包括四種不同的平均值，這個平均值才代表米價。這個米價的平均值是否精確代表米的交易價格？不然，因為在台北市的8月，假定蓬萊米出售了6萬噸，而在來米只出售了3萬噸，我們所用的算術平均法就有了偏頗的問題。我們必須用加權平均法，即：

米價＝(6×蓬萊米每噸價格＋3×在來米每噸價格)×
〔1/(3+6)〕

或

　　〔6/(3+6)〕×蓬萊米每噸價格＋〔3/(3+6)〕×在來米每噸價格

式中：6/(3+6)為蓬萊米價格的權數

　　　3/(3+6)為在來米價格的權數

所謂算術平均法為：

　　米價＝(蓬萊米價格＋在來米價格)÷2

　　這個平均法就會降低蓬萊米價對平均價格的重要性，故不宜採用。

　　所謂「一般物價」，自然不是某一類物價，而是很多類與民生關係最密切的物價的總稱。如食物類物價、居住類物價、衣服類物價、醫療保健類物價等。正因為它們與民生關係最密切，它的變動會對民生品質有很大的影響。

　　為便於比較物價水準的變化，通常用指數來代表，即令某一年或某一季的價格為基期價格，然後用基期價格去除每一年或每一季的價格，便得到物價指數。將基期指數定為100，物價指數的單位是百分數。

　　能代表一般物價指數的指標很多，最重要的為消費者物價指數（consumer price index）、躉售物價指數（wholesale price index），和國內生產毛額平減指數（gross domestic product deflator）。在這三種物價指數中，那一種最能代表通貨膨脹現

象?那就讓我們看看那一種物價指數與民生關係最為密切。根據這個尺度,我們可對這三種物價指數作扼要的說明。

　　先就消費者物價指數而言,它包括食物類、衣著類、居住類、交通類、醫療保健類、教養娛樂類和雜項類。每一類都包括很多項,每一項就是一種財貨。因為每類財貨在民生中所占之地位不同,所以它在消費支出中所占份額便成為其重要性的主要指標[1]。

表2-1　台灣消費者物價指數之構成

	總指數	食物類	衣著類	居住類	交通類	醫療保健類	教養娛樂類	雜項類
項　　數	395	169	46	49	29	23	53	26
權　　數 (千分比)	1000.00	273.58	58.45	313.74	110.77	38.47	136.18	68.81

資料來源:行政院主計處,《物價統計月報》,民國87年12月。

　　就這七類物價指數而言,食物類的權數最大,表示它在民生物資中最重要;其次為居住類,居住類的物價主要是指房租,而非房地產價格,因為房租直接影響生活費用,房地產價格則是購買資產之代價。權數最小的為醫療保健類和衣著類。各類

1　各項消費在消費支出中所占份額會隨所得的不斷提高及嗜好改變而改變。在貧苦階段,食物類最重要;當生活水準漸次提升時,食物類之重要性就下降,非食品類反而變成重要。其重要性之改變,需反映在各項消費的份額(或權數)上面。

財貨在物價指數內的權數並非一成不變，而是隨消費型態與經濟情況的變化而變化的，自1966年起，編製單位每5年更新權數與查價項目一次。

表2-2　台灣躉售物價指數之構成

(1)依內外銷分類

	總指數	內　　銷　　品			出口品
		指　數	國產品	進口品	
項　數	976	757	540	217	219
權　數 （千分比）	1000.00	696.36	423.64	272.71	303.65

(2)依產地來源分

	總指數	國產品	進口品
項　數	976	759	217
權　數 （千分比）	1000.00	727.29	272.71

(3)依產業基本分類

	總指數	農林漁牧業產品	礦產品	製造業產品	水電燃氣
項　數	976	113	15	839	9
權　數 （千分比）	1000.00	56.44	27.23	885.50	30.83

資料來源：行政院主計處，《物價統計月報》，民國87年12月。

　　再一種為躉售物價指數。躉售物價指數是生產者為生產而採購的財貨價格。這種指數又稱為生產者物價指數（producer price index）。編製這種指數的方法也是採用拉氏公式。政府所

編製的台灣地區躉售物價指數，目前是按(1)內外銷類別；(2)產地來源別；(3)產業基本分類來建構。國產內銷品、進口品與出口品的權數係按國產值加進口值為總供給值的方式，再按國內產銷值、進口值及出口值比例代表其權數，國產內銷品項目權數以國內產銷值作為權數。這兩大分類編製結果完全相同。

我們看看這些產品的重要性：內銷品的權數最大，為696.36‰，出口品為303.65‰，表示內銷品價格之變動對躉售物價影響較大，但這些內銷品之影響民生是間接的。內銷品中之進口品約10%屬於消費品，對民生有直接影響，但絕大部分之進口品屬於原材料和機器設備，這些財貨對產業生產有直接影響。至於國產品直接用於消費的占一部分，其餘部分則為中間投入，成為生產其他產品的材料。

在表2-2(2)中，國產品占較大權數；在表2-2(3)中，製造業產品的權數為最大，礦產品權數為最小，這些分類對民生的影響都是間接的。

第三種物價指數為國內生產毛額平減指數。國內生產毛額(GDP)是一國或一地區，在某一特定期間(一年或一季)所生產的財貨與勞務的附加價值。表示國內生產毛額所用的數值，一為當期值(current value)，一為固定值(constant value)，前者表示當期的國內生產毛額，後者表示以某一年(或一季)為基期計算而得的國內生產毛額。由GDP的當期值除以平減過的GDP值，就得出GDP平減指數。

編製平減過的國內生產毛額也是個相當複雜的程序。國內

生產毛額包括：

1. 民間消費：按民間消費支出的種類，分別用消費者物價
   指數中之類指數平減之。
2. 政府消費：按其組成，分別用其組成分子的價格指數平
   減之。
3. 固定資本形成毛額及存貨增加：分別按其構成因素之價
   格指數平減之。
4. 商品及勞務輸出：分別按出口物價指數和消費者物價指
   數中之類指數平減之。
5. 商品及勞務輸入：分別按進口物價指數和消費者物價指
   數中之類指數平減之。

最後將這些平減過的國內生產毛額構成因素組合成為平減
過的國內生產毛額，然後用此指數去除國內生產毛額的當期
值，便得出國內生產毛額平減指數，即：

$$\frac{GDP \text{ 當期值}_t}{\text{平減過之} GDP_t} = GDP \text{ 平減指數}$$

從以上的分析，可知國內生產毛額與民生最直接相關的是
國民消費。除此之外，其與GDP構成因素為間接關係，基於這
種考慮，一般學者都認為消費者物價指數與民生最為密切，故
以其變動作為通貨膨脹的指標。

一般物價的持續上漲是在強調一般物價的「持續上漲」而
非「一次暴漲」。若為一次暴漲，不管其幅度有多大，不能視

爲通貨膨脹。譬如每年夏天的台灣，往往因颱風來臨，造成蔬菜價格之暴漲，然而颱風過後一個月，新鮮蔬菜上市，其價格又漸漸跌下來，這種現象不應視爲通貨膨脹。換言之，因季節變化所產生的某些物價之波動，不能視爲通貨膨脹現象。同時也因爲它不代表「一般物價」。一般社會大眾對個別物價變動之感受較敏感；對一般物價變動之感受較麻木，因爲對所謂「一般物價指數」之認知不親切。譬如豬肉每斤上漲了五元，家庭主婦馬上會感受到豬肉價上漲了，因爲它直接影響到家庭支出；若消費者物價上升4%，則非家庭主婦所能感受的統計數字。如果每天新聞對消費者物價上漲4%不加報導，誰也感覺不出來消費者物價已上漲了多少。

第二節　通貨膨脹之型態

通貨膨脹是指一般物價水準的持續上漲。若以年爲觀察單位，其上漲的幅度或者速度有大小或快慢之分。對於一般物價上漲幅度，有的學者將其分爲(1)適度型(moderate)，即在一年之內，其上漲率(當年與上一年的變動率)不逾個位數，如1%，2%，8%等；(2)飛馳型(galloping)，即年上漲率超過10%；(3)超速型(hyper)：即年上漲率達100%[2]。這種分類比較寬鬆，事

2 於1971年曾得諾貝爾經濟學獎的Paul A. Samuelson與W. D. Nordhaus合著的《經濟學》中，就以如此的方式將通貨膨脹分類。這種分類的方式，讓讀者易懂。

實上，對很多國家而言，一般物價水準，如超過7%或8%，人們就認為通貨膨脹比較嚴重了；如果年上漲率超過20%，人們就認為那是不可忍受的惡性通貨膨脹。根據很多國家的經驗及個人對物價上漲的感受，我們可做如下之分類：

1. 低度通貨膨脹(low inflation)，即一般物價的年上漲率約1%~5%，這種程度的通貨膨脹對生產者很有利，而對固定收入階層的不利影響不致太嚴重。如1960年代台灣的年平均通貨膨脹率約在3.4%。

2. 中度通貨膨脹(moderate inflation)，即一般物價的年上漲率介於6%~10%之間。這是一般社會大眾能忍受的水準。在這種程度裡的通貨膨脹，固定階層的收入會打折扣，薪資階層的所得很難一次調高10%，尤其靠固定存款拿利息過活的人，如退休和退役的人，其年息很難超過10%。如未超過，則其所得顯然減少很多。

3. 高度通貨膨脹(high inflation)，即一般物價水準之年上漲率超過10%，而低於30%。這是一般社會大眾難以忍受的水準。無論薪資增加率或利率，其年上漲率很難達到這個水準，尤其20%以上的上漲率。

4. 超高通貨膨脹率(hyper inflation)，即一般物價水準之年上漲率超過30%，如1974年，台灣的消費物價水準上漲47%，那是因為石油價格暴漲及國際糧食歉收所引發的通貨膨脹。如此高的通貨膨脹往往會引發社會動亂。

中國人對通貨膨脹具有一種厭惡感，即認為通貨膨脹是種

不良而有害的物價持續上漲。一般人將 "mild inflation" 譯爲慢性通貨膨脹，將 "hyper inflation" 譯爲惡性通貨膨脹。至於何種程度的物價年增率才是慢性通貨膨脹或惡性通貨膨脹，並沒有一個明確的界限與限制，因此，就留待專家去認定了。

不管是超速通貨膨脹、超高通貨膨脹或惡性通貨膨脹，對社會大眾就是種寢食不安的夢魘。在這種情況下貨幣幾如廢紙，失去購買力，且其價值隨時間而降低，以致人們不願持有貨幣，寧採用以物易物的方式達成交易的目的。

既然惡性通貨膨脹是一種可怕的經濟現象，人們如何去面對它的來臨？任其宰割是一種方式，化解它所造成的損失是另種方式，絕大多數的社會大眾是採前種方式，只有少數人是採後種方式，採後種方式是基於對預期(expectation)的運用。於是有預期到的通貨膨脹(anticipated inflation)和未預期到的通貨膨脹(unanticipated inflation)。如果實際通貨膨脹率等於預期到的通貨膨脹率，任何有作爲的貨幣政策對實質經濟活動都會無效。當通貨膨脹發生時，有些耐久財如房屋、土地、汽車的價格會隨一般物價上漲而上漲。可是財務性資產(financial assets)，如儲蓄、公債、債券和信託憑證等，就不會隨一般物價之上漲而上漲。爲避免這種損失，人們會將預期的通貨膨脹率視作貼水(premium)，反映在各名目利率裡，俾這些財務性資產能免受侵蝕。這種現象稱爲費雪效果(Fisher effect)，也就是說名目利率等於實質利率加通貨膨脹率。

譬如，如果這個社會無通貨膨脹現象，存在銀行的1000元，

在利率為5%的情況下，一年後的本利和為1050元，即

$$1000 \times (1 + 0.05) = 1050$$

如果通貨膨脹率為10%，本利和1050元只能買到價值945元的實質財貨，即$1050 \times (1 - 0.1) = 945$。換言之，將1000元存在銀行，一年後，它反而變成945元，也就是少掉55元。如果在年初預期到未來一年的通貨膨脹率為10%，亦即1000元減少了100元，剩下900元。為避免此損失，且能保有1045元的價值，需要將名目利率訂為15%，其中10%為通貨膨脹的貼水（inflation premium），使其本利和變為1150元，即

$$1000 \times (1 + 0.05 + 0.1) = 1150$$

如此一來，這筆財務資產就不會縮水了。

第三節 通貨膨脹之後果

物價穩定是一般社會大眾所追求的經濟現象，如果物價不穩定，且達到難以容忍的通貨膨脹，它的後果就會很嚴重，這就是西方國家稱其為人類公敵的由來。一般而言，通貨膨脹會產生下列後果：(1)財富重分配；(2)降低效率；(3)為一種附加的比例稅；(4)為一種社會亂源。正如前面所述，低度或溫性通貨膨脹，不致產生這些後果，但嚴重的通貨膨脹會產生併發症，那麼它的後果也就很嚴重了。

一、財富重分配

　　個人所得的來源，主要為薪資所得和財產所得（包括流動性和固定性資產）。在一般情況，薪資所得調整的時機落後於物價的上漲幅度。在物價水準不變的情況，如你的月薪六萬元，就可購到價值六萬元的財貨；如果物價上漲了5%，月薪六萬元只能買到價值五萬七千元的財貨，這對所有薪資階層的影響是一樣的，可是對持有固定資產階層的影響就不同了。當一般物價上漲時，固定資產的價值也會水漲船高，所以物價上漲5%，固定資產的價值不會因此而縮水5%，這就會導致薪資所得階層與財產所得階層的所得差距加大。

　　通貨膨脹對固定收入的人最為不利，如退休及退役的人，他們的收入是固定的，面對物價的上漲，他們的生活水準就會下降，即使存在銀行的退休金有利息收入，如果通貨膨脹率高於利率，他們的收入也會減少。

　　通貨膨脹對於借貸關係人有財富重分配的效果，假如通貨膨脹率為10%，而年利率也是10%，債權人的本錢為10萬元，一年之後，它的本利和為

$$100,000 \times (1+0.1) = 110,000$$

可是因為通貨膨脹率也是10%，在此情況，其本利和為

$$110,000 \times (1-0.1) = 99,000$$

這表示債權人的本金縮水了，即債務人因此而得了便宜。

二、降低效率

在商業經營上，通貨膨脹會導致商品或勞務價格的不斷調整，造成額外成本的增加。通貨膨脹速度愈快，商品價目的更換次數也就愈多，餐廳的菜單需經常印製，計程車的碼錶要不斷調整，電話費率也要跟著調整，對整個經濟體系所造成的無謂損失（deadweight loss）被稱為菜單成本（menu cost），這就是效率降低的後果。

三、附加的比例稅

通貨膨脹的造因，貨幣供給過多是個最重要的因素，發行通貨的政府，有責任控制通貨。當通貨膨脹大幅降低社會大眾的可支配所得時，宛如政府向社會大眾課徵了一筆比例稅，即不論貧富，它們的可支配所得都要按通貨膨脹率的幅度縮水，譬如一個人的年可支配所得為100萬元，在通貨膨脹率為5%的情況，他的100萬元會變成95萬元，即

$$1,000,000 \times (1-0.05) = 950,000$$

這也等於政府所發行的通貨，票面價值是1元，實際上只值9角5分錢而已，因此政府賺了5分錢。

除此，通貨膨脹亦會產生由其所引發的賦稅扭曲現象，因為賦稅之課征係以名目價值為準，通貨膨脹現象會自動增加政

府的名目稅收，如貨物稅、營業稅等。

四、社會亂源

僅就二十世紀所發生的事件為例，也可證明惡性的或嚴重的通貨膨脹會導致一個社會秩序的破壞，或一個政權的沒落。在高度通貨膨脹的社會，多是民不聊生的情況。在這種情況，有野心的政客會乘勢而起，如1922年1月到1923年12月，僅僅兩年時間，德國的物價指數暴漲到100億倍，若一個人在1922年1月初持有德國3億元公債的資產，則兩年後，這筆龐大的資產就大幅縮水連一塊糖也買不到，於是納粹勢力竄起，希特勒乘機取得了德國政權。同樣，在二次世界大戰結束後，我中國戰亂接踵而起，從1947~49年為期兩年多的時間，物價也暴漲千倍以上。在當時，買一袋子麵粉需要一袋子鈔票，而上午領的薪水如不及時換成物品，到次日，連1/10價值的物品也換不到。結果，共產黨勢力如野火燎原一般，從東北、華北到華南，將政府軍趕出大陸，而毛澤東取得了統治中國大陸的政權。由此可見，如果通貨膨脹嚴重而且持續一年以上，大都會產生社會動亂現象。

除此，通貨膨脹對投資意願存有抑制的效果，因為他使投資者無法預計他的收益與成本，而且會使其資源的配置變得較無效率。

第四節　與通貨膨脹相關名稱之差異

　　有些經濟現象，也表現在價格的上漲上，但並不被認為是通貨膨脹，像資產價格、生活成本、商品價格的上漲等。

一、通貨膨脹與資產價格上漲

　　所謂資產，它可分為流動性資產（liquid assets）和固定資產（fixed assets）。前者像股票、債券、存款、外匯等，後者像房屋、土地等。這些資產價格的波動與一般物價水準並不一致，像在1980年代後期，台灣股票從1987年的700點左右暴漲到1990年2月的12,500點左右，其漲幅之大相當驚人；同時間房地產價值，如台北東區，也快速上升，由1987年的7萬一坪漲到1990年初的50萬一坪，也上漲了6倍多。可是那個階段的一般物價水準，不論是消費者物價，或躉售物價的變動均相當平穩，於是有少數人批評政府所編製的物價指數有問題：為什麼房地產價格上漲數倍，股價也暴漲了很多，但一般物價水準都沒有相應上漲？其原因就是他們不了解：無論消費者物價指數或躉售物價指數均不包括資產價格在內。消費者物價指數中含有居住類，但他所包括的是租金，因為租金波動直接與民生有關，租金衍生於房地產價格，如果房地產價格暴漲太快，也很難反應於租金上面，習慣上，租金是一年簽訂一次或數年簽訂一次，在簽訂之後，他的水準是固定的，不會隨物價而經常波動。至

於股價之變動更是瞬息萬變，消費者物價指數中也不包括此項，因為它與民生並非直接相關。至於躉售物價指數的構成因素，它也不包括這兩項財貨的價格。所以資產價格的變動與一般物價並非毫無關係，但非直接相關。1980年代末，台灣和日本發生的泡沫經濟，就是個很好的例子。

二、通貨膨脹與生活成本

生活成本與消費者物價指數密切相關，生活成本受消費者物價的影響很大；而消費者物價在很多情況也受生活成本的影響。在通貨膨脹率較高的國家，其人民的生活成本一定很高；但生活成本很高的國家其通貨膨脹率不一定很高。1980年代以來，日本就是個例子，人民的生活成本相當的高，但通貨膨脹率卻很低。生活成本係指為維持一定生活水準所需要的全部開支。當消費者物價平穩時，在人口不變而生活習慣亦不變的情況下，生活成本不會變動，當人口突然增加時，生活成本就會增加。當消費者物價上揚時，生活開支就會增加，儘管人口不變，生活成本也會隨著物價的上揚而上揚。如果消費者習慣改變；像1980年代，一般人因所得水準大幅提高，喜歡到國外旅遊，而一次世界性旅遊往往花費數月的生活費用，在這種情況下，生活開支會大幅增加，而生活成本也就會提高。

邏輯上，生活成本是消費者物價指數，人口變動和生活習慣變化的函數。但是，我們能不能說，消費者物價指數是生活成本的函數？答案是不一定。

三、通貨膨脹與商品價格

　　所謂商品價格，它有零售價格和躉售價格。與通貨膨脹最密切的價格是消費者物價指數，因爲我們用消費者物價指數的持續上漲表示通貨膨脹。同時商品本身也分最終消費財、中間財和原材料，它們價值的起落受供需關係的影響很大，最終消費財與通貨膨脹的關係最爲密切，至於中間財和原材料，它們與通貨膨脹的關係比較間接。

　　資產也是種商品，譬如前述，流動性資產價格並不是消費者物價的構成部分，其價格的變動與通貨膨脹的關係並不直接。至於固定性資產，像房地產價格之變動與通貨膨脹的關係也不直接。勞務也可視作一種商品，但它不是構成消費者物價的一種商品，自與通貨膨脹無直接關係。

　　商品價格範圍廣泛，真正與通貨膨脹有直接關係的商品則是那些被規劃爲消費品的商品。

四、通貨膨脹與通貨緊縮

　　與通貨膨脹意義相對的是通貨緊縮(deflation)，即一般物價持續下降。儘管這種現象比較少見，但它是可能發生的一種經濟現象。在長期不景氣或衰退的情況下，會出現一般物價的持續下降。通貨膨脹被視爲人類公敵，通貨緊縮是否會被視爲人類之友呢？如果通貨緊縮程度不大，而且爲時也不太久，一般社會大眾樂意接受此種經濟現象；如果緊縮程度很大，而爲

時也很長，它就極不利於生產部門。在生產因素投入時，假定物價水準為100%，當生產產品問世時，物價水準降為80%，生產者很可能無利可圖，因為他的利潤率下降，甚至不足以支付生產因素的報酬。物價持續下降，也不利於債務人，因為他的負擔會較前增加。

第三章

通貨膨脹成因分析

第一節 物價上漲的一般成因

　　台灣為一海島，幅員小，島上自然資源匱乏，且人口多而密度高，從1950年代的進口替代轉換為1960年代的出口擴張發展模式，並延續迄今。隨著國際開放程度的加深，台灣對外貿易依賴的程度也劇增，例如1960年的貿易依存度（輸出與輸入占GDP之比例）為30.5%，1970年便躍升到60.8%，1980年更為106.4%，1990年降為86.4%，1997年又增為95.6%。開放程度越大，國內物價的波動受國際因素影響的程度也就越大。影響國內物價的主要國際因素為輸入品的國際價格、匯率制度與匯率波動以及關稅等項目。

　　在其他條件不變的情況下，國際價格的波動，對國內一般物價的影響程度，就要看波動的商品在國內銷售與生產過程中所占的比例高低而定，比例高，影響程度就大；反之則小。通

常輸入品價格上升，國內物價也跟著上漲；反之，則下降。例
如1970年代的上半期，因中東戰爭的爆發，國際原油價格暴漲，
其價格由1971年4月的每桶2.18美元，上漲到1974年1月的11.65
美元，原油價格上漲了4倍。原油為我國重要的輸入品，原油
國際價格的上漲，自然的就會影響到國內物價；同期間，由於
美國中西部發生嚴重的水災，導致黃豆等作物的歉收，以及蘇
聯大量向美國採購黃豆粉與黃豆油，遂使世界穀物價格大幅上
漲。原油國際價格的上漲加上穀物價格的上漲，使得台灣躉售
物價指數在1974年上漲了40.58%，消費者物價指數上漲了
47.5%。這就是輸入品價格變動影響國內物價水準的案例[1]。

　　另一項影響輸入品價格的重要因素是匯率的變動。如果匯
率是由1美元兌換多少新台幣來表示，則新台幣升值會使輸入
品價格下降。反之，新台幣貶值會使輸入品價格上漲。若某一
重要輸入品的價格為美金1元，在1983年時1美元兌新台幣為40
元。進口此商品一單位，在不考慮其他因素時，國內價格便為
新台幣40元；到1991年時，由於新台幣的升值，1美元兌換新
台幣25.16元，該類進口品的國內價格只為新台幣25.16元，也
就是說，該產品的價格下跌了37%。所以說新台幣升值會使輸

---

1 國際商品價格對國內物價水準的影響，李高朝曾運用1969年投入產出
　表，以1972年7月至1973年間，新台幣計算的進口物價平均上漲33.5%
　完全反應在國內產品的價格上，同時假設國內投入價格不變，如此使
　得躉售物價指數上升11.9%，占同期間指數上升率22.8%之52.3%，這
　說明躉售物價上漲受進口物價上漲影響之大。

入品以新台幣所表示的價格下跌，對國內的物價波動有抑制作用。相反的，當新台幣貶值時，如1997~98年，美元對新台幣的匯率由1：28調整到1：35時，進口品價格因新台幣貶值，使其以新台幣表示的國內價格就上漲了25%。由此可知，新台幣升值時，會使進口品以新台幣來表示的價格下跌；新台幣貶值時，會使進口品以新台幣表示的價格上升。

　　關稅稅率的變動也會影響進口品價格。由於稅負是成本的一部分，當關稅的稅率下降時，進口品的進口成本會下降，會使其價格下跌；當關稅的稅率上升時，其情形恰好相反。由於台灣開放程度的加深，成為國際貿易體系的一員，有效關稅稅率大致上呈現下降走勢。因而從關稅稅率的下降趨勢來看，對進口品以台幣所表示的價格，具有抑制的作用，例如在1984年時，有效關稅稅率為7.97%，到1991年時，便降為4.98%。

　　對於進口品以新台幣所表示的價格，對一般物價的影響，除了上述的進口品價格、匯率的變動以及關稅的調整等因素外，有關在制度面的因素，如進口品的代理制度、產銷制度以及進口品是否處在競爭狀況、市場結構等，對進口品價格的影響，進而反應在國內一般物價水準上，或多或少都有些影響。

　　進口品大略可分為兩類：一為消費品，另一為原料與資本財。若進口品是屬於消費品，則進口物價的上漲就會直接影響到一般物價。如果進口品是屬於原料或機械設備，則進口物價的上漲直接衝擊廠商的購入成本，從而影響其躉售物價。廠商成本的上漲，自然會反應在市價上，傳遞到消費者物價。由此

看來，進口物價變動在先，而後影響到躉售物價，最後再傳遞
到消費者物價，在時間上具有遞延情形。1970年代穀物與原油
價格上的變動，就是經由進口價格影響到躉售物價，再經由生
產階段影響到一般消費物價。

躉售物價的變動，除了來自進口物價變動的因素外，國內
原料與要素投入價格變動也會影響到躉售物價指數。從供給的
角度分析，廠商生產財貨的單位成本之結構式可表示如下：

$$C = aM + bW + (1-a-b)R \quad\cdots\cdots\cdots\cdots\cdots\cdots\cdots (3\text{-}1)$$

式中C表財貨的單位成本，M為原料成本，W為初級要素投入
成本（包括工資、利息與租金等），R為利潤。由於台灣經濟開
放程度較大，進口原料所占比重較高，我們可將原料成本畫分
為國內原料（Md）與國外原料（Mf），上式可改寫為

$$C = a\cdot eMd + a\cdot(1-e)Mf + bW + (1-a-b)R \quad\cdots\cdots\cdots (3\text{-}2)$$

從上式得知，物價受四種因素的影響：進口物價、國內原
料物價、初級要素投入價格與廠商利潤。對進口物價所產生的
影響，我們已作過分析，接著探討國內因素的影響。

在國內要素投入方面，最重要的是勞動者的工資與土地的
租金。如果勞動者的單位生產力沒有提高，工資率的上升會使
生產的單位成本增加，終而造成躉售物價的上漲。根據勞動市
場均衡條件，貨幣工資率（W）等於物價水準（P）乘上勞動生產
力f（N），即

$$W = P \cdot (N) \cdots\cdots\cdots\cdots\cdots (3\text{-}3)$$

將上式重新安排後，便得

$$P = W \diagup f(N) \cdots\cdots\cdots\cdots\cdots (3\text{-}4)$$

物價隨貨幣工資的提高而上漲，隨勞動生產力的上升而下降。如果貨幣工資與勞動生產力呈同比例的增加，例如上漲8%，則物價水準不會變動，即

$$P_1 = \frac{W_1}{f(N)_1} = \frac{W_0(1+8\%)}{f(N)_0(1+8\%)} = \frac{W_0}{f(N)_0} = P_0 \cdots\cdots (3\text{-}5)$$

我們對式(3-4)取對數後，得

$$\dot{P} = \dot{W} - \dot{f(N)} \cdots\cdots\cdots\cdots\cdots (3\text{-}6)$$

式3-6表示物價水準的變動率決定於貨幣工資率與勞動生產力的變動率，貨幣工資率的上漲助長物價的上升，而勞動生產力的提高對物價具有抑制作用。從1973~81年製造業員工每人每月平均薪資由2182元上升到9564元，上漲338.31%，而相對應的勞動生產力指數由37.27上升到58.20，上升幅度為56.15%。由於這段期間貨幣工資率上漲的幅度遠大於生產力的提升，台灣的物價水準便有了大幅提升的理由。

經濟開放的程度愈高，愈會按照國際分工進行有效率的配置。當國內要素如工資、地租的上漲而使生產成本增加時，不

但會使生產區位與生產結構重新調整，亦會影響內銷，使一般物價發生變動，同時對出口商品的結構與競爭力也會產生影響。內銷與淨出口構成整體經濟活動，其大小亦說明了一國所得的高低。在貨幣供給與流通速度不變的情況下，所得的增加或產出的提高，對物價具有抑制作用。在1960年代（從1961~70年）貨幣供給成長了355.15%，但物價只上漲29.22%，在這期間，GDP成長了135%。經濟的快速成長會增加貨幣需求，便吸收大量所增加的貨幣供給，從而降低貨幣供給對物價上漲的衝擊。

淨出口為構成國民所得的要項之一；在另一方面，淨出口卻說明了一國的貿易狀況。貿易對物價的影響，除了前述的進口物價與匯率變動外，貿易順差可使外匯存底增加，亦會使得新台幣升值，影響資本流出與流入，進而再影響外匯存底。外匯被視為新台幣的發行準備，外匯存底增加，就有同等值的新台幣出籠，於是貨幣供給量也大幅增加。自1976年以來，台灣便出現持續的貿易出超現象。其實，貿易出超亦為一國整體經濟之失衡，我們可用簡單的數學模式表示之。從支出面觀察，一國的國內生產毛額（GDP）的來源包括民間消費支出（C）、政府消費支出（G）、投資支出（I）、商品與勞務輸出（E）及輸入（M），亦即

$$Y=(C+G)+I+E-M \quad\cdots\cdots\cdots\cdots\cdots\cdots\cdots\cdots\cdots\cdots (3\text{-}7)$$

另一方面，從所得處分來觀察，國內生產毛額（GDP）可分為民間消費支出（C）、政府財政收入（T）與儲蓄（S），即

$$Y = (C+T)+S \cdots\cdots\cdots\cdots (3\text{-}8)$$

亦即　　$(C+G)+I+E-M=(C+T)+S$

　　假設政府的收支平衡，即政府消費支出(G)等於財政收入(T)，移項後得

$$E-M=S-I \cdots\cdots\cdots\cdots (3\text{-}9)$$

亦即　貿易出超＝超額儲蓄

　　台灣貿易出超於1986年時達到最高峰，貿易出超高達5600億元左右，占GNP的比例高達20%以上；同年貨幣供給量(M_{1b})的年增長率爲51.4%。（參見表3-1）

　　無論從理論或從實務，貨幣供給量的變動會影響到一般物價水準。影響貨幣供給量的因素，除了外匯外，銀行信用制度與管制措施亦很重要。中央銀行可經由數量與品質的管理，推行貨幣政策，影響貨幣供給量的變動。在數量管理方面，計有存款準備率與重貼現率的調整，及公開市場的操作。若中央銀行要增加貨幣供給量，可經由存款準備率與重貼現率的調低來達成，亦可在公開市場購入債券的方式來進行；若要將貨幣供給量減少，則以反方向的方式，操作上述措施。在品質管理方面，以選擇性的信用管制爲主，以便影響資金分配。有關各種存款準備率與重貼現率的調整，我們選擇一些年份的資料列於表3-2。

表3-1 出超與超額儲蓄占國民生產毛額的百分數

單位：%

年別	國民生產毛額 Y	貨物及勞務輸出 E	貨物及勞務進口 M	貿易差額 (E−M)	儲蓄毛額 S	投資毛額 I	超額儲蓄 (S−I)
1981	100.0	55.0	53.7	1.3	31.3	30.3	1.3
1982	100.0	53.5	48.6	4.9	30.1	25.2	4.9
1983	100.0	55.9	47.2	8.7	32.1	23.4	8.7
1984	100.0	59.0	47.1	11.9	33.8	21.9	11.9
1985	100.0	57.0	42.2	14.8	33.6	18.8	14.8
1986	100.0	60.8	39.4	21.4	38.5	17.1	21.4
1987	100.0	60.4	42.1	18.3	38.5	20.2	18.3
1988	100.0	58.0	46.6	11.4	34.5	23.1	11.4
1989	100.0	54.0	45.8	8.2	31.1	22.9	8.2
1990	100.0	50.9	44.1	6.8	29.3	22.5	6.8

資料來源：錄自Shirly W. Y. Kuo, *Economic Policies: The Taiwan Experience 1945~95*, Table 15.1, p. 139.

表3-2 各種存款準備率與重貼現率

單位：%

年別	存款準備率					重貼現率
	支票	活期	活期儲蓄	定期儲蓄	定期	
1980	25	23	15	9	11	11
1985	23	21	14	8	10	5.25
1990	28.5	26.5	19	10	12	7.75
1995	23.75	21.75	14.25	6.875	8.875	5.50
1998	18.75	16.75	9.25	5.35	7.35	5.125

資料來源：中央銀行經濟研究處編印的《中華民國台灣地區金融統計月報》，資料皆為年底值。

　　一般對貨幣需求分析，大致上從交易動機，預防動機，以及投機動機等著手。當貨幣供給大於貨幣需求時，會使一般物價有上漲壓力。貨幣供給量的增加不單單只是為了商品的交易，有時也是為了其他的功能，如資產性交易的需求，包括股票交易、房地產交易，或作為其他投機動機方面的需求。例如1986~88年的三年間，貨幣供給量（M_{1b}）的年增長率分別為51.4%、37.8%與24.4%；GDP的年增長率分別為11.64%、12.74%與7.84%，而物價上漲率分別為0.7%、0.8%與1.3%。在這期間貨幣供給量呈現快速增長的現象，但一般物價卻出奇地穩定。這種現象表示：固然部分貨幣供給係由高經濟成長所吸收，但股價由1986年第一季的913.43點，飆漲到1988年第四季的6429.5點，年成交值由1986年的6756億元擴大到1988年的78680億元。無可置疑地，也有部分貨幣供給為股市交易提供了資金。

　　對於物價波動的成因，除了上述因素外，來自供給面的一些外在因素也會使物價產生變動，它包括季節性因素，天候性因素和大地突變等因素，如颱風、水災、風災、旱災、地震或石油危機等。例如1959年與1960年的水災、風災與旱災，就使台灣的物價分別上漲了10.57%與18.54%。

　　此外，當物價上漲一段時間後，預期因素可能就會形成。當預期因素形成後就會使物價呈上漲現象。近年來，經濟文獻中對預期因素的敘述特別豐富。

　　對一般物價成因的觀察，我們可從圖3-1所示的物價傳遞流程，了解到影響物價的種種有關因素。一般對物價問題的探討，

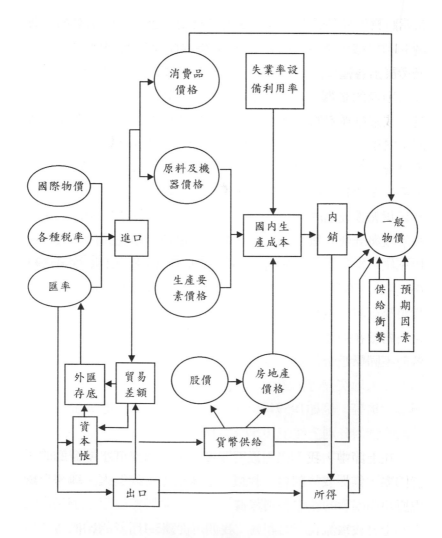

圖3-1 台灣物價之形成

通常將物價變動繫於一些重要的經濟變數上，這種現象也可從圖3-1中看到彼此的關聯，由於觀察焦點所重視的變數有異，乃發展出各種學派對物價變動的解說。例如，若物價變動是受進口因素的影響，而進口因素或來自國際重要產品物價的波動，或來自匯率的調整，如此的分析便可歸稱為輸入性通貨膨脹；如果物價變動是來自生產要素成本的提升，如勞工要求工資提升，而工資為生產成本的重大要項，工資上升會造成物價上漲，這種分析可稱為成本推動型通貨膨脹。無論如何，在解釋通貨膨脹成因的各理論中，以物價與貨幣供給的關係最為經濟學家與社會大眾所關注，文獻上對這類問題的探討可用「汗牛充棟」來形容，因而有不少學派解說物價與貨幣供給量的關係，古典的數量學派有它的看法，凱因斯學派也有不同的見解，貨幣學派與理性預期學派更有不同的解說。總而言之，貨幣供給與物價在通貨膨脹的理論裡確實是非常豐富的一部分。有關各個不同學派所強調的重點，我們將在第二節作扼要的陳述。

第二節 有關通貨膨脹的主要學說

在上節中，我們已對近五十多年來台灣物價水準波動的可能因素，作扼要的陳述。台灣一般物價上漲的造因，或來自國際原料價格與石油價格的波動，或來自貨幣的貶值，或來自工資的上升，或來自貨幣供給的激增，或來自影響供給的干擾因素，如嚴重的水災或風災等。然而，在文獻上，對通貨膨脹的

造因，理論上將其型態分為成本推動型(cost push)與需求拉動型(demand pull)的通貨膨脹來論述。

一、成本推動說

整體經濟體系可由財貨市場、貨幣市場、勞動市場與生產函數來表達。財貨市場與貨幣市場構成了各種不同物價水準下整體社會的總合需求(aggregate demand)，它係由民間消費、政府消費、投資、淨輸出、貨幣需求與供給等項目所決定。在以物價為縱軸、產出為橫軸的座標裡，總合需求是一條具有負斜率的曲線。勞動市場與生產函數構成了各種不同物價水準下整體社會的總合供給(aggregate supply)，一般而言，總合供給是一條具有正斜率的曲線，當經濟社會處在非常蕭條時，該曲線會變成為一條水平的曲線；當經濟社會處在非常繁榮時，該曲線會變成為一條垂直的曲線。總合供給面因素的干擾，而使一般物價上漲，主要係來自生產成本上揚的部分。如此，使得總合供給曲線上移，在原來的物價水準下產生超額需求，物價上漲接踵而來。

從供給面看物價的變動，實際上係由四個重要項目來決定，即工資變動、生產力變動、投入原料成本變動與利潤率變動。利潤率變動的情形係決定於市場結構與行銷制度等。市場結構若是不完全競爭，行銷制度若是不健全，壟斷性生產者或進口商利用其獨占力，會要求過高的利潤，物價因而上漲。投入原料若來自國外，則國際原物料價格的變動或匯率的起降都

會經由原物料投入生產階段而反應在售價上，再影響到一般物價。因而在成本推動說上，較重要的造因為工資推升說與輸入誘致說。

1. 工資推升說

工資為構成生產成本的重要部分。工資上漲，生產成本增加，物價上揚。然而工資的上漲不一定會造成物價的上漲，若工資上漲的幅度低於或等於生產力提升的幅度，則物價不會因工資上漲而上升；只有在工資上漲的幅度大於生產力提升的幅度時，才會造成總合供給曲線的上移，物價的上漲。在勞動市場裡，因工會的組織以集體議價的方式，要求過高的工資，就會推升一般物價的上漲。工資的上漲也許基於過去物價波動而使勞工生活成本提高，或預期物價上漲，或因人們多消費於休閒所導致。工資為何會上漲？也許為物價上漲之結果；但另一方面，也許工資上漲造成物價上漲之原因。在實際的經濟社會裡，我們通常看到物價與貨幣工資同時上升，究竟何者為因？何者為果？何者為先？何者為後？殊難明確區別。

2. 輸入誘致說

貿易依存度很高的國家，像台灣，進口物品價格的上揚就會對國內一般物價產生壓力，其途徑一方面直接衝擊消費品價格，另一方面在國內生產時將它視為重要的原材料投入而影響生產成本，這部分就是我們所指的輸入誘致型態。進口物品價格的上揚主要來自國際原材料價格的波動與幣值的貶值（匯率上揚）。1970年代石油危機就是一個很好的例子，它說明國際

原材料價格的飆漲所產生的停滯性通貨膨脹。貶值，即匯率上升，表示進口物品以本國貨幣所表示的價格上揚了，但以美元所表示的出口物價格就便宜了，如此現象，至少會有下列三種效果：(1)抑制進口，鼓勵出口，增加超額需求的壓力。(2)進口物品與國產品相對價格變動，增加對進口替代品需求的壓力，而使替代品價格上揚。(3)貿易帳的順差，導致外匯存底攀升，貨幣供給增加。

二、需求拉動說

在需求拉動的通貨膨脹理論中，物價爲何會上漲，係因於總合需求大於充分就業時的總合供給。超額需求的現象，也許來自人口激增而來的民間消費、也許來自企業過度投資、也許來自政府龐大的財政赤字、也許來自出口的激勵增長。總之，物價上漲與超額需求的大小緊繫在一起。這是屬於凱因斯學派的看法。另一派的看法，認爲物價上漲係貨幣數量大幅增加所致，即太多的貨幣追逐太少的貨物之結果。然而，貨幣數量與物價之間的關係，原本就是一項重大的經濟問題，而流行的各種學說，也豐富了經濟學的內容。

三、物價與貨幣供給

物價與貨幣供給關係之各種學說，還是要從傳統貨幣數量學說談起。1911年Fisher提出交易方程式(equation of exchange)，將貨幣數量與物價聯繫在一起。若以M表示貨幣數量，V表示

流通速度，P表示一般物價水準，T表示交易數量，則交易方程
式為

$$MV = PT \cdots\cdots (3\text{-}10)$$

整個社會經濟支出的總值（MV）應等於銷售的總值（PT）。在古
典學派充分就業的假設下，T可視為固定不變，流通速度V在
短期裡也是固定不變的。如此，交易方程式便可獲得一項重大
的政策涵義：即物價隨貨幣供給數量的變動呈同方向同比例的
變動，若貨幣供給量增加10%時，物價隨即便上漲10%。貨幣
供給的增加會完全反應在物價的上漲上。貨幣為一層面紗，具
有中立性（neutrality）的特質。

　　然而，根據Pigou的現金餘額說（cash balance approach），
他認為貨幣是多種資產型態中的一種，不但具有交易功能，也
具有儲藏功能。劍橋方程式（Cambridge equation）為

$$M = kPQ \cdots\cdots (3\text{-}11)$$

式中 M 與 P 分別表貨幣供給與物價水準，Q 表產出，k 稱為劍
橋k，為名目產出以貨幣持有的比例，其實 k 為Fisher方程式中
流通速度的倒數。劍橋方程式在相關的假設下，仍得相同的計
量結果：即在長期，物價與貨幣數量呈同方向同比例的變動。
Fisher方程式強調支出面，劍橋方程式則強調貨幣的持有，也
因此而注重貨幣需求的分析。

　　1929年的經濟大恐荒，Keynes認為古典學派建立在充分就

業的假設上，是值得商榷的。他認為貨幣供給的變動對利率非
常敏感，貨幣供給增加會導致利率下降，而利率下降會進一步
誘致支出的增加，例如：廠房與設備的投資，汽車與家具等消
費者耐久財與住宅等，如此造成總合需求的增加，物價會上升，
產出會增加。因而凱因斯學派認為貨幣供給增加會導致總合需
求的增加，而總合需求的增加會進一步影響到產出、就業與物
價，但物價上漲的幅度將會低於貨幣供給增加的幅度，貨幣中
立性的假設不存在。

　　正當1960年代凱因斯學派主宰經濟學界時，芝加哥大學以
Friedman為首的少數經濟學家就反對凱因斯學派的看法，認為
政府自由裁量的貨幣政策對整體經濟體系實無助益，反而成為
造成經濟體系不安的干擾因素，主張以法則替代權衡。在短期，
對於貨幣供給的效果，唯貨幣學派的看法，基本上，與凱因斯
學派無甚大差別。貨幣供給增加，在短期，貨幣市場的供需會
失衡，從而影響產出與物價的變動。在長期，經由市場機能的
運作，使得貨幣供需恢復均衡，貨幣供給增加的結果只會造成
物價的上漲。在長期，貨幣具中立性，通貨膨脹可以說無論在
何時何地皆為一種貨幣現象。新古典學派更進一步指出，預期
到的貨幣供給變動，無論在短期與長期都不會對實質變數如產
出等產生影響，只會影響到物價水準，只有預期未到的貨幣政
策才會對實質變數產生影響。

　　綜合上述各家學說的理論，貨幣供給與物價的關係繫於下
列三個課題的爭論上，(1)貨幣供給與物價是否有直接的關連

影響，(2)若有關連影響，其影響程度又是如何，(3)這種關連影響的程度，是短期的，或是長期的。上述各家學說均有不同的看法與主張。

四、通貨膨脹與失業

Phillips(1958)利用1861~1957年之統計資料，發現失業率與貨幣工資變動率之間存有顯著且穩定的非直線型負向關係，一般稱其為Phillips曲線。該曲線說明失業率與貨幣工資變動率或與物價膨脹率存有魚與熊掌(trade off)的涵義。Lipsey(1960)從勞動失衡上建立Phillips曲線的理論基礎，其函數關係可表示如下：

$$\dot{W} = u_f + f(u) \cdots\cdots (3\text{-}12)$$

式中$\dot{W}$表貨幣工資變動率，u_f表自然失業率，u表失業率，$f(u)$的斜率為負的，表示貨幣工資變動率與失業率之間存有反方向變動之關係。Samuelson與Solow(1960)利用本章第一節中式(3-6)的關係，就可將原來Phillips曲線所論述的貨幣工資變動率與失業率之關係，轉變為物價膨脹率與失業率的關係，即

$$\dot{P} = u + f(u) - f(\dot{N}) \cdots\cdots (3\text{-}13)$$

然而Friedman(1968)與Phelps(1968)認為Phillips曲線是不穩定的，他們認為式(3-13)應改為

$$\dot{W} = \dot{P}^e + f(u - u_f) \quad \text{......................................}(3\text{-}14)$$

式中 $\dot{P}^e$ 表預期物價變動率。由於Phillips曲線會受物價膨脹預期的影響，因而曲線是不穩定的。如此受預期擴大（expectations augmented）的Phillips曲線在長期時，勞動市場會趨向均衡，此時市場的失業率等於自然失業率，長期的Phillips曲線是一條垂直於自然失業率處之直線。

　　圖3-2與圖3-3分別為台灣從1953~97年，各年消費者物價膨脹率及躉售物價膨脹率與失業率的散布圖。扣除1974年受石油危機衝擊的影響外，按1965年可畫分為兩個區域，1965年以前各年分布在圖的右邊，存有較高失業率的現象；1965年以後各年分布在圖的左邊，在相同的膨脹率下卻有較低的失業率。這兩區所散布的點，顯著地呈現膨脹率與失業率存有反方向變動的關係。

第三節　通貨膨脹與重要變數之計量關係

　　在台灣近五十年來的經濟發展，消費者物價指數（1991年為基期）從1952年的10.06上升到1997年的120.69，上漲11倍，或者每年平均上升5.68%；在同期間，躉售物價指數由17.11上升到106.76，上漲5倍餘，或者每年平均上升4.15%。由此可見，台灣確實存有物價膨脹現象。然就學說上的重要變數而言，成本推動說係以生產成本為考量，而生產成本中以工資率最為重

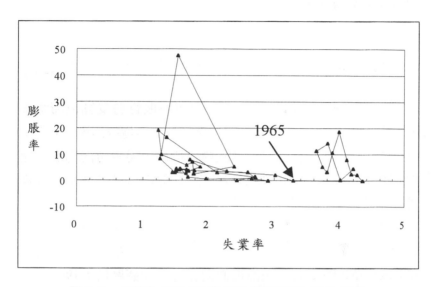

圖3-2　1953~97年消費者物價膨脹率與失業率

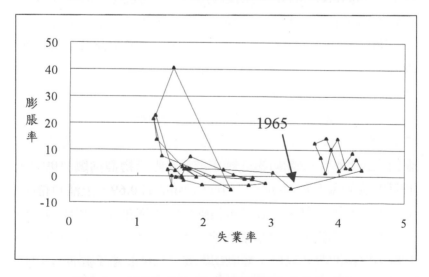

圖3-3　1953~97年躉售物價膨脹率與失業率

要。在開放程度較大的台灣，國際原材料價格與匯率自然是影響生產成本變動的因素。因而在學理上，對物價影響較重要的變數爲工資率、進口物價指數（代表國際原材料價格）、出口物價指數、匯率等。若將躉售物價視爲廠商的進貨成本，消費者物價視爲廠商的出貨售價，躉售物價的變動可作爲解釋消費者物價的變數。就需求拉動說而言，主要集中在貨幣供給與物價變動的關係上。我們將計量分析這些變數與物價之間的長期關係。

一、與成本推動有關變數

　　從1952~97年間，四種物價指數歷年的走勢如圖3-4所示，消費者物價指數（cpi）一路穩定地攀升，但躉售物價指數（wpi）、進口物價指數（mpi）與出口物價指數（xpi）的走勢就與消費者物價指數不完全一致，它們的走勢於1981年達最高後便開始回跌，至1997年仍未超過1981年的最高點。在同期間，cpi由1952年的10.06上升到1997年的120.69，上漲11倍；wpi由17.11上升到106.76，上漲5倍餘；mpi由14.03上升到108.44，上漲7倍；xpi由13.08上升到111.01，上漲7倍餘。匯率變動的情形可分爲三個階段，1962年以前將複式匯率統一並調至合理的單一價位，1978年以後爲浮動匯率，其與cpi、wpi的走勢相關情形列於圖3-5。圖3-6爲這四種物價指數與匯率的年變動率，1965年以前進出口物價與匯率年變動率的變化大於消費者與躉售物價，而1981年以後消費者物價年變動率與其他三種物價不同。

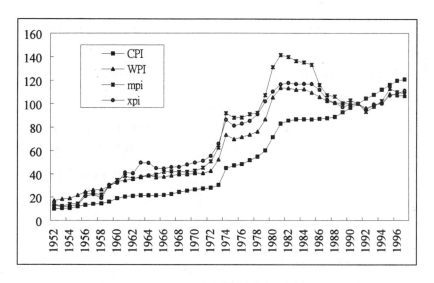

圖3-4　1952~97年各種物價指數走勢

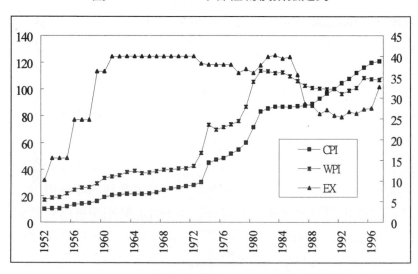

圖3-5　1952~97年消費者物價、躉售物價指數及匯率

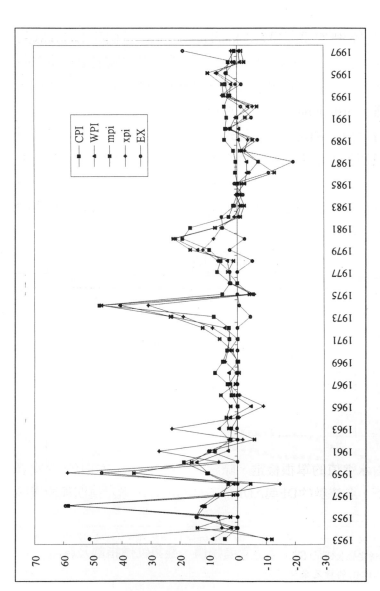

圖3-6　1953~97年各種物價與匯率年變動率

　　探討物價與重要變數之間的長期關係，我們利用時間數列上常用的共整合（co-integration）分析法，進行檢定變數間長期的關係是否存在。Engle與Granger（1987）提出，若單一變數為非定態（nonstationary），且變數間存有某種向量的直線性組合，其所得之殘差項符合定態條件，表示該變數間存有共整合關係。我們先將全部變數取對數後，再進行單根檢定（unit roots test），並分別以DF（Dickey-Fuller）與ADF（augmented Dickey-Fuller）方式為之。有關變數是否具有定態條件，可參見檢定結果，如表3-3所示[2]。

表3-3　變數定態檢定

	DF		ADF	
	I(0)	I(1)	I(0)	I(1)
Cpi	-1.062	-4.896	-1.838	-8.685
Wpi	-0.892	-4.445	-1.491	-5.394
Mpi	-0.991	-5.606	-0.987	-12.547
Xpi	-1.379	-6.819	-1.243	-13.941
ex	-4.221	-7.199	-3.284	-7.986

　　對水準值的單根檢定，除匯率（ex）外，即使在10%的顯著水準下，各變數的DF與ADF都不具顯著性，顯示這四種物價指

---

2 檢定定態的迴歸式中包含常數項與時間趨勢，式中自我迴歸遞延期數的選定係按SBC（Schwartz information criterion）與AIC（Akaike information criterion）的檢定來進行。

數數列並非爲I(0)序列。對差分項的單根檢定，在1%的顯著水準下，各變數都具有統計顯著性，顯然這四種物價指數數列的性質爲I(1)序列。由於匯率序列的級次與物價指數不同，因而就直接排除它們的長期關係。接著我們就以這四種物價指數數列進行共整合迴歸分析。由於它們級次皆爲I(1)，共整合關係的存在，是以檢定其殘差項序列是否爲I(0)的定態條件而定。

$$\log cpi = -1.6264 + 1.3168 \quad \log wpi \quad \cdots\cdots(3\text{-}15)$$
$$(-11.57) \quad\quad (38.29)$$
$$R^2 = 0.9709 \quad DF = -0.975 \quad ADF = -3.210$$

$$\log cpi = -0.7105 + 1.0780 \quad \log mpi \quad \cdots\cdots(3\text{-}16)$$
$$(-3.26) \quad\quad (20.49)$$
$$R^2 = 0.9052 \quad DF = -0.781 \quad ADF = -0.931$$

$$\log wpi = 0.6250 + 0.8359 \quad \log mpi \quad \cdots\cdots(3\text{-}17)$$
$$(7.05) \quad\quad (39.10)$$
$$R^2 = 0.9720 \quad DF = -2.094 \quad ADF = -1.290$$

上述三條共整合迴歸方程式，參數下括號內的數字爲t值。就檢定結果而論，只有消費者物價與躉售物價之間通過共整合檢定，45年來的兩組長時間數列資料具有長期穩定的關係。其他物價指數如cpi與mpi，wpi與mpi雖有較高的判定係數，但只不過呈現出假性相關的現象。

　　至於物價與貨幣工資率之間關係，圖3-7可看出它們長期

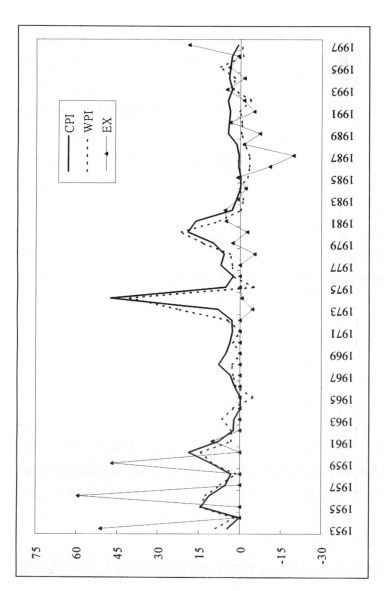

圖3-7 1953~97年消費者、躉售物價與匯率年變動率

的走勢,圖中物價年資料似呈遞減式的走勢曲線,而貨幣工資率似呈遞增式的走勢曲線。就年變動率來觀察(圖3-8),貨幣工資變動率雖然高於物價膨脹率,但變動型態類似。

在本章第二節曾述及物價膨脹與貨幣工資變動常常糾纏不清,在理論上也無法給予完全明確的關係。因果關係本是一項實證檢定的問題。我們以取對數後再差分($DW_t = W_t - W_{t-1}$,$DP_t = P_t - P_{t-1}$,W表貨幣工資,P係指cpi與wpi)的資料進行因果關係的檢定。資料作如此的處理,其目的係將趨勢的因素剔除,以成長率的變動率檢定兩者之間的因果關係。

按照Granger(1969)與Hsiao(1979)對因果關係的檢定方法,貨幣工資與物價的檢定迴歸式可寫成如下:

$$DP_t = a + \sum_{i=1}^{I} b_i DP_{t-i} + \sum_{j=1}^{J} c_j DW_{t-j} + e_t \quad\text{...........................(3-18)}$$

$$DW_t = d + \sum_{n=1}^{N} f_n DW_{t-n} + \sum_{s=1}^{S} g_s DP_{t-s} + \varepsilon_t \quad\text{.......................(3-19)}$$

若貨幣工資對物價沒有影響,則 c_j 係數的檢定接受虛無假設;若物價對貨幣工資沒有影響,則 g_s 係數的檢定接受虛無假設;若雙向因果關係都存在,則 c_j 與 g_s 係數的檢定拒絕虛無假設。然而在進行檢定前,要先決定迴歸模式到底包含變數多少的落後期。我們以兩階段的方式選擇最適落後期。首先選擇物價與貨幣工資自我迴歸式(autoregressive models)的最適落後期。我們在落後七期內分別按照判定準則推算出包含落後期數

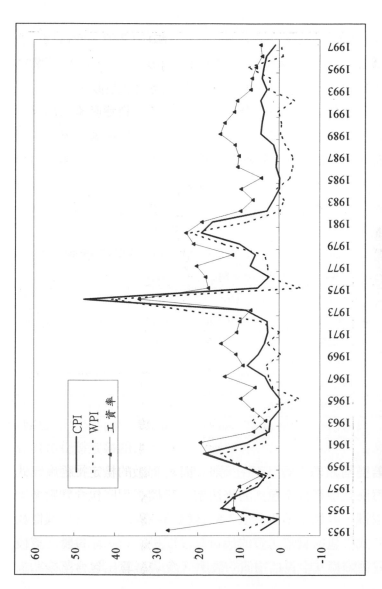

圖3-8 1953~97年消費者、躉售物價與工資率年變動率

量的判定值，其結果列於表3-4。判定準則包括了Schwartz訊息準則（Schwartz information criterion，SIC），Akaike訊息準則（Akaike information criterion，AIC）。就物價自我迴歸模式而言，SIC呈現出落後一期的模式判定值為最低，而AIC的結果也是如此，因而我們選擇落後一期在內的物價（cpi與wpi）自我迴歸模式。就貨幣工資自我迴歸模式而言，無論從SIC與AIC的判定值上，都顯示出只包括落後一期的為最適模式。

表3-4 自我迴歸式最適落後期判定值

	cpi		wpi		wage	
	SIC	AIC	SIC	AIC	SIC	AIC
lag1	-112.03	-115.64	-105.34	-108.95	-132.17	-135.78
lag2	-109.09	-114.51	-102.38	-107.80	-128.49	-133.91
lag3	-105.30	-112.53	-98.80	-106.03	-124.73	-131.96
lag4	-101.55	-110.59	-95.05	-104.09	-120.93	-129.96
lag5	-97.84	-108.68	-91.25	-102.09	-117.14	-127.98
lag6	-94.99	-107.64	-90.46	-103.11	-113.48	-126.12
lag7	-91.19	-105.64	-86.75	-101.21	-110.02	-124.47

第二階段的進行，係在第一階段選定最適自我迴歸模式後，再決定他變數所包括的落後期，我們也用同樣的判定準則進行選擇，其判定值列於表3-5。就表3-5所示，物價最適自我迴歸模式中包括貨幣工資的最適落後期是一期，而貨幣工資最適自我迴歸模式中包括物價的最適落後期也是一期。

表3-5 最適自我迴歸式其他自變數落後期判定值

	物價自我物價貨幣工資落後期				貨幣工資自我迴歸式物價落後期			
	cpi		wpi		cpi		wpi	
	SIC	AIC	SIC	AIC	SIC	AIC	SIC	AIC
Lag1	-138.15	-143.50	-133.30	-138.65	-108.08	-113.43	-106.22	-111.57
Lag2	-130.69	-137.74	-125.52	-132.56	-101.11	-108.15	-99.39	-106.44
Lag3	-123.05	-131.74	-117.74	-126.43	-95.05	-103.74	-93.29	-101.98
Lag4	-115.37	-125.65	-111.06	-121.35	-88.70	-98.98	-87.15	-97.43
Lag5	-107.52	-119.34	-103.92	-115.74	-82.25	-94.07	-80.15	-91.98
Lag6	-104.05	-117.35	-99.81	-113.13	-76.02	-89.31	-73.18	-86.49
最適物價迴歸式檢定					最適貨幣工資迴歸式檢定			
Cpi：F＝1.69　$F_{0.05}(1,42)=4.07$					Cpi：F＝9.43　$F_{0.05}(1,42)=4.07$			
Wpi：F＝11.25　$F_{0.05}(1,42)=4.07$					Wpi：F＝15.39　$F_{0.05}(1,42)=4.07$			

資料來源：本研究。

就物價迴歸決定式中，全部 c_j 係數的估計值是否與零無差異，在消費者物價方面，F值為1.69，在5%的顯著水準下，貨幣工資對消費者物價不具顯著性；但在躉售物價方面，F值為11.25，在5%的顯著水準下，貨幣工資對躉售物價具顯著性。就貨幣工資迴歸決定式中，g_s係數所計算出的F值分別為9.43與15.39，在5%的顯著水準下拒絕虛無假設。如此說來台灣從1952年以來的45年裡，躉售物價與貨幣工資之間，在統計上存有雙向的因果關係；但消費者物價變動會影響貨幣工資；相反的迴歸關係在統計上並未獲得支持。

二、與需求拉動有關變數

　　在需求拉動說方面，與物價膨脹有密切關係的重要變數是貨幣供給。圖3-9所示，1986年以後貨幣供給增加呈快速之勢，物價與貨幣供給的走勢型態迥然不同。就圖3-10觀察，似乎每年貨幣供給的年變動率都大於物價膨脹率。我們已知近50年來物價上漲7~11倍，但同期間貨幣供給增長2812倍，遠大於物價膨脹的倍數。

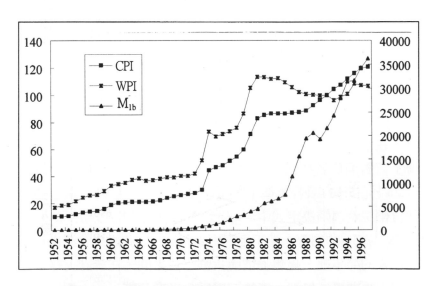

圖3-9　1952~97年消費者、躉售物價與貨幣供給

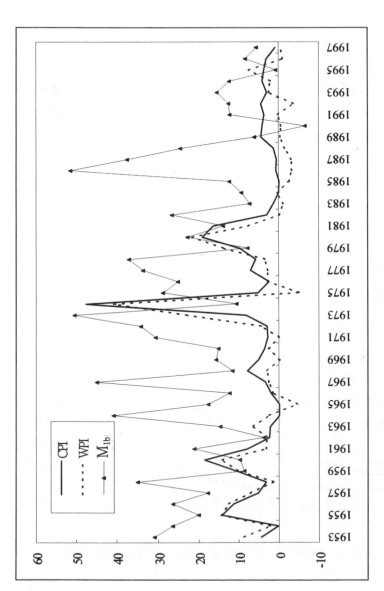

圖3-10 1953~97年消費者、躉售物價與貨幣供給年變動率

　　貨幣供給對物價的影響，從第二節中得知它們存有非常豐富的各家學說，在此我們僅進行長期穩定關係的檢定。貨幣供給取對數後的單根檢定，DF的I(0)為-0.001，I(1)為-5.209；ADF的I(0)為-0.578，I(1)為-4.651。就檢定結果所示，貨幣供給具有I(1)序列的性質，其級次與物價級次相同，因而可進行共整合分析，其迴歸式為

$$\log cpi = 1.5062 + 0.3160 \quad \log M_{1b} \cdots\cdots\cdots\cdots\cdots\cdots\cdots(3\text{-}20)$$
$$\quad\quad\quad (30.67) \quad\quad (47.42)$$

$$R^2 = 0.9808 \quad DF = -2.436 \quad ADF = -5.657$$

$$\log wpi = 2.4469 + 0.2302 \quad \log M_{1b} \cdots\cdots\cdots\cdots\cdots\cdots(3\text{-}21)$$
$$\quad\quad\quad (34.71) \quad\quad (24.06)$$

$$R^2 = 0.9293 \quad DF = -1.669 \quad ADF = -2.426$$

上述兩條共整合迴歸方程式，就檢定結果而論，消費者物價與貨幣供給通過共整合檢定，兩變數間45年來的長時間數列資料存有長期穩定的關係，但躉售物價與貨幣供給就不存有長期穩定的關係。

第四章

台灣長期物價之變動型態

第一節 長期物價變動的一般觀察

　　為進行對近60年來台灣地區長期物價變動走勢作比較觀察與初步分析，首先需將有關的物價指數成系統地編製起來。就物價的史料與統計報表而言，台灣省政府主計處於1959年12月編印的物價統計月報裡，含有1937~58年的台北市躉售物價指數、零售物價指數與公務員生活費指數；指數的基期有三種，分別為1937年上半年、1949年6月15日與1952年，其中從1946年起便有月指數資料。其實，於1956年，台灣省政府主計處便著手修編當時的台北市躉售物價指數，改換計算公式，擴大分類與增加查價項目。同時將台北市暨本省各重要城市（台中市、高雄市與花蓮市）之零售物價指數與公務員生活費指數合併而為台灣省都市消費者物價指數，於1959年正式編成。近年來行政院主計處所編的物價統計月報中，都有台灣地區消費者物價

指數與躉售物價指數的衛接表，其中躉售物價指數可推到1937
年，月資料起自1952年，而消費者物價指數卻起自1959年。此
外，行政院主計處每年所編的中華民國台灣地區國民所得，內
中就有國內生產毛額（GDP）平減指數。我們就利用上述所提的
資料，整理與銜接台灣地區的物價指數，年期從1937~97年，
共有61年的長期物價指數資料。指數分別以1937年與1991年爲
基期。表4-1列出台灣地區年物價指數，包括消費者物價指數、
躉售物價指數與GDP平減指數。

　　就表中的年變動率所示，在1942年以前物價還算平穩，但
1943年以後就步入台灣惡性通貨膨脹階段，1945起的年通貨膨
脹率都在200%以上，於1949年達到最高峰，爲3884.66%。政
府於1949年6月15日實施幣制改革，同時亦採取一系列對抗通
貨膨脹的穩定政策。之後，通貨膨脹率逐年大幅回降，1950年
爲305%，1951年就變爲56.93%，1952年又降到16.82%，1953
年只爲個位數的4.47%。可見通貨膨脹已消失不見。1943~52年
之間的十年，可稱爲台灣史上的惡性通貨膨脹時期。我們以1937
年爲基期的消費者物價指數與躉售物價指數繪製成圖4-1，觀
察61年的物價走勢。惡性通貨膨脹期間的1943~51年，在縱軸
爲對數值的圖裡，指數幾乎呈垂直式的急遽上揚，指數上漲
373,414倍。與1952年以後的45年物價只上漲11倍相比，確實不
可同日而語。

　　1953年政府開始實施四年爲一期的經濟計畫，到1972年恰
好實施五期。在這20年，台灣經濟可稱爲快速成長且穩定的時

表4-1 台灣地區年物價指數

單位：%

年	消費者物價指數（cpi）			薑售物價指數（wpi）			GDP平減指數	
	1937年為基期	1991年為基期	變動率	1937年為基期	1991年為基期	變動率	1991年為基期	變動率
1937	100	0.00001397		100	0.00002356			
1938	112	0.00001561	11.70	117	0.00002747	16.60		
1939	130	0.00001811	16.03	134	0.00003155	14.85		
1940	152	0.00002125	17.36	151	0.00003564	12.96		
1941	155	0.00002164	1.84	165	0.00003878	8.81		
1942	165	0.00002303	6.39	168	0.00003965	2.24		
1943	285	0.00003985	73.06	278	0.00006547	65.12		
1944	559	0.00007813	96.07	466	0.00010981	67.73		
1945	2965	0.00041427	430.24	2394	0.00056400	413.61		
1946	9018	0.00125996	204.14	8698	0.00204928	263.35		
1947	38233	0.00534176	323.96	40282	0.00949053	363.12		
1948	243278	0.03398980	536.30	249762	0.05884400	520.03		
1949	9693800	1.35437790	3884.66	8756367	2.06300000	3405.88		
1950	39261190	5.48541217	305.01	35510187	8.36620000	305.54		
1951	61613529	8.61	56.93	58955857	13.89	66.03	7.54	
1952	71977715	10.06	16.82	72607776	17.11	23.16	9.42	24.93
1953	75192449	10.51	4.47	78980873	18.61	8.78	11.47	21.76
1954	75392045	10.53	0.27	80756235	19.03	2.25	11.49	0.17
1955	86029026	12.02	14.11	92409897	21.77	14.43	12.65	10.10
1956	95779225	13.38	11.33	103926993	24.49	12.46	13.76	8.77
1957	100807921	14.08	5.25	111392620	26.24	7.18	14.96	8.72
1958	103989055	14.53	3.16	112940372	26.61	1.39	15.69	4.88
1959	114980430	16.06	10.57	124548512	29.34	10.28	16.81	7.14
1960	136298470	19.04	18.54	142165571	33.49	14.14	19.06	13.38
1961	146914683	20.53	7.79	146763305	34.58	3.23	19.99	4.88
1962	150424882	21.02	2.39	151224472	35.63	3.04	20.40	2.05
1963	153678238	21.47	2.16	160966205	37.92	6.44	21.10	3.43
1964	153421394	21.44	-0.17	164972151	38.87	2.49	21.98	4.17
1965	153335779	21.42	-0.06	157324436	37.07	-4.64	21.84	-0.64
1966	156417905	21.85	2.01	159646064	37.61	1.48	22.44	2.75
1967	161726012	22.60	3.39	163652010	38.56	2.51	23.45	4.50
1968	174396975	24.37	7.83	168522877	39.70	2.98	25.03	6.74
1969	183300895	25.61	5.11	168113177	39.61	-0.24	26.62	6.35
1970	189893221	26.53	3.60	172665389	40.68	2.71	27.54	3.46

年	消費者物價指數（cpi）			蔓售物價指數（wpi）			GDP平減指數	
	1937年為基期	1991年為基期	變動率	1937年為基期	1991年為基期	變動率	1991年為基期	變動率
1971	195115712	27.26	2.75	172710911	40.69	0.03	28.36	2.98
1972	200937506	28.07	2.98	180404149	42.50	4.45	30.01	5.82
1973	217375513	30.37	8.18	221647187	52.22	22.86	34.52	15.03
1974	320626741	44.80	47.50	311598890	73.41	40.58	45.70	32.39
1975	337407206	47.14	5.23	295802715	69.69	-5.07	46.73	2.25
1976	345797438	48.31	2.49	303996696	71.62	2.77	49.26	5.41
1977	370111989	51.71	7.03	312372766	73.60	2.76	52.36	6.29
1978	391515644	54.70	5.78	323434640	76.20	3.54	55.14	5.31
1979	429699763	60.04	9.75	368137359	86.73	13.82	61.47	11.48
1980	511461722	71.46	19.03	447436886	105.42	21.54	71.43	16.20
1981	594850359	83.11	16.30	481578474	113.46	7.63	80.05	12.07
1982	612486970	85.57	2.96	480668032	113.25	-0.19	82.79	3.42
1983	620877202	86.75	1.37	475023289	111.92	-1.17	84.38	1.92
1984	620620359	86.71	-0.04	477253873	112.44	0.47	85.13	0.89
1985	619678598	86.58	-0.15	464917379	109.53	-2.58	85.63	0.59
1986	623959329	87.18	0.69	449348815	105.87	-3.35	88.53	3.39
1987	627212684	87.63	0.52	434736216	102.42	-3.25	89.03	0.56
1988	635260458	88.76	1.28	427953420	100.83	-1.56	89.85	0.92
1989	663342053	92.68	4.42	426360146	100.45	-0.37	92.81	3.29
1990	690653115	96.50	4.12	423765386	99.84	-0.61	96.29	3.75
1991	715738198	100.00	3.63	424448217	100.00	0.16	100.00	3.85
1992	747672450	104.46	4.46	408879653	96.33	-3.67	103.93	3.93
1993	769675407	107.54	2.94	419167652	98.76	2.52	107.58	3.51
1994	801181586	111.94	4.09	428226553	100.89	2.16	109.61	1.89
1995	830633014	116.05	3.68	459818902	108.33	7.38	111.74	1.94
1996	856146170	119.62	3.07	455221168	107.25	-1.00	114.73	2.68
1997	863851486	120.69	0.90	453127151	106.76	-0.46		
年平均上漲率								
1937~42		10.53			10.93			
1942~52		366.41			366.06			
1952~72		5.26			4.65			5.96
1972~81		12.82			11.53			11.52
1981~97		2.36			-0.38			2.42
1952~97		5.68			4.15			5.84

資料來源：台灣省政府主計處編印的《台灣物價統計月報》，48年12月；行政院主計處編印的《物價統計月報》，329期，87年5月；《中華民國台灣地區國民所得》，86年。

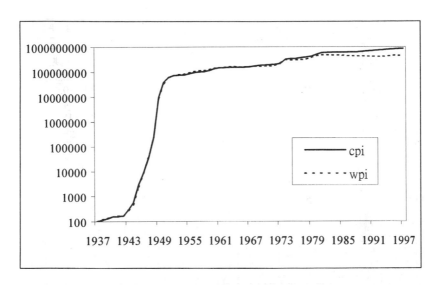

圖4-1　1937~97年台灣長期物價指數（1937＝100）

期。從表4-1所示，除1955~56與1959~60的年通貨膨脹率逾10%
外，其餘各年都很低，尤其在1960年代，大部分年份是在4%
以內。1959年發生台灣史上最嚴重的「八七水災」，無論農、
工、交通與運輸都遭受重大損害，恢復重建工作艱鉅。更不巧
地，第二年（1960年）春季又遇乾旱，至秋天又來個八一風災，
釀成巨大損失。這兩年因氣候因素所造成的產量銳減，導致嚴
重的超額需求，遂使物價上漲率分別高達10.57%與18.54%。

　　為了了解1952年以後的物價走勢，我們在表4-1中亦以1991
年為基期，編製物價指數，並繪製圖4-2與圖4-3，分別表達三
種物價指數的走勢與變動率。無論從表的數據或圖的變化幅

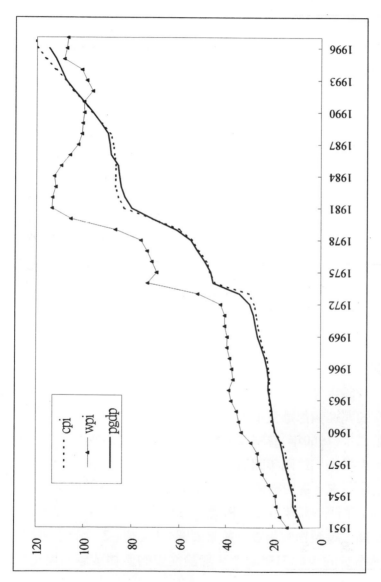

圖4-2 1951~97年台灣物價指數(1991=100)

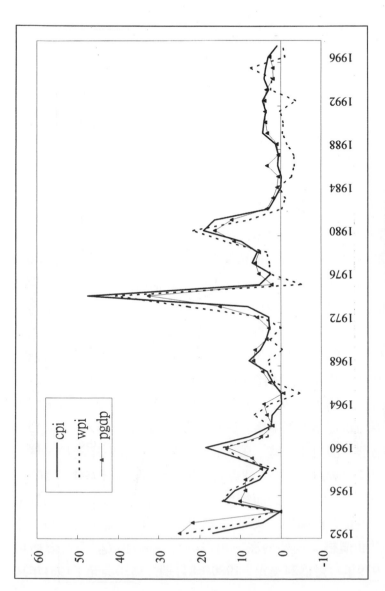

圖4-3 1952~97年台灣物價年變動率

度，都呈現出1952~72年的穩定狀況。在這期間，消費者物價
指數年平均上漲率爲5.31%，躉售物價指數爲4.44%，GDP平減
指數爲5.19%，它們的走勢與變化幅度大致上是一致的。

　　然而，1972~81的十年間，消費者物價指數年平均上漲率
爲12.82%，躉售物價爲11.53%，GDP平減指數爲11.52%，與
1952~72年的穩定期間相比，竟上漲了一倍多。圖4-3所示的年
變動率呈現出兩個高峰，一個發生在1974年，另一個在1980年，
這種現象主因爲世界性的能源危機所致。

　　1973年10月中東戰爭爆發，國際原油價格暴漲，茲以阿拉
伯輕油（API 34°）的公告價格爲例，它是由1971年4月的每桶2.18
美元上漲到1974年1月的11.65美元，上漲4倍餘。在台灣，98%
以上的能源必需仰賴進口，同時在1973年貨幣供給年增率高達
45%，在這種情況下，當然會導致物價的急遽攀升。從表中顯
示，1973年的躉售物價指數年增率高達22.86%，GDP平減指數
爲15.03%，而消費者物價指數上漲率較低，爲8.18%，具有時
間的落差。到了1974年，這種現象還繼續蔓延，像製造業每人
每月平均薪資年上漲率爲34%，單位勞動成本爲45%，致使1974
年的物價上漲更爲急遽，躉售物價指數的年增率高達40.58%，
GDP平減指數爲32.39%，消費者物價的上漲率更高，爲47.50%。

　　1975年，物價回跌而後呈持平走勢，至1978年，伊朗發生
革命，停止石油輸出，又導致國際原油市場供需失衡，1979年
國際原油價格又開始暴漲。再以阿拉伯輕油每桶公告價格爲
例，1979年11月爲24美元，1980年8月調升爲30美元，1981年10

月又升到34美元。根據第一次石油危機的經驗,政府採取緊縮的貨幣政策,1979年的貨幣供給量的年增率反而下降到10.15%,即使如此,還是不能抑制物價的上漲,像躉售物價指數,1979~81年的年增率分別爲13.82%、21.54%與7.65%,消費者物價指數年增率爲9.75%、19.03%與16.30%。消費者物價上漲落後躉售物價的上漲。1973~81年的這段期間,可稱爲石油危機的通貨膨脹時期。這個時間通貨膨脹的最大特色,就是它與能源價格的暴漲有直接的關係,這種通貨膨脹具有輸入型的特徵。

　　根據表4-1與圖4-2,1982年後的躉售與消費者物價指數的走勢恰好相反,前者出現回跌現象,且有負變動率;後者依然繼續緩慢地上揚,呈現正增長率。1982~97年躉售物價指數的年平均變動率爲-0.39%,尤其在前十年(1982~1992),更呈現持續回跌之走勢,其平均變動率爲-1.60%。到1992年達至最低點後才呈回升格局。這種現象主要因進口物價指數回跌所致(年平均變動率爲-2.5%)。在這期間,國際原油價格回跌與新台幣對美元升值爲主要因素。在國際原油價格方面,平均每桶由1982年的34美元,跌到1990年的16美元附近,迄1998年時仍圍繞在這種價格作上下波動。至新台幣對美元的升值,1991年新台幣兌美元爲25.75:1,較1982年的39.9:1,新台幣升值了54.95%,之後,匯率即徘徊在26~28元之間,至1997年7月仍未越過28元。由於東南亞金融風暴的蔓延,台灣也受到波及,於1998年上半年,新台幣曾貶值到35:1的地步。

由圖4-2，很清楚地可以看出，消費者物價指數與GDP平
減指數的密切關係。這兩種指數可以說，從1950年以來並駕齊
驅，一起變動。1982~97年間，消費者物價年平均上漲率為
2.32%，GDP平減指數為2.35%。1982年躉售物價指數的回跌，
對消費者物價指數上漲具有緩和作用。然而這段期間消費者物
價指數的緩和上揚，也許與國內因素有關，如貨幣供給平均成
長率多在20%以上，勞動薪資上漲率亦在8.43%等。

　　從1986年10月台灣股價指數超過1000點之後，40個月的多
頭時間，指數奔向1990年2月10日的12,682點。之後的8個月，
股價卻一直狂瀉，跌落到10月1日的2485點。狂飆時，貨幣供
給量的年增率曾超過50%，但物價卻是相當的平穩；狂跌時，
貨幣供給量的年增率亦曾出現過負值，而物價也是相當的平
穩。股價(資產價格)的暴漲暴跌，確是一種典型的泡沫經濟，
但對物價好像沒什麼影響。自1982年迄今，台灣先後處於泡沫
經濟與資產不景氣時期，消費者物價呈現緩和上揚。

第二節　各階段物價結構變化

　　我們按台灣長期物價變動型態、幅度與特質，畫分為四個
時期，依序為1943~52年的惡性通貨膨脹時期，1953~72年的快
速成長與物價穩定時期，1973~81年的石油危機時期，1982~97
年的泡沫經濟與資產不景氣時期。前已述及，消費者物價指數
係就消費性商品中的食、衣、住、行、育、樂與其他等項內選

定查價商品項目,給予權數而編製之。選定查價項目的商品,
不但按其類別予以歸類而編製類別指數,同時經由權數彙總再
編出總指數。因而對總指數與類別指數的比較分析,不但可了
解各商品在不同時期變動的走勢與幅度,亦可洞悉其對總指數
上漲或下跌的貢獻。

一、1945~52年惡性通貨膨脹時期

　　關於戰後初期台灣的惡性通貨膨脹,我們整理出表4-2台
北市各類商品躉售物價指數月平均上漲率。在幣制改革前期間
(1946年1月到1949年5月),就平均月上漲率而言,各類商品如
食物(包括食品、糧食與其他食品)、衣著、燃料、金屬電器、
建築材料與雜項的上漲幅度大致與總指數上漲幅度相當,較嚴
重的商品爲建築材料、金屬電器與糧食。各類商品月平均上漲
率介於23.6~28.4%之間。物價上漲是全面性的,並逐月惡化。
各類商品的月平均上漲率亦是從1946年起呈遞增式的飆漲,而
金屬電器類的上漲率自始至終都處在高位,在20%以上。

　　幣制改革前惡性通貨膨脹期間,各類商品月平均上漲率情
形爲:食品類由1946年的12.42%以遞增式的飆漲,到1949年(1~5
月)時爲60.67%。糧食類由13.82%飆漲到62.90%,其他食品由
12.15%飆漲到59.33%,這種速度的增長率是相當驚人的。在非
食品方面,衣著類由1946年的12.54%漲到1949年1~5月的
49.96%;燃料類由4.5%漲到49.1%,金屬電器類自始至終皆處
在高位,由21.26%漲到32.15%,建築材料類由11.99%漲到

54.74%，雜項由5.24%漲到55.58%。

表4-2　1946~52年台北市各類蠆售物價指數月平均上漲率

單位：%

年　別	總指數	食　物			衣著（纖維）	燃料	金屬電器	建築材料	雜項
		食品	糧食	其他食					
幣制改革前									
1946	10.80	12.42	13.82	12.15	12.54	4.50	21.86	11.99	5.24
1947	19.26	17.20	15.23	19.21	20.30	20.88	26.14	28.69	20.96
1948	26.85	25.41	28.56	22.94	29.02	32.50	25.56	29.96	27.11
1949(1-5)	54.54	60.67	62.90	59.33	49.96	49.10	32.15	54.74	55.58
總平均	24.09	24.68	25.73	24.28	25.11	24.01	25.70	28.39	23.61
幣制改革後									
1949(7-12)	5.12	4.32			7.72	4.87	17.97	26.09	0.65
1950	7.04	7.51			8.32	9.81	6.48	4.31	2.58
1951	2.79	2.92			6.85	1.55	7.76	4.75	5.63
1952	2.92	2.11			-1.58	3.51	-0.71	0.95	-1.04

資料來源：直接取自劉錦添與蔡偉德(1989)，頁9與頁29。

　　幣制改革後的一年內，月平均物價總指數上漲幅度已經趨緩，上漲率皆在10%以內，顯示物價已得到控制，尤其自1951年以後，月平均上漲率均未越過3%。不過，若比較各類商品波動幅度與方向，會發現差異頗大。幣制改革的當年，金屬電器與建築材料類仍存有較高的物價上漲幅度，月平均上漲率分別爲17.97%與26.09%，其餘各類皆在8%以下。在1950年，燃

料類的物價上漲率爲最高,達9.81%,而雜項只有2.58%。但1951年時燃料類反而爲最低,上漲率只爲1.55%;而上漲率較高的商品類分別爲金屬電器類與衣著類,上漲率分別爲7.76%與6.85%。1951年總指數月平均上漲率只有2.97%,主要是因爲權數占很重的食物類上漲率趨緩,只有2.92%。1952年食物類上漲率更低,爲2.11%,同時有一些商品類的物價呈現回跌現象,如衣著(-1.58%)、金屬電器(-0.71%)與雜項(-1.04%)。

　　從上述分析,幣制改革後物價發生相當大的變動,不但上漲的幅度發生變動,甚至方向也起了變化,即在各類商品間沒有再呈現出齊漲齊跌的現象,也沒有呈現出漲幅與跌幅一致的現象。這與幣制改革前惡性通貨膨脹期間,各類商品物價走勢變化呈現出最顯著的差異。

二、1953~72年快速成長與物價穩定時期

　　1953~72年爲台灣經濟快速成長與物價穩定的期間,消費者物價與各商品類別物價指數及其年平均上漲率,如表4-3所示。自1949年6月幣制改革以來,物價漸趨穩定,全島上下,克難生產,到1952年,稻米產量大致恢復到戰前的最高水準,再加上美援的到來,雖然人口呈快速增加,但物質供給不再感到匱乏。政府從1953年起,實施四年爲一期的經濟計畫,到1972年時,已實施了五期的經濟計畫。在這段期間,經濟發展由早期的進口替代模式,進展爲出口擴張模式。

表4-3　1956~72年台灣地區各類消費者物價指數

年　期	總指數	食　物	衣　著	居　住	交　通	醫療保健	教養娛樂	雜　項
1952	90.58	64.69	104.48	73.49				84.01
1953	94.63	77.96	91.64	73.09				74.05
1954	90.82	82.37	82.10	74.29				72.09
1955	103.36	92.05	96.16	80.51				87.66
1956	100.00	10.00	100.00	100.00	100.00	100.00	100.00	100.00
1957	110.35	110.39	103.07	110.15	105.22	134.53	103.84	105.89
1958	113.91	113.90	107.98	116.33	111.87	133.63	110.93	109.53
1959	125.95	127.43	117.88	124.26	116.37	150.68	115.12	115.37
1960	149.21	156.68	122.22	128.23	132.76	207.63	121.27	129.13
1961	160.90	163.08	121.18	130.18	137.33	341.24	128.98	135.16
1962	164.74	158.66	122.77	134.29	148.69	430.99	134.97	147.73
1963	168.31	161.93	125.25	137.50	145.82	444.80	135.82	152.05
1964	168.03	166.26	126.81	136.89	140.54	388.74	136.11	150.46
1965	167.93	169.71	127.03	140.34	141.38	335.49	138.20	150.50
1966	171.31	177.39	126.75	142.39	142.23	300.15	139.25	152.26
1967	177.12	185.25	127.06	148.08	148.13	296.69	141.34	154.77
1968	191.00	202.30	125.66	159.26	155.53	315.27	149.04	157.16
1969	200.75	212.02	125.38	167.73	158.87	331.71	169.28	157.16
1970	207.97	217.94	126.50	172.38	161.99	359.32	189.72	155.49
1971	213.69	225.36	128.58	175.59	174.67	380.36	190.76	157.25
1972	220.07	238.70	133.34	176.98	186.08	389.24	188.96	162.36
平均上漲率(%)								
1952~56	2.50	11.50	-1.09	8.01				4.45
1956~61	9.98	10.28	3.92	5.42	6.55	27.82	5.22	6.21
1961~66	1.26	1.70	0.90	1.81	0.70	-2.53	1.54	2.41
1966~72	4.26	5.07	0.84	3.69	4.58	4.43	5.22	1.08
1952~72	4.04	6.75	1.23	4.49				3.35
1956~72	4.75	5.25	1.71	3.42	3.72	8.32	3.81	2.89

資料來源：台灣省政府主計處與行政院主計處編印的歷年《物價統計月報》。

　　在這20年期間，物價總指數年平均上漲率為4.04%，其中食物類的上漲率(6.75%)高於總指數的上漲率，但衣著類(1.23%)卻低於總指數。慮及經濟環境的變化，政府從1956年起，大幅修編物價指數，改換計算公式，並將各商品類別的分類加以擴大，由原來的四類增為七類，即食物類、衣著類、居住類、交通類、醫療保健類、教養娛樂類與雜項。這七類商品分類方式，迄今仍被應用。

　　1956~72年期間，物價總指數的年平均上漲率為4.75%，而上漲率高過總指數的為食物類(5.25%)與醫療保健類(8.32%)，上漲率低於總指數的為衣著類(1.71%)，居住類(3.42%)，交通類(3.72%)，教養娛樂類(3.81%)與雜項類(2.89%)。在1952~72年期間儘管物價相當穩定，但各商品類上漲幅度仍有程度上的差異，其中漲幅最高的為醫療保健類(8.32%)，最低的為衣著類(1.71%)。

　　我們將這20年的觀察期再畫分為四期來分析，物價總指數年平均上漲率以1956~61年的9.98%為最高，以1961~66年的1.26%為最低，可見不同期間物價漲幅的差異。

　　觀察20年期間各商品類別的變動，雖然各期間漲幅有快慢之分，但大致上皆呈上揚之勢，例如：食物類的物價係以緩慢之勢上揚，1956年時為100，到1972年時，便增為238.70。衣著類、居住類、交通類與教養娛樂類到1972年時，其指數分別為133.34、176.98、186.08與188.96。值得注意的，乃醫療保健類物價與其他商品類的走勢完全迥異，其指數由1956年的100，

急速攀升到1963年的444.80,其年平均上漲率為23.8%。之後
又呈急遽下滑之勢,到1967年時為296.69,這期間的年平均變
動率為-9.6%。之後又開始上揚,到1972年時指數為389.24,年
平均上漲率5.6%。醫療保健類物價呈較大幅度的上漲與下跌,
完全與其它類商品的走勢迥異。

三、1973~81年石油危機時期

　　1973~81年石油危機時期,台灣消費者物價與各類商品物
價指數與其年平均上漲率,如表4-4所示。在這觀察期間,消
費者物價年平均上漲率為12.86%,各商品類物價上漲率介於
10~14.4%之間。商品類物價上漲率最低者為衣著類(10.20%),
而低於消費者物價上漲率者還有雜項(10.46%),交通類
(10.51%)與居住類(11.80%);商品類物價上漲率最高者為醫療
保健類(14.39%),而高於消費者物價上漲率者還有食物類
(13.65%)與教養娛樂類(13.80%)。雖然各商品類間漲幅不是完
全相當,但至少平均每年也有10%以上的漲幅。在這十年間,
衣著類、交通類與雜項類的物價上漲約1.5倍,而食物類、醫療
保健類與教養娛樂類的物價上漲至少也有2倍。幣制改革後,
台灣物價僅在石油危機期間的十年裡,各商品類才有如此高的
膨脹。

　　在石油危機階段,曾發生兩次危機,一次在1973~74年,
另一次在1980~81年。表4-4顯示第一次石油危機期間的物價年
平均上漲率(26.32%)大於第二次石油危機期間(17.65%)。在

表4-4 1972~81年台灣地區各類消費者物價指數

年 期	總指數	食 物	衣 著	居 住	交 通	醫療保健	教養娛樂	雜 項
1972	100.00	100.00	100.00	100.00	100.00	100.00	100.00	100.00
1973	108.18	110.81	121.74	109.87	102.05	106.93	107.14	107.25
1974	159.57	174.98	163.19	149.74	138.18	149.24	132.24	136.96
1975	167.92	187.90	159.97	153.33	143.96	158.70	143.21	141.87
1976	172.09	187.08	162.51	164.98	149.30	167.19	150.45	143.57
1977	184.19	202.63	167.67	174.17	162.00	179.14	160.46	157.15
1978	194.84	218.06	176.98	178.85	162.50	194.30	171.58	168.64
1979	213.85	232.61	196.36	200.55	178.06	219.51	201.36	176.15
1980	254.54	269.95	224.77	240.42	221.89	259.88	264.99	213.06
1981	296.04	316.32	239.68	272.94	245.83	335.26	320.12	244.76
平均上漲率								
1972~74	26.32	32.28	27.74	22.37	17.55	22.16	14.99	17.03
1979~81	17.65	16.61	10.48	16.66	17.50	23.58	26.09	17.87
1972~81	12.86	13.65	10.20	11.80	10.51	14.39	13.80	10.46

資料來源：台灣省政府主計處與行政院主計處編印的歷年《物價統計月報》。

1972~74年的第一次石油危機期間，在各商品類中漲幅最大的不是與能源有密切關聯的最終消費商品交通類，而是食物類，年平均上漲率為32.28%。其實於第一次石油危機期間，不巧地也發生世界糧食短缺現象，穀物與大宗物質價格的飛漲自然地亦影響到台灣食物類價格的變動。交通類的漲幅雖然不是最低的，但也可算是相對較低的。在石油危機時，國際原油價格飆漲四倍，而台灣98%的石油需求須從國外進口，而交通類物價只上漲了38.18%，上漲的幅度遠遠地低於國際原油價格的飆

漲,這種現象似乎不合常理,顯然地未將進口原油的成本完全反映在交通服務的售價上。其實在第一次石油危機發生時,政府採取能源低價格政策,而交通運輸服務類的價格,不是由市場供需雙方的力量來決定均衡價格,而是政府審議之費率,何況當時負責民生重要的交通工具都在政府的經營手中,政府對交通費率有十足的決定權。

從1980~81年的第二次石油危機,我們以1979~81年計算年平均物價上漲率,交通類爲17.50%,約與總指數上漲率相當,而各商品類中物價上漲幅度最大者爲與能源關係較低的醫療保健類與教育娛樂類,上漲率分別爲23.58%與26.09%,而物價上漲幅度最低者爲衣著類,上漲率爲10.48%。

四、1982~97年泡沫經濟與資產不景氣時期

1982~97年,爲泡沫經濟與資產不景氣時期,台灣消費者物價與各商品類物價的指數與其年平均上漲率的情形,如表4-5所示。在這觀察的15年期間,消費者物價總指數的年平均上漲率爲2.32%,而各商品類中,教養娛樂類的物價上漲率爲4.82%,遠高於總指數。食物類、居住類與醫療保健類的上漲率約與總指數相當,而衣著類、交通類與雜項的上漲率卻遠低於總指數。可以說在這15年衣著類物價並無上漲。1982~97年可稱得上是台灣低通貨膨脹時期。在觀察的60年裡,唯有這個時期物價上漲率是最低的。

在這個期間,台灣經濟可分爲泡沫經濟時期與資產不景氣

表4-5　1982~97年台灣地區各類消費者物價指數

年 期	總指數	食 物	衣 著	居 住	交 通	醫療保健	敎養娛樂	雜 項
1982	100.00	100.00	100.00	100.00	100.00	100.00	100.00	100.00
1983	101.37	101.33	101.04	101.95	99.27	100.30	103.08	100.02
1984	101.33	98.87	101.95	102.85	100.57	104.14	105.85	100.48
1985	101.17	96.70	100.65	103.24	101.42	107.14	110.20	100.66
1986	101.87	98.95	97.79	103.10	97.32	106.78	114.13	100.65
1987	102.40	100.21	96.06	103.62	95.59	107.47	116.31	99.61
1988	103.72	101.65	97.45	104.34	94.21	107.81	122.80	99.84
1989	108.30	107.98	96.81	108.97	94.90	113.84	128.56	101.04
1990	112.76	111.57	96.85	115.24	96.96	118.52	138.32	102.55
1991	116.86	112.51	96.73	121.89	102.67	124.24	149.52	103.67
1992	122.07	122.24	97.73	126.15	101.54	129.36	157.34	104.43
1993	125.66	126.22	94.92	131.00	102.25	132.29	166.99	105.43
1994	130.81	134.37	94.42	136.46	102.65	135.45	175.72	107.68
1995	135.62	140.09	97.70	141.39	105.29	138.97	183.75	109.78
1996	139.78	145.32	100.13	144.31	106.69	141.32	196.08	111.72
1997	141.04	144.01	100.86	145.97	107.98	144.65	202.67	114.10
平均上漲率(%)								
1982~90	1.51	1.38	-0.40	1.79	-0.39	2.15	4.14	0.32
1990~97	3.25	3.71	0.58	3.43	1.55	2.89	5.61	1.54
1982~97	2.32	2.46	0.06	2.55	0.51	2.49	4.82	0.88

資料來源：台灣省政府主計處與行政院主計處編印的《歷年物價統計月報》。

時期，前者從1982~90年，後者從1991~97年。在泡沫經濟時期，台灣股價雖如坐雲霄飛車般，經40個月的「牛市」，於1990年2月10日創天價12,682點後，便扭轉成「熊市」，股價如瀑布般

狂瀉而下，於短短八個月內，即在1990年10月1日時低到2,485點[1]。股市的暴漲暴跌，貨幣供給量亦呈現巨幅波動，但物價卻出現出奇的平穩。在爲期九年的泡沫經濟時期，物價年平均上漲率只有1.51%，也低於1990~97年資產不景氣時期年平均上漲率的3.25%。

在泡沫經濟期間，衣著類與交通類物價的年平均變動率爲負值，分別爲-0.40%與-0.39%，其餘各類商品物價的年平均變動率都是正值，如雜項類爲0.32%，食物類爲1.38%，居住類爲1.79%，醫療保健類爲2.15%。物價上漲幅度最高者爲教養娛樂類，年平均上漲率高達4.14%。

在1990~97年台灣經濟處於資產不景氣時期，消費者物價呈溫和上揚走勢，年平均上漲率爲3.25%，高於泡沫經濟時期。各類物價不像泡沫經濟時期有部分呈現回跌之勢，而是都呈現上揚之勢，漲幅最小者爲衣著類，年平均上漲率爲0.58%；漲幅最大者爲教養娛樂類，年平均上漲率爲5.61%；次高者爲食物類（3.71%）與居住類（3.43%），而醫療保健類的年平均上漲率爲2.89%，交通類與雜項分別爲1.55%與1.54%。

---

1 牛市（Bull）：係指看好股市遠景，買進股票後，股價持續上漲之現象，又稱爲多頭市場。

熊市（Bear）：係指看壞股市遠景，賣出股票後，股價持續下跌之現象，又稱爲空頭市場。

第三節　長期物價變動給予的印象

在為期近60年的台灣物價變化中，我們所得到的概括印象，有下列數項：

一、戰後初期的惡性通貨膨脹，猶如脫韁之馬。當時台灣經濟十分拮据，生產遭戰爭破壞，尚未恢復，物資供應極度缺乏，政府靠發行鈔票來支應經濟活動。無疑地，這是惡性通貨膨脹最重要的原因。

二、從1950年代起，政局趨於穩定，以迄1990年代末，除石油危機時期，物價曾兩度暴升外，台灣通貨膨脹是屬於溫性程度，在同期間，與四鄰國家相較，只有日本的通貨膨脹低於台灣。溫性通貨膨脹對促進所得分配的平均化，對增強社會大眾對未來發展的信心，均有幫助。

三、1970年代石油危機所顯示的，天然資源供應不足是造成石油危機時通貨膨脹惡化的主要原因，而糧食的供應不足，則是「火上加油」。不過，石油危機時併發的糧食供應不足雖給予世人苦難，然先進國家卻以此為警鐘，加強石油代替品的生產，同時遺傳工程學也有了空前的進步，使農產品的生產力及產量大幅提高。這兩種為人所憂慮的問題迄未再出現。這也顯示，憂患意識有助於人類解決困難問題。

四、無論在那個年代，物價暴漲最厲害的同時，貨幣供給
增加率一定很高，戰後初期的惡性通貨膨脹是如此，
石油危機時也是如此。可是在泡沫經濟時期，儘管貨
幣供給大幅增加，但一般物價水準卻相當穩定，只有
資產價格，包括股價與房地產價格，曾大幅上漲，一
俟泡沫破滅，資產價格又大幅下降。

五、自1960年代以降，對外貿易越來越重要，而且對國內
物價產生了調劑作用。戰後初期，台灣缺乏這種機制，
所以通貨膨脹會持續存在一段時期。然而，大量的輸
入也會引來輸入性通貨膨脹，尤其當台灣缺乏自然資
源，而對外貿易成為經濟成長的主導力量時。

六、大體言之，自1950年代以來，除少數年代，因特殊原
因，致物價一度暴漲外，可說是處於穩定狀態，致有
高成長低通膨的並存現象。在這種情況下，一般社會
大眾容易累積財富，也容易達成藏富於民之境界。

第五章

戰後初期的惡性通貨膨脹

　　戰後初期台灣的惡性通貨膨脹，雖不及1921~23年德國與
1929~50年中國大陸的通貨膨脹來得有名，但堪稱爲世界上著
名的惡性通貨膨脹案例。Makinen與Woodward（1989）認爲，台
灣戰後初期通貨膨脹的嚴重性，其程度雖不及俄國，但甚於奧
地利、匈牙利與波蘭。中外經濟學者對此項經歷感興趣者甚多，
其中爲文分析者亦不在少數，例如潘志奇（1980）著書分析戰後
初期的經濟狀況，通貨膨脹的過程、成因與抑制措施；台灣銀
行經濟研究室（1953）編印的台灣之金融史料，陳述台幣的變
遷；柳復起（1970，1975）曾對台灣由通貨膨脹到穩定的金融發
展進行分析；劉錦添與蔡偉德（1989）也曾進行實質貨幣需求與
因果之計量分析；劉錦添（1995）又分析價格離散與通貨膨脹之
關係；吳聰敏與高櫻芬編製1907~86年台灣貨幣與物價的長期
資料，同時也進行因果的檢定分析；Wu and Lin（1988）進一步
分析物價與貨幣的因果關係，貨幣供給增加成因的解釋，並探
討穩定政策；Makinen與Woodward（1989）曾就通貨膨脹之過

程、成因與穩定政策進行解釋與分析。本章擬分三部分進行對
戰後台灣惡性通貨膨脹的分析:一爲惡性通貨膨脹過程與成
因;二爲抑制政策,包括幣制改革與財政及金融措施,同時亦
分析美援對經濟穩定的貢獻;三爲計量分析,內容爲實質貨幣
需求與因果之剖析。

第一節 通貨膨脹的過程與成因

一、通貨膨脹現象

　　爲了了解戰後初期台灣通貨膨脹狀況,我們同時觀察台北
市零售物價指數與躉售物價指數的波動情形。從表5-1可以看
出:(1)從1946年1月到1950年1月,台北市零售物價指數從100
上漲到656849,四年共漲了6568倍;其間1947年1月較1946年1
月上漲2倍;1948年1月較1947年1月更上漲5.6倍。1949年1月較
1948年1月上漲14.9倍;1950年1月較1949年1月更上漲19.6倍。
在同期間,躉售物價指數從100上漲到672851,四年共漲了6728
倍,其間,每年的上漲幅度較零售物價指數爲大。

　　在這四年期間,通貨膨脹如此嚴重,糧食不敷所需是主要
原因,例如1938年,台灣糙米生產量爲140萬2412公噸。由於
戰時(1937~45),日本政府採取「總收購總配給制度」,農戶
收入減少,普遍發生怠耕現象,加以外來肥料供給中斷,壯丁
多被徵調打仗,農田水利失修,導致糧食逐年減產,到1945年

糙米年產量僅爲63萬8828公噸，八年之內減少了54.5%，在人口仍不斷增加的情況，可見台灣光復初期，糧食短缺的嚴重情況。1945年8月日本投降，該年前八個月，零售物價即上漲了1.2倍，而躉售物價更上漲了1.5倍。

　　1947年，海峽兩岸貿易交流加強，東南沿海一帶物資輸入台灣，但在中國大陸，國共戰爭加劇，共軍在華北和東北發動大規模內戰，大陸所通用的貨幣——法幣，爲應戰爭需要，開始大量發行，由於很多地區因戰亂荒於農耕，物價開始大幅上漲，間接也波及台灣的物價。1947年2月發生「二二八事件」，台灣一時陷於混亂，物價乃爲之竄升。1948年，共軍擴大內戰，而國軍處處失利，東北固陷落中共之手，華北也危如累卵。及至該年冬，徐蚌會戰失利，華北大部分地區爲中共所控制，而國軍固守的幾個重要城市，因物資供應困難，物價爲之飛漲。該年8月法幣崩盤，政府進行幣制改革，發行金圓券，台灣銀行於8月23日開始實施收兌金銀外幣，此舉竟使舊台幣發行額增加40%。10月，上海發生搶購風潮，部分游資湧入台灣搜購物資，致使10月及11月台灣物價大幅上漲。

　　由於大陸自身難保，已無力補給台灣，台灣物價在供給不足情況，繼續以較大幅度上升。及至1949年上半年，長江以北幾全爲中共所控制，大陸所通行的金圓券形同廢紙，而台灣在光復後所發行的舊台幣也不斷貶值，政府乃於1949年6月15日改爲新台幣，以期有助於物價的穩定。然因國民政府自大陸撤退來台，跟隨的民眾爲數也相當可觀，據估計，該年就增加了

160萬軍民。在人口突增，兩岸關係中止，而美援又斷絕的情況下，台灣物價繼續飛漲，而這一年物價上漲程度爲戰後最嚴重的一年。到1950年，韓戰爆發，美軍協防台灣海峽，而美援恢復，台灣的物價始漸漸穩定下來。

　　爲便於表示，在以下各表中，cpi表消費者物價指數，wpi表躉售物價指數。

表5-1　台灣地區1946~52年物價資料

單位：%

年/月	物價指數		月變動率		年變動率	
	cpi	wpi	cpi	wpi	cpi	wpi
1946年1月	100	100				
2月	124	131	24.03	31.47		
3月	153	159	23.27	20.66		
4月	175	179	14.25	12.59		
5月	200	216	14.47	20.67		
6月	204	232	1.83	7.58		
7月	215	241	5.37	4.02		
8月	221	251	3.11	4.08		
9月	212	238	-4.16	-5.18		
10月	223	247	5.08	3.90		
11月	228	261	2.28	5.70		
12月	249	294	9.22	12.46		
1947年1月	305	379	22.66	28.99	205.24	279.19
2月	492	572	61.28	50.83	296.92	335.03
3月	606	639	23.04	11.66	296.20	302.60
4月	598	682	-1.34	6.77	242.14	281.79
5月	644	762	7.84	11.78	222.32	253.67
6月	691	821	7.24	7.71	239.46	254.07
7月	746	895	7.97	9.04	247.83	271.16
8月	814	1022	9.03	14.12	267.81	306.98

年/月	物價指數		月變動率		年變動率	
	cpi	wpi	cpi	wpi	cpi	wpi
9月	945	1212	16.16	18.61	345.79	409.05
10月	1344	1666	42.19	37.47	503.23	573.57
11月	1667	1992	24.05	19.57	631.65	661.94
12月	1854	2282	11.25	14.58	645.24	676.28
1948年1月	2010	2504	8.41	9.74	558.66	560.44
2月	2353	2840	17.04	13.41	377.96	396.59
3月	2753	3259	17.02	14.75	354.58	410.31
4月	2919	3379	6.00	3.67	388.42	395.51
5月	2973	3447	1.84	2.01	361.26	352.19
6月	3066	3618	3.14	4.98	343.62	340.74
7月	3807	4465	24.18	23.40	410.25	398.78
8月	4709	5367	23.69	20.21	478.87	425.39
9月	5688	6653	20.79	23.95	501.93	449.05
10月	12524	13808	120.16	107.56	831.98	728.98
11月	25045	28597	99.98	107.10	1402.41	1335.83
12月	22947	26021	-8.38	-9.01	1137.39	1040.30
1949年1月	31891	35450	38.98	36.24	1486.26	1315.56
2月	46637	52706	46.24	48.68	1882.09	1755.77
3月	62273	70545	33.53	33.85	2161.63	2064.62
4月	94854	106788	52.32	51.37	3149.77	3060.56
5月	210158	215726	121.56	102.01	6969.98	6158.85
6月	318751	309411	51.67	43.43	10296.66	8451.04
7月	350753	333906	10.04	7.92	9112.54	7378.30
8月	374286	348153	6.71	4.27	7847.79	6386.51
9月	390018	378894	4.20	8.83	6756.37	5595.42
10月	466550	460193	19.62	21.46	3625.36	3232.71
11月	518279	513921	11.09	11.68	1969.41	1697.14
12月	558845	562448	7.83	9.44	2335.41	2061.50
1950年1月	656849	672581	17.54	19.58	1959.66	1797.26
2月	735886	744679	12.03	10.72	1477.89	1312.88
3月	752855	753049	2.31	1.12	1108.95	967.47
4月	758056	766004	0.69	1.72	699.18	617.31
5月	786982	787083	3.82	2.75	274.47	264.85

年/月	物價指數		月變動率		年變動率	
	cpi	wpi	cpi	wpi	cpi	wpi
6月	771948	761019	-1.91	-3.31	142.18	145.96
7月	777086	759111	0.67	-0.25	121.55	127.34
8月	809088	817732	4.12	7.72	116.17	134.88
9月	872489	906478	7.84	10.85	123.70	139.24
10月	941251	1016580	7.88	12.15	101.75	120.90
11月	954318	1035751	1.39	1.89	84.13	101.54
12月	960185	1060737	0.61	2.41	71.82	88.59
1951年1月	1072430	1199118	11.69	13.05	63.27	78.29
2月	1151150	1250384	7.34	4.28	56.43	67.91
3月	1143412	1220536	-0.67	-2.39	51.88	62.08
4月	1156098	1262108	1.11	3.41	52.51	64.77
5月	1235897	1350208	6.90	6.98	57.04	71.55
6月	1271863	1365656	2.91	1.14	64.76	79.45
7月	1297300	1387658	2.00	1.61	66.94	82.80
8月	1326892	1418830	2.28	2.25	64.00	73.51
1951年9月	1339007	1441662	0.91	1.61	53.47	59.04
10月	1406183	1509453	5.02	4.70	49.40	48.48
11月	1453440	1559488	3.36	3.31	52.30	50.57
12月	1463907	1619339	0.72	3.84	52.46	52.66
1952年1月	1485125	1658327	1.45	2.41	38.48	38.30
2月	1517349	1704116	2.17	2.76	31.81	36.29
3月	1535903	1748581	1.22	2.61	34.33	43.26
4月	1547004	1770368	0.72	1.25	33.81	40.27
5月	1504980	1727748	-2.72	-2.41	21.77	27.96
6月	1468886	1697007	-2.40	-1.78	15.49	24.26
7月	1458008	1683222	-0.74	-0.81	12.39	21.30
8月	1463780	1680852	0.40	-0.14	10.32	18.47
9月	1466761	1673775	0.20	-0.42	9.54	16.10
10月	1453282	1659866	-0.92	-0.83	3.35	9.96
11月	1451601	1643926	-0.12	-0.96	-0.13	5.41
12月	1462067	1674021	0.72	1.83	-0.13	3.38

資料來源：台北市零售物價指數取自台灣省政府主計處編印的《台灣省物價統計
月報》，48年12月。

　　讓我們再看看零售物價與躉售物價的關係。在時間上，零售物價指數與躉售物價指數的變動幾乎是亦步亦趨，表示彼此的關係十分密切。圖5-1、圖5-2和圖5-3分別表示光復初期零售物價與躉售物價變動趨勢，零售物價與躉售物價月變動率趨勢，以及零售物價與躉售物價年變動率趨勢。這三種圖均表示出1946~50年上半年，台灣物價暴漲的嚴重程度。

　　至於零售物價指數與躉售物價指數的計量關係，就1946年1月至1949年6月兩種物價指數的水準而言，相關係數為0.9990，兩者之月變動率相關係數為0.9850；兩者月資料之年變動率（1947年1月到1949年6月）相關係數為0.9889，這三種相關係數均表示零售物價與躉售物價之變動是密切相關的，至於那種物價指數領先，我們用簡單的迴歸分析如下：

$$cpi_t = -0.8273 + 0.9528\ wpi_t \quad\cdots\cdots\cdots (5\text{-}1)$$
$$(-1.94) \quad (113.87) \qquad R^2 = 0.998$$

$$g\_cpi_t = -0.0143 + 1.0846\ g\_wpi_t \quad\cdots\cdots (5\text{-}2)$$
$$(-1.32) \quad (36.01) \qquad R^2 = 0.972$$

$$cpi_t = -59.940 + 1.1330\ wpi_t - 0.3341\ wpi_{t-1} \cdots (5\text{-}3)$$
$$(-0.38) \quad (61.58) \quad (-10.12) \qquad R^2 = 0.999$$

$$g\_cpi_t = -0.0134 + 1.0875\ g\_wpi_t - 0.3341\ g\_wpi_{t-1} \cdots (5\text{-}4)$$
$$(-1.18) \quad (32.07) \quad (-0.20) \qquad R^2 = 0.971$$

式中g_cpi_t與g_wpi_t分別代表其月變動率

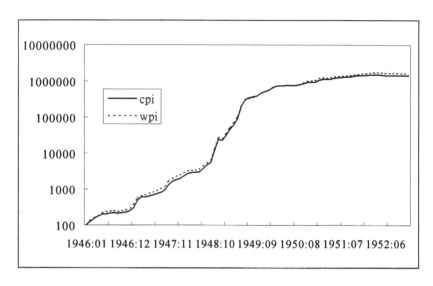

圖5-1　戰後初期台北市cpi與wpi趨勢圖

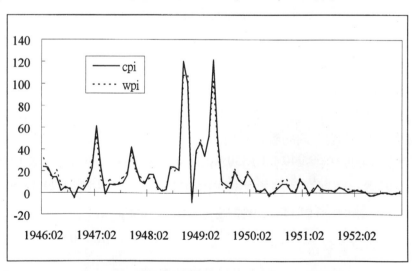

圖5-2　戰後初期台北市cpi與wpi月變動率

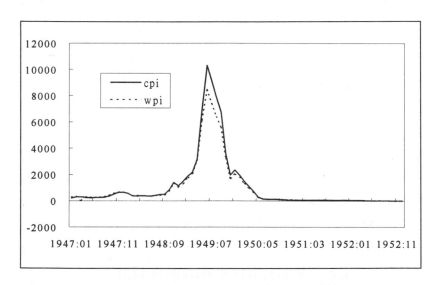

圖5-3 戰後初期台北市 cpi 與 wpi 年變動率

　　前已述及，式中cpi與wpi分別表零售與躉售物價指數，g_cpi
與g_wpi為其相對應的月變動率，迴歸係數下括號內之數字為t
值。無論從水準值與變動率的迴歸結果研判，式中多增一個解
釋變數：落後一期的躉售物價，不但對當期零售物價不具解釋，
估計出的係數符號也不對。就相關係數與迴歸結果顯示，在惡
性通貨膨脹期間，零售物價指數與躉售物價指數聯袂同時飆
漲，似沒有那種指數先漲而另一種跟漲的現象。

二、通貨膨脹成因探索

　　在二次世界大戰期間，無論中國大陸或台灣地區，均曾發

生嚴重的通貨膨脹，然其嚴重程度均不及戰後的最初五年。究竟
是什麼原因造成如此嚴重的通貨膨脹？在此需要加以說明。

1. 濫發通貨

　　因為通貨發行之後會有累積效果，我們可追溯到日據時
期，即1931年12月台銀券變為不對換的法償貨幣。1937年，中
日戰爭爆發，台灣銀行以日銀券暫充其正貨準備。1941年3月
後，台灣銀行發行鈔票不受正貨準備之限制，並允許發行可超
過最高限額，不過，須繳納發行稅。由於這種變更，通貨發行
量便大幅增加，例如1942年為2.89億元，1943年為4.16億元，
年增率為43%；1944年為7.96億元，年增率為91.30%；1945年8
月15日，日本宣布投降時之發行量為14.33億元，年增率為
80.0%。從1942年到1945年8月為止，通行發行量共增加4.95倍，
但其所產生的乘數效果，更大於這個倍數。如此激增的原因，
主要是為因應日本軍事龐大費用的需要(見表5-2)。從以上所
述，光復初期台灣惡性通貨膨脹實種因於日據時期通貨發行之
激增。

　　1945年10月25日，臺灣省行政長官公署成立。可是在10月
間，日本政府大量發行通貨，計達28.98億元。從8月中旬日本
投降到10月底，不過兩個月光景，通貨發行又增加1.02倍。它
給予人們的印象，一是：日本在台灣已是山窮水盡，只有盡量
發行鈔票，以維持局面；另是：日本濫發通貨企圖為中國政府
造成接收上的困難。行政長官公署成立後，馬上宣布凍結日幣
發行，當時遭凍結的日幣金額達7.5億元。該年底，通貨發行量

表5-2　1940年代台灣銀行通貨發行額、貨幣供給與物價

| 年月 | 通貨發行 | | | | 貨幣供給 | | 台北市零售物價 | |
| | 發行額（千元） | 基期 | | | 數額（百萬元） | 變動率 | 1937＝100 | 變動率 |
		1942＝100	1946/5/18＝100	變動率				
1942	289,275	100.00	9.83		739.64		164.80	
1943	415,555	143.65	14.12	43.65	941.75	27.33	285.20	73.06
1944	796,080	275.20	27.04	91.57	1,622.78	72.32	559.20	96.07
1945/8/15	1,433,190	495.44	48.68	80.03				
1945/10/31	2,897,873	1001.77	98.43	102.20				
1945	2,311,752	799.15	78.53	-20.23	3,664.44	125.81	2965.10	430.24
1946/5/18	2,943,949	1017.70	100.00	27.35				
1946	5,330,592	1842.74	181.07	81.07	10,073.06	274.89	9018.00	304.14
1947	17,133,236	5922.82	581.98	221.41	29,755.69	195.40	38233.00	323.96
1948	142,040,798	49102.34	4824.84	729.04	475,302.84	1,497.35	243278.00	536.30
1948[a]	78,696,965	27204.90	2673.18	359.32				
1948[b]	220,737,763	76307.24	7498.02	1188.36				
1949/5/31					2,396,352.27	404.17	10190566	4,088.86
1949/6/14	527,033,734	182191.25	17902.27	271.04			15456228	51.67
1949/6/14[a]	1,213,580,535	419524.86	41222.88	1442.09				
1949/6/14[b]	1,730,614,269	598259.19	58785.47	684.01				

附註：a 係指印期定額本票發行，b係指通貨發行與即期定額本票發行之和。表中年份
　　　的部分皆用年底的資料。貨幣供給與物價有關月份的部分皆用月底的資料。
資料來源：通貨發行資料取自台灣銀行經濟研究室(1953)編印的《台灣之金融史料》
　　　　　與台灣省行政長官公署(1946)的《台灣省五十一年統計提要》；貨幣供給
　　　　　直接取自吳聰敏與高櫻芬(1991)；台北市零售物價指數取自台灣省政府主
　　　　　計處編印的《台灣省物價統計月報》，48年12月。

降爲23.12億元,較10月底減少20%。

　　1946年5月20日,政府正式接收台灣銀行,將其改組,並發行台幣,以等值收兌銀行券。由於銀行券發行量已激增,使得台幣之早期發行量就在一個較高的部位;當時的發行量爲29.43億元。政府接收台灣後,爲修復交通,重建工廠,急需資金,政府乃增發通貨,以資融通。到1946年底,發行額爲53.3億元,較接收時增加81%。後來因受大陸金圓券不斷貶值之影響及支應軍政費用之大幅增長,1947年底發行額增加到171.33億元,較1946年底增加221.4%。

　　1948年的情況更嚴重,發行額達1420.4億元,年增率爲729.04%,迄1949年6月14日幣制改革前夕爲止,發行額已增加到5270.3億元。除此,台灣銀行於1948年5月初,開始發行即期定額本票,與紙鈔在市面上並行流通,充當交易媒介。1948年即期定額本票的發行額爲786.96億元,與通貨發行額1240.4億元相加後爲2207.37億元;1949年6月14日即期定額本票的發行額爲12135.58億元,較1948年成長14倍餘,與通貨發行5270.3億元相加後便爲17405.88億元。1948年底兩者發行額年增率爲1188.36%,到1949年6月14日幣制改革前夕兩者又增加了684%。如此龐大的即期定額本票與通貨在市面上並行流通,可見發行已到氾濫的地步。

　　由於通貨與即期定額本票聯袂式的大量增發,貨幣供給也就扶搖直上,從1943年的年增率27.33%,增爲1948年的1497.35%。依據吳聰敏與高櫻芬(1991)的推算,1942年貨幣供

給爲7.4億元，1944年爲16.2億元，1945年戰爭結束時激增爲36.6
億元。由於貨幣發行的累積效果，到1946年，貨幣供給便增爲
100.7億元，1947年爲297.6億元，1948年爲4753億元，到1949
年5月底，也就是幣制改革前夕，貨幣供給便增爲23963.5億元。
（參見表5-2）

2. 生產衰退

　　戰後台灣通貨膨脹趨向嚴重，生產衰退、供給不足是關鍵
因素。二次大戰期間，台灣曾遭盟機空襲，無論城市、港口及
鐵公路都是被轟炸的目標，致交通運輸遭受嚴重破壞，而許多
工廠也遭池魚之殃，被破壞停產。同時勞動與原料供給也爲之
中斷，即使空襲破壞的工廠設備，也因維修有問題，生產量大
爲減縮。表5-3提供一個清楚的說明。譬如農作物生產指數（以
1937年爲基期），1939年爲107.96，1945年便降爲47.75，水產
業1940年爲193.70，1945年便降爲14.88。工業生產指數1942年
爲124.51，1945年降爲36.97，1947年更降爲17.57。其餘如林業、
礦業、畜牧業生產指數在此期間，均有大幅度的下降，工農業
生產總指數在1942年爲105.98，到1946年便降爲40.72。相對地，
在此期間，台灣人口並未減少，而且戰爭結束後，人口增加很
快，在「僧多粥少」的情況下，通貨發行又不斷增加，能不發
生惡性通貨膨脹？戰後工農業生產，直到1950年才超過1944年
的生產水準。在工農業中，農業生產恢復的較快，工業生產的
恢復要遲到1950年代。

表5-3　1937~50年台灣各業生產指數

年　別	農　業	水產業	林　業	工　業	礦　業	畜牧業	總指數
1937	100.00	100.00	100.00	100.00	100.00	100.00	100.00
1938	104.83	92.89	120.22	102.90	115.26	102.50	14.22
1939	107.96	105.81	108.01	116.79	129.29	92.44	110.57
1940	93.27	193.70	139.71	121.25	129.86	74.27	105.12
1941	92.00	98.89	172.06	100.20	129.28	63.75	95.49
1942	94.62	68.42	216.18	124.51	108.41	72.64	105.98
1943	86.77	47.03	394.12	120.57	97.82	69.93	100.80
1944	81.44	21.96	206.62	102.52	80.28	53.10	87.36
1945	47.75	14.88	355.15	36.97	33.79	41.27	45.38
1946	55.42	53.15	41.54	18.32	43.55	49.60	40.72
1947	64.68	61.01	54.04	17.57	58.72	64.05	46.94
1948	74.80	74.54	110.66	44.60	74.27	68.86	63.69
1949	91.40	77.85	81.99	75.63	71.29	82.79	83.90
1950	99.86	83.05	122.43	79.55	76.59	84.10	90.51

資料來源：夏齊成(1951)，第59頁。

　　我們再觀察與民生關係最密切的幾種產業，如表5-4所列，米生產直到1950年才超過日據時期的最高產量，前者為1421千公噸，後者為1402千公噸。砂糖在日據時代最高產量為1419千公噸，到1946年時降為86千公噸，1947年更降為31千公噸，然後恢復生產，到1950年時增為612千公噸。水泥是重要的建材，日據時最高產量為303千公噸，1946年驟降為97千公噸，到1950

年時才恢復到日據時的最高水準。電力不但爲工業所需，更爲
民生所需，戰爭對其破壞也很厲害，由日據時最高發電量1195
千度降爲1946年的472千度，然後逐漸恢復發電，到1950年時
發電量接近日據時的最高發電量。至於煤產，在1946年時降爲
793千公噸，與日據時最高產量2854千公噸相差太遠。由此可
見，重要民生物資生產在光復後低落的情況，也反應出光復初
期台灣民生疾苦的原因所在，以及物價暴漲的根本原因（參見
表5-4）。

表5-4　台灣戰後初期重要產品產量

	米 （千公噸）	甘蔗 （千公噸）	砂糖 （千公噸）	水泥 （千公噸）	電力 （千度）	煤 （千公噸）
日治 最高產量	1402	12835	1419	303	1195	2854
1946	894	1007	86	97	472	793
1947	999	796	31	192	576	1049
1948	1068	3113	264	336	843	1307
1949	1214	6194	631	291	854	1650
1950	1421	5861	612	332	1040	1614

資料來源：《自由中國的經濟建設》（1956）

3. 需求激增

　　台灣光復後，生產未恢復舊觀時，人口增加很快；財政赤
字過高，即財政收入遠低於財政支出；同時一些金融因素，也
造成了社會需求的巨幅增加，而社會總需求大於社會總供給是

導致通貨膨脹的重要原因。

A. 人口增加快

光復初期，台灣人口增加迅速，一是出生率大增，二是大陸來台的人口絡繹不絕，特別是1949年爲最多。1946年台灣人口爲609萬人，1947年增爲650萬人，1948年增爲681萬人，1949年國民政府播遷來台，台灣人口激增爲740萬人，事實上，撤退來台的軍人尚未包括在內，1950年增爲755萬人，1951年增爲787萬人，1952年增爲813萬人，七年之內人口增加了200萬人。

人口激增自然會加重對民生物資的需求，況且台灣光復後初期，各產業生產均未恢復到戰前水準，致物資缺乏更加嚴重。從1948年下半年到1949年底，由大陸各地陸續來台的人口大增是台灣人口激增的主要原因。復由於當時外匯短缺，無力進口糧食，在民生物資嚴重不足的情況，乃導致民生物資價格的飛漲。

B. 財政赤字

財政赤字與通貨膨脹未必有直接關係，但財政赤字之融資方式與通貨膨脹有直接的關係。光復初期，各產業生產低落，徵稅不易，而政府面對「百廢待舉」的局面，只有增發通貨。正如前面所述，通貨大量增加，而生產水準又低的對比之下，必然會造成物價的上漲。

表5-5列出戰後(1946~49)台灣政府歲入總數與課稅收入的情形。課稅收入占歲入總數的比例很低，最高爲1948年的49.76%，最低爲1946年的19.45%，不足之數端賴台灣銀行的墊款。因爲台灣銀行代理省庫收入，責無旁貸的要支持政府的財

政需求,例如1947年墊款20億元,1948年增爲45億元,1949年
更增爲920億元。

表5-5 台灣戰後初期歲入總數與課稅收入(1946~48)

單位:億元,%

年 別	歲入總數	課稅收入	比 例
1946	28.08	5.46	19.45
1947	82.89	41.25	49.76
1948	629.80	313.33	49.75
1949	26,697.42	11,765.41	44.07

資料來源:林霖(1952),第213頁。

C. 金融失衡

戰後,初期台灣金融失衡現象相當嚴重,它包括重建融資
及大陸資金流入。這些現象與當時的通貨膨脹都有直接與間接
的關係。

(i)重建融資

前已述及,戰後工廠與生產事業之重建與復原均須大量資
金的投入,其中有部分屬於政府接收日人的產業,而這些產業
主要爲公用事業和民生事業,都歸屬政府成爲公營事業。重建
這些生產事業十分迫切,然所需資金龐大,而民間儲蓄又不足。
在此情況下,只有藉助於銀行的信用擴張來融資貸款。此可由
全體銀行的存放款差額來說明。在表5-6中,1946年6月以前,
存款總額尚大於放款總額,可是到12月,放款總額卻大於存款
總額。1947年底放款總額較存款總額大228.86億元。到1948年

底放款總額高達4345.47億元,較1947年底增加10.1倍,較1946
年底增加52.12倍。由此可見,在此兩年期間,不但放款總額激
增,而且放款總額也大於存款總額,表示銀行信用的擴張太快,
不利於物價的穩定(參見表5-6)。

表5-6 全體銀行存放款總額

單位:億元

年　月	放款總額	存款總額	存放款差額
1945年6月	11.35	11.16	-0.19
1945年12月	19.22	21.85	2.63
1946年6月	34.37	37.10	2.73
1946年12月	81.80	71.14	-10.66
1947年6月	182.35	101.87	-80.48
1947年12月	391.60	162.74	-228.86
1948年6月	875.27	596.56	-278.71
1948年12月	4,345.47	4,225.44	-120.03

資料來源:台灣銀行經濟研究室(1953)編印的《台灣金融史料》,第26~31頁。

由銀行放款對象也可了解到那些部門貸款較多,表5-7提
供一個很清楚的答案,即對生產事業的放款在1947年6月到1948
年6月所占比例最高,由40.5%增加為49.7%;其次為公務機關,
由1947年6月的20.1%降為1948年6月的16.5%;公用交通亦占相
當大的比例。同業間放款在1948年以前約在10%左右,到1948
年12月,跳躍式的增加到48.9%。

表5-7 全體銀行對象別放款總額

單位：舊台幣億元，%

	同 業		生產事業		運銷事業		公用交通		公務機關		其 他		金 額
	金額	比例	金額	比例	金額	比例	金額	比例	金額	比例	金額	比例	
1947/6	25.24	13.8	73.89	40.5	23.46	12.9	13.17	7.2	36.55	20.1	10.01	5.5	182.35
1947/12	42.24	10.7	175.45	44.8	26.84	6.9	59.44	15.2	75.24	19.2	12.59	3.2	391.60
1948/6	90.06	10.3	434.29	49.7	59.60	6.8	122.69	14.0	144.19	16.5	24.41	2.7	875.27
1948/12	2,124.05	48.9	861.44	19.8	184.4	4.2	407.96	9.4	663.64	15.3	103.99	2.4	4,345.47

資料來源：台灣銀行經濟研究室(1953)編印的《台灣金融史料》，第33頁。

附註：放款總額係台灣銀行、土地銀行、第一銀行、華南銀行、彰化銀行等五家銀行
　　　放款合計數。

(ii)大陸惡性通貨膨脹的傳染

　　大陸通貨膨脹惡性化始自1947年，國共戰爭趨於激烈時期，到1949年，大陸各地為惡性通貨膨脹所籠罩。政府接收台灣後，大陸的法幣和台幣維持固定比率的關係，最初是30：1的匯率，嗣後因大陸物價飛漲，至1947年底，已調整十一次，調整到90：1，即法幣貶了66.7%。到了1948年1月5日，台灣政府當局鑒於大陸物價波動過於激烈，乃對法幣採機動匯率。到1948年8月，法幣改制為金圓券時，兩岸匯率共調整七十二次，最後一次的匯率為1635：1。在實施金圓券的初期，台幣與金圓券的匯率定在1：1835，維持兩個月後，大陸各地發生搶購風潮，物價飛漲不已，台幣與金圓券復用機動匯率，於1948年10月調整為1：370，到1949年5月27日兩岸的匯率已調整到1：0.0005。

　　從1945年底至1949年底，兩岸的貿易關係要比與日本或美國來得密切。在當時，台灣進口多而出口少，極度缺乏外匯，故與日本及美國的貿易較不熱絡，可是與大陸的貿易關係相當頻繁。不僅是因為地緣關係，而是因為不需以美元作為交易媒介。台灣物資缺乏，大陸因戰火正熾，自顧不暇，致無法滿足台灣對民生物資的需求。同時，台灣社會大眾的預期心理悲觀，也影響台灣通貨膨脹的增強。

表5-8　舊台幣對法幣及金圓券的匯率與實質匯率

年　　月	調整次數	高低匯率	平均匯率	台灣物價
舊台幣：法幣				
1946年1月	0		30.000	100
1946年2月	0		30.000	131
1946年3月	0		30.000	159
1946年4月	0		30.000	179
1946年5月	0		30.000	216
1946年6月	0		30.000	232
1946年7月	0		30.000	241
1946年8月	1	30~40	33.548	251
1946年9月	1	40~35	38.667	238
1946年10月	0		35.000	247
1946年11月	0		35.000	261
1946年12月	0		35.000	294
1947年1月	0		35.000	379
1947年2月	0		35.000	572
1947年3月	0		35.000	639
1947年4月	1	35~40	36.167	682
1947年5月	1	40~44	42.065	762

年　　月	調整次數	高低匯率	平均匯率	台灣物價
舊台幣：法幣				
1947年6月	1	44~51	46.100	821
1947年7月	1	51~65	64.097	895
1947年8月	0		65.000	1022
1947年9月	1	65~72	72.000	1212
1947年10月	0		72.000	1666
1947年11月	2	72~79	75.300	1992
1947年12月	2	79~90	85.226	2282
1948年1月	7	90~102	94.226	2504
1948年2月	10	102~142	110.643	2840
1948年3月	10	142~205	183.839	3259
1948年4月	5	205~248	228.000	3379
1948年5月	11	248~346	320.032	3447
1948年6月	15	346~685	471.967	3618
1948年7月	11	685~1345	1007.000	4465
1948年8月	5	1345~1635	1488.909	5367
幣制改革1948年8月22日（金圓券：舊台幣）				
1948年8月	1		1835.000	5367
1948年9月	0		1835.000	6653
1948年10月	0		1835.000	13808
1948年11月	3	1835~370	695.000	28597
1948年12月	6	370~222	344.645	26021
1949年1月	10	222~80	134.677	35450
1949年2月	16	65~14	27.643	52706
1949年3月	9	13~3	6.774	70545
1949年4月	13	2.2~0.05	1.122	106788
1949年5月	7	0.05~0.0005	0.0087612	215726

資料來源：匯率的資料取自台灣銀行經濟研究室編印的《台灣之金融史料》，
　　　　　第8頁；台北市物價係指躉售物價，取自台灣省政府主計處編印
　　　　　的《台灣物價統計月報》，48年12月。

(iii)大陸資金流入的結果

鑒於大陸政經情勢不穩定，少數有經濟能力而有門路可尋者，莫不想離開大陸而遠走他邦，或者將資金存在較安全的地方，台灣是他們所選擇的目標之一。從1948年起，大陸同胞即開始陸續撤來台灣，而大陸的資金也因此流進台灣。資金的流入係由當時的台灣銀行辦理省外匯入款。由表5-9可見自1948年8月起，匯入款遠大於匯出款。1948年8~12月匯入款為421,336百萬元，匯出款為128,303百萬元，前者大於後者293,033百萬元。1949年1~7月，匯入款為9,906,883百萬元，匯出款為3,100,696

表5-9 台灣對大陸匯款

單位：百萬元

年別	匯出	匯入
1948年8月	9,467	15,301
1948年9月	8,480	44,304
1948年10月	8,062	68,219
1948年11月	70,659	47,382
1948年12月	31,635	246,130
1949年1月	1,466	1,625
1949年2月	4,156	3,672
1949年3月	38,241	39,274
1949年4月	227,030	308,060
1949年5月	2,701,500	2,832,000
1949年6月		6,701,200
1949年7月	14,167	21,052

資料來源：台灣銀行經濟研究室編印的《台灣之金融史料》。

百萬元，匯入比匯出多6,806,187百萬元。由於如此鉅額的資金流入，台灣銀行不得不發行大額本票與通貨並行流通，人民用來採購物資，導致台灣物價節節上升，最後竟達到月上漲率100%以上（參見表5-9）。

從以上的分析，我們了解到戰後初期的通貨膨脹與日據時期日本政府的所作所為是分不開的。濫發通貨固然源自二次大戰期間日本之過量發行，而生產衰退又何嘗不是源自二次大戰期間的支應日本在東亞的侵略戰爭所造成的。至於需求激增，主要起因於戰後大陸的逐年戰亂所引發出來的。

第二節　抑制通貨膨脹的措施

戰後，台灣通貨膨脹的嚴重程度，直到1951年底始漸漸穩定下來。其所以能夠穩定下來，國民政府遷台後，矢志使政局穩定，社會安定，克難增產，有密切關係。儘管海峽對岸共軍虎視眈眈，然1950年起美軍第七艦隊協防台灣海峽，對台灣安全也起了很大的作用，當然，政府所採取的穩定措施也有助於物價的穩定。

鑒於社會大眾對持有台幣失去信心，而貨幣體系又瀕於崩潰邊緣，中央政府曾劃撥經費抵付在台軍政墊款，並將進出口貿易及外匯管理交由台灣省政府統籌調度，另撥助黃金80萬兩作幣制改革的基金。同時也撥借1000萬元美金作為進口貿易運用基金，並於1949年6月15日實施幣制改革，展開一連串的穩

定物價措施。

　　就台北市零售物價指數而言，1949年底零售物價較該年6月15日上漲76.2%，而1950年底又較1949年上漲71.82%，1951年較1950年上漲52.46%，到1952年較1951年下降0.13%。這說明台灣物價慢慢穩定下來(參見表5-10及圖5-4和圖5-5)。

表5-10　幣制改革後台北市物價指數與其變動率

	物價指數 (1949年6月15日＝100)		月變動率		年變動率	
	cpi	wpi	cpi	wpi	cpi	wpi
1949年6月	100.50	100.55	51.67	43.43	10296.66	8451.04
1949年7月	110.59	108.51	10.04	7.92	9112.54	7378.30
1949年8月	118.01	113.14	6.71	4.27	7847.79	6386.51
1949年9月	122.97	123.13	4.20	8.83	6756.37	5595.42
1949年10月	147.10	149.55	19.62	21.46	3625.36	3232.71
1949年11月	163.41	167.01	11.09	11.68	1969.41	1697.14
1949年12月	176.20	182.78	7.83	9.44	2335.41	2061.50
1950年1月	207.10	218.57	17.54	19.58	1959.66	1797.26
1950年2月	232.02	242.00	12.03	10.72	1477.89	1312.88
1950年3月	237.37	244.72	2.31	1.12	1108.95	967.47
1950年4月	239.01	248.93	0.69	1.72	699.18	617.31
1950年5月	248.13	255.78	3.82	2.75	274.47	264.85
1950年6月	243.39	247.31	-1.91	-3.31	142.18	145.96
1950年7月	245.01	246.69	0.67	-0.25	121.55	127.34
1950年8月	255.10	265.74	4.12	7.72	116.17	134.88
1950年9月	275.09	294.58	7.84	10.85	123.70	139.24
1950年10月	296.77	330.36	7.88	12.15	101.75	120.90
1950年11月	300.89	336.59	1.39	1.89	84.13	101.54

	物價指數 （1949年6月15日＝100）		月變動率		年變動率	
	cpi	wpi	cpi	wpi	cpi	wpi
1950年12月	302.74	344.71	0.61	2.41	71.82	88.59
1951年1月	338.13	389.68	11.69	13.05	63.27	78.29
1951年2月	362.95	406.34	7.34	4.28	56.43	67.91
1951年3月	360.51	396.64	-0.67	-2.39	51.88	62.08
1951年4月	364.51	410.15	1.11	3.41	52.51	64.77
1951年5月	389.67	438.78	6.90	6.98	57.04	71.55
1951年6月	401.01	443.8	2.91	1.14	64.76	79.45
1951年7月	409.03	450.95	2.00	1.61	66.94	82.80
1951年8月	418.36	461.08	2.28	2.25	64.00	73.51
1951年9月	422.18	468.50	0.91	1.61	53.47	59.04
1951年10月	443.36	490.53	5.02	4.70	49.40	48.48
1951年11月	458.26	506.79	3.36	3.31	52.30	50.57
1951年12月	461.56	526.24	0.72	3.84	52.46	52.66
1952年1月	468.25	538.91	1.45	2.41	38.48	38.30
1952年2月	478.41	553.79	2.17	2.76	31.81	36.29
1952年3月	484.26	568.24	1.22	2.61	34.33	43.26
1952年4月	487.76	575.32	0.72	1.25	33.81	40.27
1952年5月	474.51	561.47	-2.72	-2.41	21.77	27.96
1952年6月	463.13	551.48	-2.40	-1.78	15.49	24.26
1952年7月	459.70	547.00	-0.74	-0.81	12.39	21.30
1952年8月	461.52	546.23	0.40	-0.14	10.32	18.47
1952年9月	462.46	543.93	0.20	-0.42	9.54	16.10
1952年10月	458.21	539.41	-0.92	-0.83	3.35	9.96
1952年11月	457.68	534.23	-0.12	-0.96	-0.13	5.41
1952年12月	460.98	544.01	0.72	1.83	-0.13	3.38

資料來源：台北市零售物價指數取自台灣省政府主計處編印的《台灣省物價
　　　　　統計月報》，48年12月。

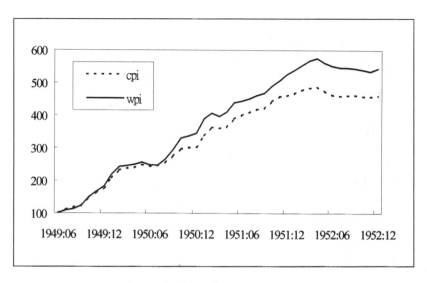

圖5-4 幣制改革後台北市物價走勢

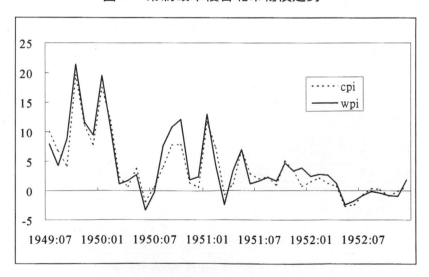

圖5-5 幣制改革後台北市物價月變動率

　　為抑制惡性通貨膨脹，政府採取的穩定政策可歸納為三類：

一、財政政策

　　在1950~80年期間，政府稅收主要來自間接稅，因為國民收入低，徵直接稅相當困難，徵間接稅較易，儘管前者為量能納稅，而後者具累退性質。由於稅收彈性較低，政府不得不另謀管道，充裕財政收入，發行公債就是其中一種。政府發行公債，籌措資金係於1950年2月開始，首批公債募得約1.5億元，各項稅目係於1949年下半年開徵附加防衛捐，到年底時徵得1.1億元。進口之煙酒限由公賣局輸入配銷。由於進口關稅很高，又因公賣局獨占經營，煙酒公賣收入增加很快。除此，政府出賣公產，例如1949年8月以前，出售公產4007幢房屋，也出售積存的戰時剩餘物資，增加收入。政府又發行彩券，如愛國獎券，到1952年12月共發行30期；每期約銷售90萬張。同時政府借此機會改進稅務課徵技術，催收欠稅。1949年7~9月的稅課收入比1948年同期增加12~24倍。政府對於財政收入之增加，除開源外，就是節流。凡不迫切需要的事業，予以縮減或停辦；凡非需要的，則予以裁撤或合併，同時亦整頓國營事業。

二、外匯政策

　　由於外匯短缺，而需要外匯孔急，外匯政策本質上是管制性的。政府於1949年6月頒布「臺灣省進出口貿易及匯兌金銀管理辦法」，從數量與價格上，同時進行外匯干預。

　　外匯管制措施大致上分為結匯證制度與外匯審核制度。在幣制改革前，台幣須透過法幣與外幣匯兌；幣制改革後，新台幣可與外幣直接發生匯兌。在1949~60年之間，國際匯兌業務，係由中央銀行授權台灣銀行辦理。所謂結匯證制度，是指外匯所得除必需按其20%在台灣銀行結匯新台幣外，其餘部分可換取等值之結匯證明書；持有結匯證明書的人可自由轉讓，或售予台灣銀行，或用來進口商品。也就是說，政府准許進口商進口所需的外匯。進口商除了在市場上購買結匯證外，也可以所存黃金或外幣，按規定價格兌換外幣，換取結匯證明書。

　　在當時，官定匯率為1美元兌換新台幣5元(即1：5)，這是按當時中美物價計算的購買力平價算來的。有人認為新台幣高估，而高估新台幣價位等於變相地補貼進口；在進出口貿易上，這種匯率不利於出口，有利於進口，會造成外匯不敷所需。慮及此，政府乃於1950年2月14日起採取逐週議定匯價。1950年12月19日，放棄自由結匯辦法，實施外匯審核制度。政府更進一步於1951年4月9日改採差別匯價，於是新台幣正式步入複式匯率階段。

　　由於新台幣被高估，在進口有利可圖的情況下，進口申請案件很踴躍。單就1952年而言，申請總額高達2.1億美元，實際被核准的金額僅0.634億美元。審核制度的實施演變成稀少性的外匯藉由公權力予以配置，等於是一項嚴格的管制外匯措施；而此措施對改善台灣的國際收支有幫助。既然外匯不豐，需經嚴格的審核才可動用，為何不使新台幣作某種程度的貶值？政

表5-11　1949年6月15日幣制改革後反通貨膨脹之穩定政策

政策工具	實施日期
1. 財政政策	
A. 財政收入方面	
籌募公債	1950年2月
徵收防衛捐	1949年下半年
增加煙酒公賣收入	1950年
規定洋煙洋酒由公賣局統籌	
處理公產及美援物資	1950年
發售愛國獎券	1950年1月
整頓稅收	1950年6月
B. 財政支出方面	
裁撤不必要的政府機構緊縮員額	
與開支	1950年
整頓國營事業	1950年
2. 外匯政策(嚴格外匯管制)	
結匯證制度	1949年6月至1951年4月9日
複式匯率	1951年4月9日
3. 貨幣政策	
訂定新台幣發行限額(二億元)	
與限制貨幣供給增加率	1949年6月15日
黃金儲蓄政策	1949年5月至1950年12月
優利存款制度	1950年3月至1952年底

資料來源：直接引自劉錦添與蔡偉德(1989)，第27頁。

府當局或許考慮到，貶值的後果會使新台幣剛建立起的信心受到衝擊，於是藉對申請外匯加以審查的程序，控制外匯需求，使國際收入不致惡化。到1953年，銀行結匯出現出超現象，無疑這是對進口所需外匯加以管制的結果。事實上，當時的貨物進口，消費品占較大的比例，為20%，而資本財為14%，其餘66%為工農原料。政府對消費品進口之限制十分嚴格，即使對設廠也有限制，所以資本財進口也受限制。

除此，美援對抑制惡性通貨膨脹也起了穩定的作用，因為它在台灣極端缺外匯的情況，提供了台灣所需要的民生物資，那就是1950年韓戰爆發後，美國政府基於區域安全的考慮。對台灣第一次撥付援助款850萬美元，直接在美國採購原棉、黃豆、小麥與肥料等物資進口，1950年為2054.5萬美元，1951年為5662.1萬美元，1952年為8906.2萬美元。這些美援物資，除了節省外匯，更增加總供給，使物價穩定下來。同時藉由對這些物資的出售，收入款存入美援相對基金，也有緊縮貨幣的功能。

三、貨幣政策

在貨幣政策方面，實施幣制改革，辦理優利存款和黃金儲蓄。

1. 實施幣制改革

為了抑制台灣戰後物價的狂漲，台灣省政府於1949年6月15日公布「台灣省幣制改革方案」與「新台幣發行辦法」，其要點分述如下：

A. 新貨幣稱為「新台幣」，由台灣銀行發行，發行總額

以2億元爲限。

B. 新台幣直接與美金連繫，匯率定爲新台幣1元兌換美金 2角。

C. 舊台幣對新台幣的折合率定爲舊台幣4萬元折合新台幣 1元。

D. 新台幣應以黃金、白銀、外匯及可換外匯之物質爲十 足準備。

由上可知，新台幣發行係採取十足準備的最高限額發行制 度，以期建立人民對幣值的信心，遏止濫發通貨，嚴控貨幣供 給。由表5-12所示，從1949年6月底的通貨發行0.5646億元，每 月平均以23%的速度增長，到1949年12月底時爲1.9763億元， 接近最高限額的發行量。考其原因，仍爲財政收支未臻平衡與 生產事業需要資金貸款，致增發通貨，物價也因此仍處於快速 上漲狀況。爲了制止通貨發行的繼續增加，乃有上述穩定政策 出籠，以期通貨發行能控制在2億元之內，並達到物價不再繼 續上漲的目標。

新台幣發行一年後，即1950年，爲了增加生產資金及調節 金融之目的，台灣省政府公布「台灣省政府輔助生產限外臨時 發行新台幣辦法」，台灣銀行不得不實施限外臨時發行制度， 發行額爲5000萬元。1951年2月22日爲融通台電建設電廠所需 資金，限外發行額增至9500萬元。1951年7月爲了收購餘糧， 增加限外發行3000萬元。8月爲了收購黃麻，又增發1800萬元。 1952年1月爲了台糖蔗農生產所需資金，增發5000萬元，3月又

增發5000萬元。為應付頻繁的需求，臨時限外發行似乎變成了常態。其實，上述所列者為較大金額的臨時限外發行，實際限外發行額1950年底為5000萬元，1951年6月底為1.45億元，12月底為1.91億元，1952年6月底為2.7465億元，1952年為3.9億元。1952年臨時限外發行額已超過幣制改革時所定的最高限額發行額，至此，所謂最高限額發行已名存而實亡了。

通貨發行增加，貨幣供給必隨著增加，那麼物價是否也跟著上漲呢？這才是焦點之所在。1949年6月底通貨發行額為0.5646億元，到年底時為1.9763億元，增長250.43%；相對應的貨幣供給由1.092億元增加到2.89億元，增長164.6%，而同期間物價的上漲率為76.2%。1950年底時通貨發行額為2.4854億元，年增率為25.76%，貨幣供給為5.83億元（或增加101.73%），而物價的年增率為71.82%。1951年底的通貨發行額為3.9061億元，年增率為57.16%，貨幣供給為9.487億元（或增加62.61%），物價的年上漲率為52.46%。在1952年，通貨發行為5.8904億元（或增加50.81%）；貨幣供給為14.3299億元（或增加51.16%）；物價上漲卻變為-0.13%。由上述年底月資料及其年變動率的情形來觀察，在幣制改革的下半年，通貨發行膨脹的速度遠大於物價上漲的幅度，但1950年通貨發行增長的幅度已緩慢下來，而物價的上漲仍維持較高的幅度，也許通貨發行對物價上漲具有時差落後的因素。1952年似乎顯示出物價的走勢與通貨發行及貨幣供給的增長無多大關聯。不過，貨幣連續發行對物價上漲有累積效果。貨幣一經釋出，除非政府收縮信用，它會繼續

在市場上流通。

　　若以1950年2月爲劃分的界限，第一期自1949年6月到1950年2月，9個月內物價上漲130.86%；第二期從1950年2月到1952年12月，35個月的物價上漲爲98.68%。第二期物價的漲幅遠低於第一期。在通貨發行方面，第一期的增長幅度爲240.64%，第二期爲206.26%；在貨幣供給方面，第一期爲216.86%，第二期爲314.14%。通貨發行在第二期較第一期減少14.3%；貨幣供給在第二期仍增加44.8%，但物價上漲的幅度卻減緩了。物價與通貨發行及貨幣供給之間的關係似乎沒那麼緊密，其日期也許可從1950年3月開始，而該月爲政府實施優利存款的起始月，同時美援物資開始大量湧到，對物價上漲產生些抑制作用。也許這是較佳的解釋。

　　我們從表5-12、圖5-6與圖5-7中，可看出這三個變數的走勢。就月變動率而言，似乎1950年3月爲關鍵月份，即政府爲了抑制戰後台灣惡性通貨膨脹，實施幣制改革，產生了預期效果。

2. 推行優利存款政策

　　幣制改革後，到1950年3月，未再見到物價月上漲率有50%以上的情形，惟通貨發行與貨幣供給仍急遽增長，物價的月上漲率也是居高不下，月平均上漲率亦在10%上下。爲了遏制通貨膨脹的復燃，使幣制改革的穩定功能得以發揮，政府採取高利率政策，即於1950年3月25日公布「臺灣省各行庫舉辦優利儲蓄存款辦法」，開辦優利存款，翌年2月10日開辦軍公教人

表5-12 台灣幣制改革後物價、通貨發行與貨幣供給

年別	物價指數	通貨發行(百萬元)	貨幣供給(百萬元)	月變動率			貨幣供給/物價指數
				物價指數	通貨發行	貨幣供給	
1949/6	100.50	56.46	109.20				1.09
1949/7	110.59	78.43	109.36	10.04	38.91	0.15	0.99
1949/8	118.01	94.36	142.46	6.71	20.31	30.27	1.21
1949/9	122.97	112.43	171.71	4.20	19.15	20.53	1.40
1949/10	147.10	121.77	203.84	19.62	8.31	18.71	1.39
1949/11	163.41	144.43	243.95	11.09	18.61	19.68	1.49
1949/12	176.20	197.63	289.00	7.83	36.83	18.47	1.64
1950/1	207.10	177.92	344.13	17.54	-9.97	19.08	1.66
1950/2	232.02	192.33	346.01	12.03	8.10	0.55	1.49
1950/3	237.37	190.42	352.20	2.31	-0.99	1.79	1.48
1950/4	239.01	196.61	362.12	0.69	3.25	2.82	1.52
1950/5	248.13	196.39	365.43	3.82	-0.11	0.91	1.47
1950/6	243.39	195.74	409.77	-1.91	-0.33	12.13	1.68
1950/7	245.01	239.37	463.54	0.67	22.29	13.12	1.89
1950/8	255.10	238.49	516.04	4.12	-0.37	11.33	2.02
1950/9	275.09	245.46	611.54	7.84	2.92	18.51	2.22
1950/10	296.77	223.39	556.00	7.88	-8.99	-9.08	1.87
1950/11	300.89	218.32	605.25	1.39	-2.27	8.86	2.01
1950/12	302.74	248.54	583.00	0.61	13.84	-3.68	1.93
1951/1	338.13	239.70	680.17	11.69	-3.56	16.67	2.01
1951/2	362.95	274.03	744.84	7.34	14.32	9.51	2.05
1951/3	360.51	289.31	756.18	-0.67	5.58	1.52	2.10
1951/4	364.51	301.86	871.05	1.11	4.34	15.19	2.39
1951/5	389.67	316.23	915.65	6.90	4.76	5.12	2.35
1951/6	401.01	344.06	990.67	2.91	8.80	8.19	2.47
1951/7	409.03	340.95	728.38	2.00	-0.90	-26.48	1.78
1951/8	418.36	358.32	691.90	2.28	5.09	-5.01	1.65
1951/9	422.18	380.12	707.61	0.91	6.08	2.27	1.68
1951/10	443.36	384.24	710.21	5.02	1.08	0.37	1.60
1951/11	458.26	383.96	705.61	3.36	-0.07	-0.65	1.54
1951/12	461.56	390.61	948.00	0.72	1.73	34.35	2.05
1952/1	468.25	438.72	896.77	1.45	12.32	-5.40	1.92

年別	物價指數	通貨發行	貨幣供給	月變動率			貨幣供給/物價指數
				物價指數	通貨發行	貨幣供給	
1952/2	478.41	427.79	882.01	2.17	-2.49	-1.65	1.84
1952/3	484.26	438.54	909.29	1.22	2.51	3.09	1.88
1952/4	487.76	437.33	918.97	0.72	-0.28	1.06	1.88
1952/5	474.51	465.17	983.58	-2.72	6.37	7.03	2.07
1952/6	463.13	473.33	1009.84	-2.40	1.75	2.67	2.18
1952/7	459.70	473.01	997.80	-0.74	-0.07	-1.19	2.17
1952/8	461.52	473.14	1040.64	0.40	0.03	4.29	2.25
1952/9	462.46	472.32	1035.11	0.20	-0.17	-0.53	2.24
1952/10	458.21	497.37	1091.88	-0.92	5.30	5.48	2.38
1952/11	457.68	532.79	1168.37	-0.12	7.12	7.01	2.55
1952/12	460.98	589.04	1432.99	0.72	10.56	22.65	3.11

資料來源：台北市零售物價指數取自台灣省政府主計處編印的《台灣省物價統計月報》，48年12月。貨幣供給直接取自吳聰敏與高櫻芬(1991)。

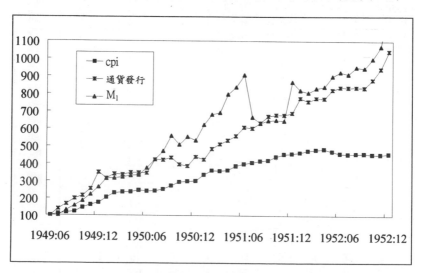

圖5-6 幣制改革後物價通貨與貨幣供給之走勢

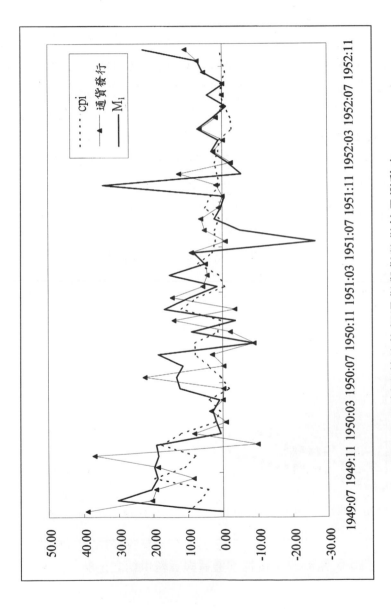

圖5-7 幣制改革後物價通貨與貨幣供給月變動率

員優利定期儲蓄存款。高利率政策是否具有遏制通貨膨脹的功能，我們先從費雪效果（Fisher effect）談起，該效果陳述名目利率爲實質利率加上預期通貨膨脹率。實質利率可以資本的報酬率爲代表，預期通貨膨脹率的形成型態很多，以最簡單的方式，即上期實際通貨膨脹率爲代表，若資本的報酬率爲1.5%，上期通貨膨脹率爲5%，則名目利率便爲6.5%。若名目利率未將通貨膨脹率加入，以實質利率爲名目利率，在本例中，債權人爲怕遭受債權的損失，會將債權換爲實物，而使物價的上漲火上加油；若採取高利率政策，名目利率訂爲7%，不但可彌補物價上漲所遭受購買力降落的部分，實質的報酬超過資本的報酬率，而有利差（資本利得）可賺，如此不但不會減少債權，反而以貨幣購買債權，對物價上漲具有釜底抽薪之功效。高利率政策若奏效，優利存款的數額就會急速增加，社會的游資就可大量減少，物價的上漲也隨著緩和或下降。

　　表5-13爲政府優利存款利率調整的部分，表5-14爲優利存款利率、存款額與物價資料的部分。政府於1950年3月25日開辦優利存款，由於經濟社會仍處物價高膨脹狀況，考慮一般存款戶存款期限不會很長，只開辦一個月存款的部分，利率訂爲月息7%。4月17日增加半個月、二、三與六個月的存款種類，優利亦隨著存款期限的提高而提高，而轉存台灣銀行的利率部分，皆不低於台灣銀行自辦的部分，月息爲7%，按複利計算，年息便爲125%。即使在通貨膨脹狀況，對儲蓄也具有相當大的誘因。優利存款的金額從1950年3月底的1.725百萬元，增加

到6月底的33.295百萬元,存款成長了18倍,而物價呈現停漲現象。由於成績斐然,政府於1950年6月21日遽將利率減半,此一降息措施使優存數額呈停滯現象,而物價並未急遽上揚,6~8月的物價上漲率分別為-1.91%,0.67%與4.12%。三個月後政府又於10月1日調降利率,一個月期的優利為月息3%,如此使優存數額由1950年9月的35.453百萬元急速滑落到1951年1月的17.285百萬元,優存減少一半餘,而該月的物價亦跳漲了11.69%,2月份的物價上漲率也有7.34%。鑒於優利存款數額遽減與物價上揚密切相關,政府於1951年3月26日又將優利提高,一個月期的優利調到月息4.2%。如此的利率維持13個月,而優利存款的數額也從27.185百萬元,穩定地爬升到344.117百萬元,存款數額成長了11倍餘。優利存款數額占通貨發行額的比例亦從9.4%躍升到61.3%,游資大部分回籠到銀行體系,對基礎貨幣(Base money)具有強力的緊縮效果。在這期間物價已大大緩和下來。有鑒於物價的緩和,政府謹慎地將優利緩步調降,就一個月期優利而言,1952年4月28日調降到月息3.8%,兩個月後又調降到3.3%,一個月後再降到3%,於1952年9月8日再調降到2.4%,11月30日的利率便為2%。在陸續緩步調降利率的過程,優存數額並未見到異常的巨幅波動,而物價反而呈現下降的現象,民眾對幣值的信心似已恢復起來。

表5-13 優利存款利率的調整

單位：月息%

	自　辦					轉　存			
	半個月	一個月	二個月	三個月	六個月	一個月	二個月	三個月	六個月
1950年 3月25日		7.00				8.00			
4月17日	6.00	7.00	8.00	9.00		8.00	8.00	9.00	
6月21日	3.00	3.50	4.00	4.50		4.00	4.00	4.50	
10月1日		3.00	3.30	3.30		3.50	3.50	3.50	
1951年 3月26日		4.20	4.50	4.50		4.50	4.80	4.80	
1952年 4月28日		3.80	4.00	4.00	4.20	4.00	4.00	4.00	
6月2日		3.30		3.60	3.90	3.50		3.50	
7月7日		3.00		3.20	3.40	3.20		3.20	
9月8日		2.40		2.60	2.80	2.60		2.60	2.80
11月30日		2.00		2.15	2.30	2.15		2.15	2.30

資料來源：直接取自許榮昌(1956)，第103頁

表5-14 台灣優利存款之利率、存款與物價

	一個月 優存利 率	市場 利率	優利 存款額 (千元)	物價	通貨 發行 (百萬 元)	優存/ 通貨 (%)	物價 變動率	物價變 動率/ 優存 利率	利率 市差	優存 變動率
1950/ 3	7.0	18.0	1725	237.37	190.42	0.91			11.0	
1950/ 4	7.0	15.0	20461	239.01	196.61	10.41	0.69	6.31	8.0	1086.14
1950/ 5	7.0	15.0	32180	248.13	196.39	16.39	3.82	3.18	8.0	57.27
1950/ 6	3.5	15.0	33295	243.39	195.74	17.01	-1.91	5.41	11.5	3.46
1950/ 7	3.5	10.5	28421	245.01	239.37	11.87	0.67	2.83	7.0	-14.64
1950/ 8	3.5	9.0	35437	255.10	238.49	14.86	4.12	-0.62	5.5	24.69

	一個月優存利率	市場利率	優利存款額（千元）	物價	通貨發行（百萬元）	優存/通貨（%）	物價變動率	物價變動率/優存利率	利率市差	優存變動率
1950/ 9	3.0	7.5	35453	275.09	245.46	14.44	7.84	-4.84	4.5	0.05
1950/10	3.0	13.5	26184	296.77	223.39	11.72	7.88	-4.88	10.5	-26.14
1950/11	3.0	12.0	23932	300.89	218.32	10.96	1.39	1.61	9.0	-8.60
1950/12	3.0	12.0	20518	302.74	248.54	8.26	0.61	2.39	9.0	-14.27
1951/ 1	3.0	13.5	17285	338.13	239.70	7.21	11.69	-8.69	10.5	-15.76
1951/ 2	3.0	15.0	23547	362.95	274.03	8.59	7.34	-4.34	12.0	36.23
1951/ 3	4.2	12.0	27185	360.51	289.31	9.40	-0.67	4.87	7.8	15.45
1951/ 4	4.2	10.5	37123	364.51	301.86	12.30	1.11	3.09	6.3	36.56
1951/ 5	4.2	10.5	56609	389.67	316.23	17.90	6.90	-2.70	6.3	52.49
1951/ 6	4.2	9.0	83306	401.01	344.06	24.21	2.91	1.29	4.8	47.16
1951/ 7	4.2	9.0	120027	409.03	340.95	35.20	2.00	2.20	4.8	44.08
1951/ 8	4.2	9.0	139808	418.36	358.32	39.02	2.28	1.92	4.8	16.48
1951/ 9	4.2	9.0	166048	422.18	380.12	43.68	0.91	3.29	4.8	18.77
1951/10	4.2	9.0	163766	443.36	384.24	42.62	5.02	-0.82	4.8	-1.37
1951/11	4.2	10.5	175886	458.26	383.96	45.81	3.36	0.84	6.3	7.40
1951/12	4.2	10.5	163783	461.56	390.61	41.93	0.72	3.48	6.3	-6.88
1952/ 1	4.2	9.0	183985	468.25	438.72	41.94	1.45	2.75	4.8	12.33
1952/ 2	4.2	7.5	227943	478.41	427.79	53.28	2.17	2.03	3.3	23.89
1952/ 3	4.2	7.5	268846	484.26	438.54	61.30	1.22	2.98	3.3	17.94
1952/ 4	3.8	7.5	344117	487.76	437.33	78.69	0.72	3.08	3.7	28.00
1952/ 5	3.8	9.0	440003	474.51	465.17	94.59	-2.72	6.52	5.2	27.86
1952/ 6	3.3	9.0	489575	463.13	473.33	103.43	-2.40	5.70	5.7	11.27
1952/ 7	3.0	7.5	523472	459.70	473.01	110.67	-0.74	3.74	4.5	6.92
1952/ 8	3.0	7.5	548792	461.52	473.14	115.99	0.40	2.60	4.5	4.84
1952/ 9	2.4	7.0	538467	462.46	472.32	114.00	0.20	2.20	4.6	-1.88
1952/10	2.4	7.0	538578	458.21	497.37	108.29	-0.92	3.32	4.6	0.02
1952/11	2.0	6.6	521558	457.68	532.79	97.89	-0.12	2.12	4.6	-3.16
1952/12	2.0	6.0	457325	460.98	589.04	77.64	0.72	1.28	4.0	-12.32

資料來源：台北市零售物價指數取自台灣省政府主計處編印的《台灣省物價統計月報》，48年12月。

　　優利存款政策對物價上漲威脅的消除，可從表中有關數據的變化走勢，可見其效果頗為顯著。接著我們擬從計量分析上探討以優利存款政策對抗通貨膨脹的效果。我們已經提到優利存款的利率高到足以超過預期通貨膨脹率時，可使存款具有實質的正報酬，即存款數額會增加。增加後的存款，表示以餘額貨幣換成債權，社會游資會減少，物價上漲會趨緩。首先我們利用1950年3月到1952年12月的資料，以簡單迴歸方式進行計量分析，實質利率的增加是否對優利存款(D)的增加具有正值的效果。實質利率定義為優利存款利率(SR)減預期通貨膨脹率(P^e)，而預期通貨膨脹率以上一期的實際通貨膨脹率(GP_{t-1})為代表，實證迴歸結果如下：

$$\log D_t - \log D_{t-1} = -0.3587 + 0.1267\,(SR_t - GP_{t-1}) \cdots\cdots (5\text{-}5)$$
$$(-3.35)\quad(4.40)$$

$$R^2 = 0.3925 \qquad \overline{R}^2 = 0.3722 \qquad F = 19.38$$

迴歸係數下括號內的數字為 t 值，參數估計值都具有統計上的顯著性，這表示實質利率每提高1%，對取對數後的優利存款變動額就會增加0.1267%。實證迴歸的符號及結果，與理論上的要求相符合。

　　此外，優利存款數額的變動是否對物價上漲具有緩和作用，經迴歸分析後，結果為

$$GP_t = 0.1937 - 0.0149 \log D_t \quad\cdots\cdots\cdots\cdots\cdots\cdots\cdots (5\text{-}6)$$
$$(4.04) \quad (-3.62)$$

$$R^2 = 0.3040 \quad \overline{R}^2 = 0.2808 \quad F = 13.10$$

實證結果,參數估計值也都顯著地異於零。該式說明取對數後的優利存款數額每增加一個單位,物價上漲率就可減少0.0149%。

　　無論從表中數據變動走勢或計量探討,我們發現優利存款政策對遏制物價膨脹頗具功效。

3. 實施黃金儲蓄辦法

　　黃金儲蓄辦法於1949年5月17日就訂定而實施,並於幣制改革時擴大辦理地區,同時將兌取黃金的最低存滿期限由一個月降到十天,是項辦法是藉由在國內兌換黃金,然後透過進出口貿易兌換外匯,並運用平準基金加以調劑,以達新台幣幣值穩定的目的。黃金儲蓄吸收存款共達4.4億元,為當時新台幣發行限額的2倍,對物價穩定不無裨益。然而此項辦法,畢竟是一種金本位制的產物,再加上公定價格與市價常有差距,致投機套利藉機產生,結果造成黃金外流。由於外匯準備有限,只有結束該辦法之實施。

第三節　惡性通貨膨脹的計量分析

　　在前節,我們已對戰後初期台灣惡性通貨膨脹的過程、成

因以及一連串的穩定政策作過分析，本節將要集中於惡性通貨
膨脹的計量分析。人們持有實質現金餘額（real cash balance）的
多寡，大致上取決於實質財富、所得與財富以各種形式資產所
衍生的預期報酬率。在惡性通貨膨脹期間，財富與所得的變異
程度較小，實質現金餘額的變動就會表現在這些不同形式資產
之預期報酬率與貨幣報酬率之差異上。簡單的說，就是決定在
持有現金餘額的成本上。持有現金餘額的成本係以貨幣價值的
貶值率來表示，也就是說，由物價上漲率來表示。因而在惡性
通貨膨脹期間，實質現金餘額的變動係因預期物價的變動；它
們之間在理論上存有負向關係，即實質現金餘額為預期物價上
漲率的遞減函數。

我們先觀察台灣戰後初期實質現金餘額與物價變動率之間
的關係。實質現金餘額係以貨幣供給除物價指數而得。關於貨
幣供給有兩套數據可參考，分別為Liu（1970）與吳聰敏、高櫻
芬（1991）所估計。前者月資料係從1946年1月起，後者係從1947
年1月起。幣制改革前為舊台幣，改革後為新台幣，因而實質
現金餘額與物價月變動率的關係圖分為兩個。

幣制改革前1946年1月到1949年5月的情形，如圖5-8所示，
它們似存有負向關係，在通貨膨脹嚴重的月份，實質現金餘額
亦比較低。在整個觀察期間，物價變動率向上爬，實質現金餘
額卻向下落。

幣制改革後1949年6月到1952年12月的情形，如圖5-9所
示。物價漸趨穩定，且變動幅度漸趨小，甚至於在1952年的變

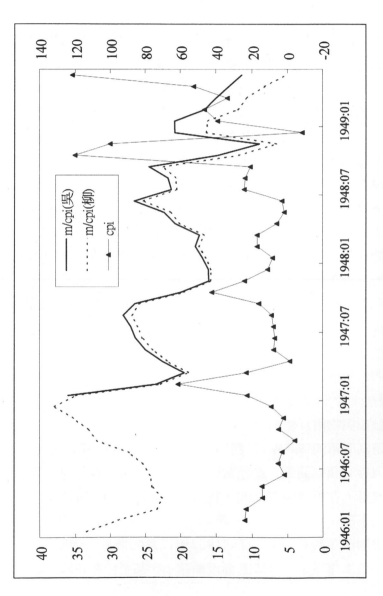

圖5-8 幣制改革前實質現金餘額與物價上漲率

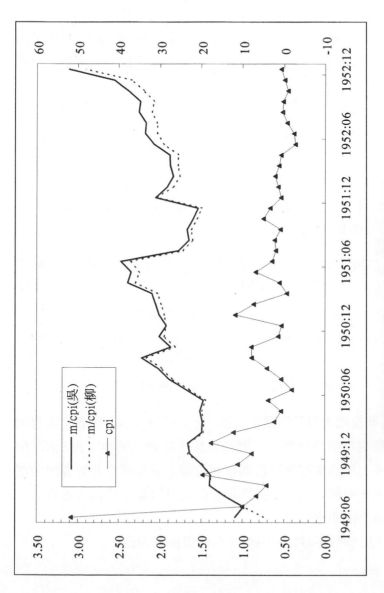

圖5-9 幣制改革後實質現金餘額與物價上漲率

動率出現連續為負的現象；而實質現金餘額呈現出：在兩階段均向上爬升，於戰後實施穩定政策期兩者之間的關係間似具負向關係。

我們就這兩段期間先以簡單迴歸方式，分析實質現金餘額與物價月變動率的關係。

(a)幣制改革前：

利用柳復起(1970)所推算的貨幣供給(Ma)資料

1946年1月到1949年5月

$$\log (Ma / cpi) = 3.2453 - 1.0733 \quad g\_cpi \cdots\cdots\cdots\cdots(5\text{-}7)$$
$$\qquad\quad (54.4) \quad (\text{-}6.89)$$
$$\qquad R^2 = 0.5553 \qquad F = 47.42$$

$$\log (Ma / wpi) = 3.1105 - 1.1087 \quad g\_wpi \cdots\cdots\cdots\cdots(5\text{-}8)$$
$$\qquad\quad (49.24) \quad (\text{-}6.32)$$
$$\qquad R^2 = 0.5123 \qquad F = 39.91$$

Ma為柳復起所推算的貨幣供給，g_cpi與g_wpi分別表示零售物價與躉售物價月變動率。迴歸係數下括號內的數字為 t 值。估計結果，無論從零售物價或躉售物價，迴歸模型的解釋能力都有五成，物價上漲率對實質現金餘額具有顯著的負向影響力，與理論上預期相符合。

至於1947年1月到1949年5月的資料，則為

$$\log (\mathrm{Ma} / \mathrm{cpi}) = 3.1361 - 0.9456 \quad \mathrm{g\_cpi} \cdots\cdots\cdots (5\text{-}9)$$
$$(41.93) \quad (\text{-}5.60)$$

$$R^2 = 0.5373 \qquad F = 31.35$$

$$\log (\mathrm{Ma} / \mathrm{wpi}) = 2.9742 - 0.9578 \quad \mathrm{g\_wpi} \cdots\cdots\cdots (5\text{-}10)$$
$$(40.82) \quad (\text{-}5.43)$$

$$R^2 = 0.5221 \qquad F = 29.50$$

再利用吳聰敏與高櫻芬(1991)所推算的貨幣供給(Mb)，仍就1947年1月到1949年5月的資料而言：

$$\log (\mathrm{Mb} / \mathrm{cpi}) = 3.1568 - 0.5835 \quad \mathrm{g\_cpi} \cdots\cdots\cdots (5\text{-}11)$$
$$(55.81) \quad (\text{-}4.57)$$

$$R^2 = 0.4360 \qquad F = 20.88$$

$$\log (\mathrm{Mb} / \mathrm{wpi}) = 2.9903 - 0.5653 \quad \mathrm{g\_wpi} \cdots\cdots\cdots (5\text{-}12)$$
$$(53.42) \quad (\text{-}4.17)$$

$$R^2 = 0.3920 \qquad F = 17.41$$

以上估計結果，就Ma而言，與1946年1月到1949年5月的情形大致雷同，其差異爲其迴歸估計值稍低。再就Mb而言，其判定係數與估計值均較低。

(b)幣制改革後：
　　就1949年7月到1952年12月資料而言：

$$\log(Ma/cpi) = -7.4129 - 1.4051 \quad g\_cpi \cdots\cdots\cdots (5\text{-}13)$$
$$(-228.02) \quad (-2.67)$$

$$R^2 = 0.1551 \qquad\qquad F = 7.16$$

$$\log(Ma/wpi) = -7.5047 - 0.6353 \quad g\_wpi \cdots\cdots\cdots (5\text{-}14)$$
$$(-270.07) \quad (-1.59)$$

$$R^2 = 0.0610 \qquad\qquad F = 2.54$$

$$\log(Mb/cpi) = -7.3705 - 1.6558 \quad g\_cpi \cdots\cdots\cdots (5\text{-}15)$$
$$(-209.95) \quad (-2.92)$$

$$R^2 = 0.1794 \qquad\qquad F = 8.52$$

$$\log(Mb/wpi) = -7.4619 - 0.8656 \quad g\_wpi \cdots\cdots\cdots (5\text{-}16)$$
$$(-249.50) \quad (-2.02)$$

$$R^2 = 0.0943 \qquad\qquad F = 4.06$$

　　幣值改革後，實質現金餘額與物價上漲率的迴歸分析結果就不如改革前來得理想，雖然它們之間負向關係仍然存在，但迴歸模式的解釋能力卻大大降低。

　　就惡性通貨膨脹期間，對實質貨幣需求作研究，從貨幣數量理論出發，常是熱門的話題。在文獻上，依據Cagan的惡性通貨膨脹貨幣動態（monetary dynamics of hyperinflation）就有許許多多的實證模型，國內學者劉錦添與蔡偉德（1989）曾以Cagan模型，對適應預期係數以可調整的設定方式進行分析。一般文獻對預期物價膨脹率，常以適應預期（adaptive expectation）與理性預期（rational expectation）來設定。我們按照Beladi、Choudhavy

與Parai(1993)的方式亦進行這方面的檢定。

首先按照Cagan理論，以Sargent(1986)對實質貨幣餘額的
需求函數，設定如下：

$$M_t - P_t = \alpha_0 - \alpha_1(E_t P_{t+1} - P_t), \quad \alpha_i > 0 \cdots\cdots\cdots\cdots (5\text{-}17)$$

式中M與P表取對數後的貨幣供給與物價(cpi)，t表時間，而E_t
表在t期可資利用的訊息下條件性預期運算式(conditional
expectation operator)。式(5-17)經整理後，求解物價水準的均
衡值，得

$$P_t = -\alpha_0 + (1-\delta)\sum_{i=0}^{\infty}\delta^i E_t M_{t+i} \cdots\cdots\cdots\cdots\cdots\cdots (5\text{-}18)$$

式中 $E_t M_t = M_t, \delta = \alpha_1/(1+\alpha_1), E_t M_{t+i}$ 表示在t期社會大眾
預期t＋i期的貨幣供給，均衡穩定的條件δ 必須小於1。式(5-18)
為式(5-17)的市場基要(market fundamentals)的解，也就是說，
若預期為自我實踐(self-fulfilling)型態，則在式(5-18)中需加上
附加項以反映物價水準的泡沫。利用式(5-18)評估 $E_t P_{t+1}$，並
替代之，得

$$P_t = -\alpha_0(1-\delta) + (1-\delta)M_t + \delta E_t P_{t+1} \cdots\cdots\cdots\cdots (5\text{-}19)$$

若物價水準的預期為理性的，其形式可設定為

$$P_{t+1} - E_t P_{t+1} = \varepsilon_{t+1} \cdots\cdots\cdots\cdots\cdots\cdots\cdots\cdots\cdots (5\text{-}20)$$

式中 ε_{t+1} 為序列無相關的誤差項,具有零平均值與常變異數之特質。將式(5-20)代入式(5-19),整理得

$$P_t = -\alpha_0(1-\delta^{-1}) + \delta^{-1}P_{t-1} + (1-\delta^{-1})M_{t-1} + \varepsilon_t \cdots\cdots(5\text{-}21)$$

式(5-21)為在惡性通貨膨脹情況,理性預期臆說的物價決定模式。若物價水準的預期為適應預期,其形式設定為

$$E_t P_{t+1} - E_{t-1}P_t = \beta(P_t - E_{t-1}P_t) + e_t \cdots\cdots\cdots\cdots(5\text{-}22)$$

式中 e_t 為白音(white noise)誤差項,具有零平均值與常變異數之特質。將式(5-22)代入式(5-19),整理後得

$$\begin{aligned}
P_t = &-\alpha_0\beta(1-\delta)(1-\delta\beta)^{-1} + (1-\beta)(1-\delta\beta)^{-1}P_{t-1}\\
&+\beta(1-\delta)(1-\delta\beta)^{-1}M_{t-1}+(1-\delta)(1-\delta\beta)^{-1}(M_t-M_{t-1}) \cdots\cdots(5\text{-}23)\\
&+\delta(1-\delta\beta)^{-1}+e_t
\end{aligned}$$

式(5-23)就是在惡性通貨膨脹情況,適應預期臆說的物價決定模式。比較式(5-21)與式(5-23),後者估計變數完全涵蓋了前者,其情形就如同巢窩式(nest)的將前者所要估計的變數包含在內,式(5-23)不但全部都有式(5-19)的解釋變數,而且還多了 $(M_t - M_{t-1})$ 一項。若式(5-23)正確,$(M_t - M_{t-1})$ 項的係數需具有統計上的顯著性,且 P_{t-1} 與 M_{t-1} 的和應等於1,而 δ 與 β 的參數應介於零與一之間。適應預期型態的成立就表示否決了理性預期的型態,但是拒絕接受適應預期的型態,並不必然隱含地表示接受了理性預期型態,仍需再作檢定。在Beladi、

Choudhary與Parai的實證研究中發現，德國的惡性通貨膨脹符合適應預期模式，匈牙利符合理性預期模式，波蘭都無法獲得這兩個模式的支持。

本研究也以式(5-21)與式(5-23)對台灣戰後惡性通貨膨脹的型態進行檢定，期間係從1946年5月到1949年5月，共有37筆月資料。我們考慮到M_t與e_t的相關而以工具變數（instrumental variable）$\hat{M}_t$替代之，其值為M_t的估計值。M_t的迴歸式係包括P與M落後五期內的變數，以Akaike最終預期誤差準則（FPE），選擇如下的迴歸估計式：

$$M_t = 0.9223 + 0.0538\,P_{t-1} + 0.6685\,P_{t-2} - 0.8842\,P_{t-3}$$
$$\quad (1.62) \quad (0.38) \qquad (2.80) \qquad (-3.44)$$

$$+\ 0.3996\,P_{t-4} + 0.9087\,M_{t-1} + 0.1151\,M_{t-2} - 0.6089\,M_{t-3}$$
$$\quad (2.27) \qquad (4.92) \qquad (0.41) \qquad (-2.18)$$

$$+\ 0.3426\,M_{t-4} \quad\cdots\cdots\cdots\cdots\cdots\cdots\cdots\cdots\cdots\cdots\cdots \text{(5-24)}$$
$$\quad (2.00)$$

$R^2 = 0.9970$　$F = 1181.43$　$SSR = 0.26489$　$FPE = 0.01176$

我們按照式(5-23)進行實證估計，結果為

$$P_t = -1.0018 + 0.9562\,P_{t-1} + 0.1532\,M_{t-1}$$
$$\quad (-1.29) \quad (5.78) \qquad (0.83)$$

$$-\ 0.5166\,(\hat{M}_t - M_t) \quad\cdots\cdots\cdots\cdots\cdots\cdots\cdots\cdots \text{(5-25)}$$
$$\quad (2.21)$$

$R^2 = 0.9928$　$F = 1521.30$　$RSS = 0.98447$

估計所得（$\hat{M}_t - M_{t-1}$）的係數，在10%的顯著水準下，不具有統計上的顯著性。P_{t-1} 與 M_{t-1} 的和為1.1094，F值為14.03，檢定結果拒絕虛無假設。除此，計算出的δ 值為1.7005，β 值為-0.2965，這些都與適應預期模式的要求不符合。台灣戰後初期惡性通貨膨脹在統計上不屬於適應預期模式。

接著我們按式(5-21)進行實證，結果為

$$P_t = -1.5654 + 0.8201\ P_{t-1} + 0.2965\ M_{t-1} \quad\cdots\cdots\cdots\cdots\cdots\cdots (5\text{-}26)$$
$$\quad\quad (-2.64) \quad\ (7.34) \quad\quad\ (2.21)$$

$$R^2 = 0.9926 \quad F = 2265.47 \quad SSR = 1.0214$$

按照理性預期模式的要求，P_{t-1} 的係數必須大於1，而 P_{t-1} 與 M_{t-1} 的和必須等於1。從估計結果得知，P_{t-1} 與 M_{t-1} 的和為1.1166，F值為16.66，在5%的水準下檢定結果亦是拒絕虛無假設，而 P_{t-1} 的估計值（δ^{-1}）為0.8201，也小於1，使得推算出的δ 值為1.2193，不符合理論上的要求。台灣戰後的惡性通貨膨脹在統計上也與理性預期模式不一致。

傳統貨幣數量學派，認為貨幣供給的增加，單向地影響物價上漲，物價上漲會隨貨幣供給的增加而作同比例的增加，貨幣供給的變動是因，物價的上漲為果，貨幣供給是外生的。然而，理性預期學派的看法並不以為然，他們認為貨幣供給也是內生的。Sargent與Wallace(1973)的實證研究發現，若經濟社會處在惡性通貨膨脹時期，財政上的赤字使政府以激增通貨發

行的方式來融通，會造成物價更進一步飆漲。因而物價與貨幣供給之間的因果論，便成為實證研究上的重點。

　　台灣戰後初期惡性通貨膨脹期間，曾有多位學者進行貨幣供給與物價之間因果關係的檢定。Lin與Wu(1989)利用1946~49年月資料，結果發現紙幣發行額與躉售物價間沒有因果關係，Quddus、Liu與Butler(1989)發現貨幣成長率與躉售物價之間存有雙向的因果關係，劉錦添與蔡偉德(1989)利用1946~49年5月的資料，也發現兩者之間存有雙向的因果關係，而吳聰敏與高櫻芬(1991)利用跨越幣制改革前後的資料(1947~50年月資料)進行檢定，也發現貨幣供給與物價雙向因果關係的存在。我們利用柳復起(1970)所推算的貨幣供給與台北市零售物價指數，在1946年1月到1949年5月期間，以取對數後再差分($DM_t = M_t - M_{t-1}$，$DP_t = P_t - P_{t-1}$)的資料進行貨幣供給與物價之間因果關係的檢定。資料作如此的處理，其目的係將趨勢的因素剔除，以成長率的變動率檢定兩者之間的因果關係。

　　按照Granger(1969)與Hsiao(1979)對因果關係的檢定方法，本文貨幣供給與物價的檢定迴歸式可寫成如下：

$$DP_t = a + \sum_{i=1}^{I} b_i DP_{t-i} + \sum_{j=1}^{J} c_j DM_{t-j} + e_t \quad \cdots\cdots\cdots\cdots (5\text{-}27)$$

$$DM_t = d + \sum_{n=1}^{N} f_n DM_{t-n} + \sum_{s=1}^{S} g_s DP_{t-s} + \varepsilon_t \quad \cdots\cdots\cdots\cdots (5\text{-}28)$$

若貨幣供給對物價沒有影響，則c_j係數的檢定接受虛無假

設；若物價對貨幣供給沒有影響，則 g_s 係數的檢定接受虛無假設；若雙向因果關係都存在，則 c_i 與 g_s 係數的檢定拒絕虛無假設。然而在進行檢定前，要先決定迴歸模式到底包含變數多少的落後期。我們以兩階段的方式判定最適落後期。首先判定物價與貨幣供給自我迴歸式（autoregressive models）的最適落後期。我們在落後七期內分別按照判定準則推算出包含落後期數量的判定值，其結果列於表5-15。判定準則包括了Schwartz訊息準則（Schwartz information criterion，SIC），Akaike訊息準則（Akaike information criterion，AIC）與Akaike最終預測誤差準則（Akaike final prediction error criterion，FPE）。就物價自我迴歸模式而言，SIC呈現出落後一期的模式判定值爲最低，其次爲包含落後三期在內的模式，而AIC與FPE皆以包含落後三期在內的模式判定值爲最低。綜合上述判定值的訊息，我們選擇包含落後三期在內的物價自我迴歸模式。就貨幣供給自我迴歸模式而言，無論從SIC、AIC與FPE的判定值上，都顯示出只包括落後一期的爲最適模式。

第二階段的進行，係在第一階段選定最適自我迴歸模式後，再決定他變數所包括的落後期，我們也用同樣的判定準則進行選擇，其判定值列於表5-16。就表5-16所示，物價最適自我迴歸模式中包括貨幣供給的最適落後期是二期，而貨幣供給最適自我迴歸模式中包括物價的最適落後期也是二期。他們的迴歸估計式列於表5-17。

表5-15 自我迴歸式最適落後期判定值

	物價自我迴歸				貨幣供給自我迴歸			
	SSE	SIC	AIC	FPE	SSE	SIC	AIC	FPE
lag1	1.3595	-14.1059	-17.4837	0.0376	0.6900	-41.4736	-44.8513	0.0191
lag2	1.3401	-10.9728	-16.0395	0.0389	0.6884	-37.8493	-42.9158	0.0200
lag3	1.1572	-12.5306	-19.2861	0.0354	0.6680	-35.2902	-42.0457	0.0204
lag4	1.1161	-10.2047	-18.6490	0.0359	0.6383	-33.2127	-41.6571	0.0205
lag5	1.1161	-6.5160	-16.6492	0.0378	0.6372	-29.5778	-39.7111	0.0216
lag6	1.0517	-4.5940	-16.4162	0.0374	0.6246	-25.5777	-37.3998	0.0222
lag7	0.9894	-0.9880	-14.4990	0.0371	0.6117	-20.7330	-34.2440	0.0229

資料來源：本研究。

表5-16 最適自我迴歸式其他自變數落後期判定值

	物價自我迴歸式貨幣供給落後期				貨幣供給自我迴歸式物價落後期			
	SSE	SIC	AIC	FPE	SSE	SIC	AIC	FPE
lag1	1.0931	-9.7123	-18.0301	0.0363	0.6245	-39.5702	-44.5609	0.0187
lag2	0.7376	-17.6101	-27.4356	0.0267	0.3657	-54.0640	-60.6144	0.0119
lag3	0.7177	-12.7792	-24.0557	0.0285	0.3589	-48.4667	-56.5213	0.0127
lag4					0.3394	-46.9055	-56.5710	0.0132
lag5					0.3169	-40.4156	-51.3030	0.0136

資料來源：本研究。

表5-17 物價與貨幣供給因果關係迴歸式與檢定

	物價		貨幣供給	
	估計值	t值	估計值	t值
截距	-0.0620	-1.535	0.0576	2.272
DP_{t-1}	-0.6236	-3.610	0.0749	0.719
DP_{t-2}	0.1769	0.862	0.0471	4.645
DP_{t-3}	0.5116	2.911		
DM_{t-1}	0.8742	5.847	0.0197	0.107
DM_{t-2}	0.8838	5.928		
R^2	0.6531		0.4666	
F	9.4380		14.8100	
$F_{0.005}$	3.2800		3.2600	

資料來源：本研究。

　　就物價迴歸決定式中，全部 c_i 係數的估計值是否與零無差異，其 $F_{(2,34)}$ 值為9.438，而在5%的顯著水準下F的臨界值為3.28，在統計上顯示貨幣供給對物價具有顯著的影響。就貨幣供給迴歸決定式中，g_6 係數所計算出的 $F_{(2,36)}$ 值為14.81，在5%的顯著水準下F的臨界值為3.26，因而在統計上亦是拒絕虛無假設。本研究對戰後初期台灣惡性通貨膨脹期間（1946年1月到1949年5月），物價與貨幣供給之間所作的檢定，在統計上存有雙向的因果關係。

第六章

快速成長時期的温性通貨膨脹

第一節 一般經濟狀況概述

前已述及，政府於1949年遷台後，首先致力於幣制改革與其相關的金融、財政、外匯與貿易措施的釐訂以及行政上的嚴格管制，其目的在於遏止惡性通貨膨脹，以達經濟安定。1949年起，政府推動土地改革政策，期以經由制度的興革，達成農民增產之目的；同時也致力於戰時遭破壞的農工生產設備的重建，至1952年，農工生產大致上已恢復到戰前的最高水準。也因此減輕超額需求對物價上漲的壓力。自1953年起，政府開始實施四年爲一期的經濟計畫，有系統地從事台灣地區的經濟發展，至1972年共實施五期的經濟發展計畫。發展策略係以「以農業培養工業，以工業發展農業」爲主軸，此期間大約又可畫分爲兩個時期：1950年代爲發展勞動密集式生產的進口替代品時期，1960年代爲獎勵投資，鼓勵出口與拓展國際市場之發展

時期。如此一來，工業部門，尤其是製造業，乃獲得快速的發展。

　　從1952~72年間的20年中，工業生產平均每年增長率爲
15.04%，高於GDP的9.14%，工業產值占GDP的比例由1953年
的19.39%，穩定地上升到1961年的26.57%，1962年的28.22%，
已越過農業部門產值的份額24.97%，到1972年時工業產值份額
高達41.64%。當台灣進入工業化時期，製造業呈現蓬勃發展，
產值份額不斷的提高。由於在發展勞動密集式生產方式下，工
業化創造更多的就業機會，使得原本在1950年代4%的失業率，
於1960年代開始呈現下降走勢，1972年失業率降到1.49%。平
均每人國民所得由1952年不及2千元的水準（按當年市價表
示），隨著工業化而快速提升到1972年的19,278元，增加約十倍。
在國人勤勞節約的習性下，國民儲蓄率也由1953年的14.45%，
上升到1961年的18.40%，到1972年時高達32.12%，爲國際上高
儲蓄率的少數國家之一。其實1953~72年間的快速經濟成長，
工業化的過程是經由兩個不同時期：即1950年代的進口替代時
期與1960年代的出口擴張時期。

　　在1950年代進口替代的工業發展時期，若從1953~61年計
算，GDP平均每年增長率爲7.48%，失業率介於3.6~4.2%之間，
貨幣供給的平均年增長率爲22%，工資率爲13.32%，消費者物
價與躉售物價分別爲8.24%與8.13%。在此期間，工業產值占GDP
的比例由1953年的19.39%，上升到26.57%，儲蓄率由14.45%上
升到18.40%，貿易依存度由22.46%上升到35.12%。在1962~72
年期間，GDP平均年增長率爲10.52%，高於1950年的經濟發展

成果；失業率亦從4.34%的高水準下降到1.49%的低水準；貨幣
供給平均年增長率爲20.77%，與1950年代相當；工資率平均年
上漲率爲8.93%，低於1950年代，但是消費者物價與躉售物價
的平均年增長率分別爲2.88%與1.89%，遠低於1950年的物價膨
脹。在此期間，工業產值占GDP的比例由28.22%上升到41.64%；
儲蓄率由15.19%上升到32.12%；貿易依存度由32.59%快速的攀
升到78.26%。隨著出口擴張策略的實施，台灣開放的程度就愈
來愈大(見表6-1)，就1950年代和1960年代相比較，雖然工業
產值占GDP的比例與儲蓄率隨著工業化的進展而攀升，但仍存
有顯著的差異：

(1)貨幣供給雖維持較高的增長，但1960年代的物價較1950
　　年代穩定的多，這也許在預期心理因素下與離惡性通貨
　　膨脹時期較遠有關。

(2)1960年代的總體經濟表現優於1950年代：1960年代GDP
　　的平均年增率10.52%高於1950年代的7.48%，而且失業
　　率也大幅下降到1.49%。

(3)進口替代策略時期，貿易依存度仍在30%以內，而出
　　口擴張策略實施後，貿易依存度便大大的提高，到1972
　　年高達78.26%。台灣的工業化發展已開始注重國際分工
　　與比較利益的原則。

　　台灣在實施進口替代策略發展時期，採取保護關稅、複式
匯率、外匯管制與配額及進口許可的措施，目的在保護國內市
場，發展技術層次較低的勞動密集型產業，以替代進口，並滿

足國內需求。在1950年代進口替代較爲顯著的產業如基本金屬、金屬製品，電機及電氣器具及運輸工具等，而紡織品、服飾品、木材及木製品，紙及紙製品、橡膠製品，石油及煤製品以及非金屬礦物製品等也有相當進展[1]。

由於國內市場很快就達到飽和狀態，政府乃從1958年4月到1961年6月採取一系列的外匯貿易改革措施[2]，將當時複式匯率經由五個階段予以簡化而統一，並將新台幣匯率調整至合理的水準，恢復匯率的市場價格機能，發揮限制進口與鼓勵出口的效果，並替代人爲的配額與管制。1961年6月政府訂定新台幣兌換美元爲40：1，此一匯率一直維持到1973年的2月才變動到38：1。

對外匯貿易政策的一系列改革措施，使得進口替代產業再受到鼓勵，並開始向國際市場發展。同時政府亦採取配合措施，如1955年7月的外銷退稅，包括原料中所含的貨物稅、港工捐，防衛捐等，及1968年9月的保稅工廠；1959年的19點財政經濟改革措施，內容爲平衡政府預算，鼓勵民間儲蓄與投資，獎勵出口等付諸實施；1960年頒布獎勵投資條例，對廠商提供租稅及其他優惠；1966年成立加工出口區，便利廠商投資、生產與

---

1 參閱陳正順《進口代替工業化》，其方法為輸入對總供給比率降低之測定，所示的結果，頁144。

2 有關外匯貿易政策與措施改革的詳細情形，可參閱劉鳳文的《外匯貿易政策與貿易擴展》一書。外匯貿易改革，曾引起貶值與通貨膨脹的惡性循環的疑慮，此項問題留待下一節中討論。

表6-1 台灣快速成長時期重要總體經濟變數年變動率或比例

單位：%

	年變動率					比 例				匯率
	Cpi	Wpi	M_{1b}	GDP	工資率	失業	工業產值份額	儲蓄率	貿易依存度	匯率
1953	4.47	8.77	30.87	9.33	27.10	4.20	19.39	14.45	22.46	15.55
1954	0.19	2.26	26.44	9.54	9.01	4.00	23.92	13.38	21.33	15.55
1955	14.15	14.40	20.07	8.11	11.29	3.81	23.23	14.56	20.83	15.55
1956	11.31	12.49	26.38	5.50	11.14	3.64	24.41	13.32	24.94	24.78
1957	5.23	7.15	17.71	7.36	9.80	3.73	25.26	13.77	24.51	24.78
1958	3.20	1.41	34.94	6.71	4.46	3.80	24.82	15.25	27.34	24.78
1959	10.53	10.26	8.60	7.65	10.10	3.88	27.10	15.61	33.72	36.23
1960	18.56	14.14	9.69	6.31	17.64	3.98	26.87	17.71	30.55	36.23
1961	7.83	3.25	26.01	6.88	19.34	4.10	26.57	18.40	35.12	40.00
1962	2.39	3.04	5.03	7.90	6.28	4.17	28.22	15.19	32.59	40.00
1963	2.14	6.43	28.06	9.35	3.31	4.26	29.95	19.08	37.04	40.05
1964	-0.14	2.51	35.00	12.20	6.52	4.34	30.37	20.28	39.19	40.05
1965	-0.09	-4.63	15.85	11.13	9.45	3.29	30.21	20.72	41.73	40.05
1966	2.01	1.46	12.20	8.91	5.89	3.02	30.55	22.18	43.43	40.05
1967	3.43	2.53	30.09	10.71	13.35	2.29	32.96	23.06	46.43	40.05
1968	7.83	2.96	11.52	9.17	8.91	1.72	34.44	22.41	51.56	40.05
1969	5.09	-0.23	15.60	8.95	10.66	1.88	36.86	23.84	54.55	40.05
1970	3.59	2.70	15.00	11.37	14.25	1.70	36.83	25.58	60.78	40.05
1971	2.75	0.02	30.57	12.90	10.45	1.66	38.94	28.84	68.70	40.05
1972	2.97	4.45	34.10	13.32	9.68	1.49	41.64	32.12	78.26	40.05
1953-61	8.24	8.13	22.00	7.48	13.32					
1961-72	2.88	1.89	20.77	10.52	8.93					
1953-72	5.26	4.65	21.32	9.14	10.81					

資料來源：行政院主計處所編的《國民所得》，民國83年與86年，《物價統計月報》
與《薪津及生產力月報》，財政部統計處所編的《進出口貿易統計月報》，
民國77年7月，中央銀行經濟研究處所編的《金融統計月報》。

出口。如此一來，1961~72年間，製造業生產毛額在出口迅速
擴張的引導下，大幅成長，平均每年增長率高達17%，而國內
生產毛額的平均每年成長率亦達10.52%，為台灣經濟發展過程
上最為輝煌的一段。

　　1960年代的工業化發展，出口產業大都集中於國際分工的
比較利益上，充分利用國內工資低廉、勞力充沛而又勤奮的勞
動優勢，生產勞動密集式產品，供應國際市場，尤其是美國市
場的需求。按照王金利等人(1989)的估測，1964~69年製造業
產出成長的來源，出口擴張貢獻了40.92%，在輕工業方面貢獻
了74.92%，在重化工業方面貢獻了28.98%；1959~74年間，製
造業產出成長中，出口擴張的貢獻為36.93%，其中輕工業為
37.37%，重化工業為36.53%。出口擴張促使國內經濟呈現出優
異的奇蹟，其中在紡織及服飾品尤為顯著。1964~69年出口擴
張對該產業產出成長的貢獻率高達83.54%，1969~74年也有
61.26%，紡織業的蓬勃發展可視為該時期的領導部門。

第二節　各種物價走勢剖析

　　1950年代與1960年代的台灣物價係由劇烈的物價變動進入
緩和的物價變動。從1952~72年，消費者物價指數(1991年為基
期)由10.06上升到28.07，年平均成長率為5.26%，躉售物價指
數由17.11上升到42.50，年平均上漲率為4.65%；進口物價指數
由14.03上升到50.78，年平均上漲率為6.64%，出口物價指數由

13.08上升到55.50，年平均上漲率為7.49%。這四種物價走勢與年上漲率的情形如圖6-1與圖6-2所示。若以1961年畫分為兩個時期，1950年代（1952~61）消費者物價的年平均上漲率為8.24%，躉售物價為8.13%，進口物價為11.80%，出口物價為13.60%；1960年代（1961~72）分別為2.88%，1.89%，2.62%與2.74%，各類物價指數的年平均上漲率由1950年代不低於8%的水準降到1960年代不高於3%之水準，台灣經濟發展確實進入物價穩定時期。

　　從二次大戰結束到1950年代，台灣經濟曾陷入惡性通貨膨脹的泥沼。即以1950年代早期而言，因人口成長快速，財政赤字龐大，物資極度短缺，貨幣供給雖在政府嚴格控制之下，但仍以20%以上的年增率繼續增加，再加上惡性通貨膨脹的陰影仍存在人們的腦海，致通貨膨脹率仍居高不下。不過，到1957~58年，在經濟大幅成長、生產增加的情況下，物價已趨穩定。到1959年物價又告飛漲，1960年消費者物價與躉售物價的年增率分別高達18.56%與14.14%。究其原因，乃是因為在此期間，政府於1958年4月與11月及1959年8月實施外匯改革，1958年爆發金門八二三炮戰，1959年8月發生「八一水災」，1960年春季發生嚴重旱災，八月又有嚴重的颱風損害。單就災害而言，「八一水災」的損害估價約為34億新台幣，約占1958年國民所得的1/10，水災嚴重影響稻米及其他糧食的供給，導致糧食價格的飆漲。1959年與1960年農民所得物價分別上漲11%與39%。水災重建工作於1960年6月完成，共撥15億元，占政府全年預算

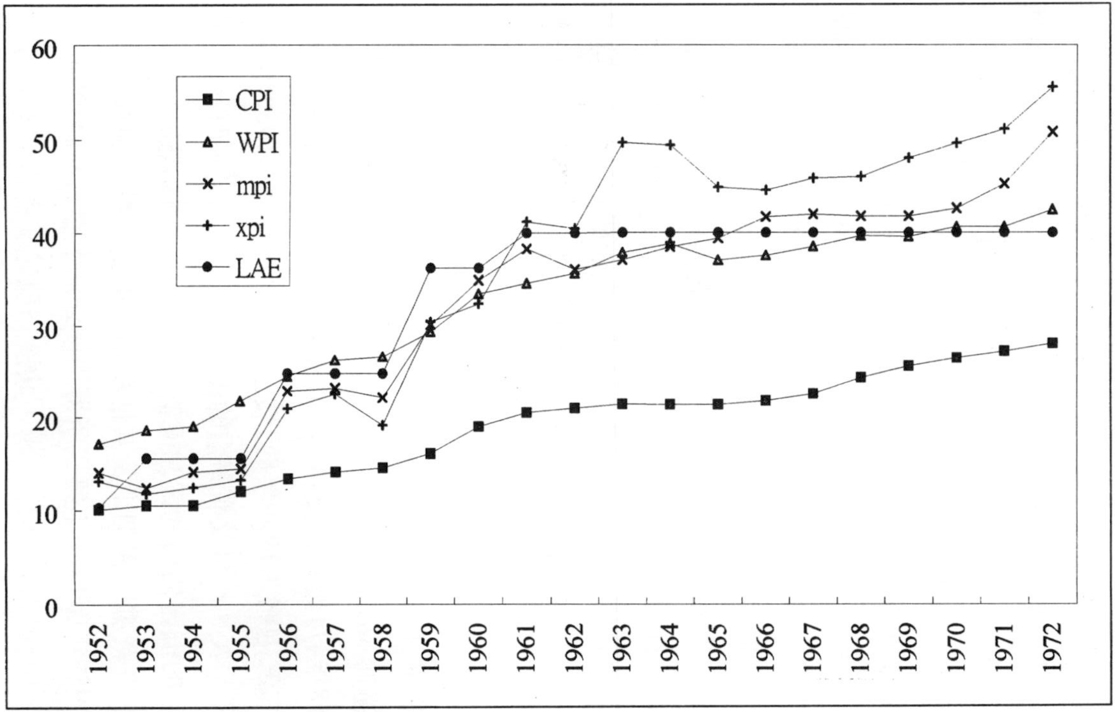

圖6-1 各種物價指數走勢與匯率

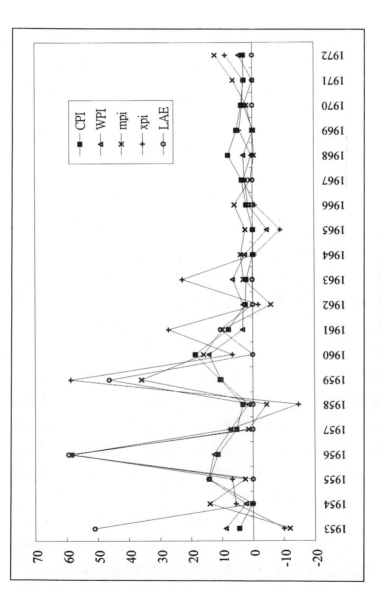

圖6-2 各種物價與匯率變動率

之14%。1960年9月,政府為籌集經費,對十種課稅產品課徵15
~40%的附加捐,對公用事業課徵30~36%之附加捐,課徵汽
車特別捐,並提高煙酒公賣價格。稅率的提高,導致工業品價
格的上漲,尤其是水泥、紙漿、金屬與工業化學品等。

　　戰後台灣從1949年到1958年4月間嚴格的外匯貿易管制,
據尹仲容(1975)表示,有下列四個特點:

1. 藉嚴格的進口管制,以維持國際收支的平衡。

2. 對於重要經建物資和若干生活必需品的進口給與優惠匯
   率,前者在鼓勵或至少不妨礙經濟發展,後者則在減輕
   通貨膨脹的影響,並維持社會的安定。

3. 對於政府的大宗出口或利潤優厚的民間出口適用一般匯
   率,對於其他出口則適用較優惠的匯率。

4. 為避免匯率變動影響物價,採取釘住政策。

　　從上述特點,可知管制的目的是在經濟安定與優先滿足國
內民生需求,數量與價格管制同時採行,前者為對進口的限制,
後者是複式匯率的實施。如此的管制完全否定了市場的價格機
能,而管制所產生的種種弊端亦一一浮現。在通貨膨脹趨向緩
和之際,內需生產因國內市場小而達飽和,必須轉向出口始有
發展。相應地,外匯與貿易措施必須加以檢討與修改。於是簡
化而統一匯率,並調整匯價至合理價位,同時放寬進口限制。

　　匯率簡化與統一,主要分三個階段來實施。第一階段於1958
年4月12日起實施,將匯率簡化為兩種:台灣銀行掛牌的基本
匯率,賣價為24.78:1,甲種進口物資適用時,買價為24.58:1;

另一種照基本匯率再添加結匯證，結匯證價格由市場決定。第二階段於1958年11月20日起實施，進出口物資與政府結匯都一律附繳結匯證，實施單一匯率，但結匯證有兩種價格，一爲台銀掛牌的11.60元價格，另一由市場決定，但兩種甚爲接近，此時可說匯率已趨統一，即36.38(24.78＋11.60＝36.38)：1。第三階段於1959年8月10日起實施，將24.78元的基本匯率與11.60元的結匯證牌價合併，規定以36.38元爲法定匯率，並對出口結匯核發新結匯證，可在市場買賣，自由市場匯率約爲40：1。政府於1963年9月28日取消結匯證，實施法定匯率制度。有關1958~61年間匯率變動的情形，詳如表6-2所示。

在放寬進口限制方面，在1958年4月改革外匯時，每三個月爲一期的進口物資預算仍然採用，但廢除每類最高申請百分比之限制，同時將28類進口物資合併爲 7 組。該年7月再予以合併歸爲 4 組，又規定凡以出口、佣金、匯入款等所得結匯證申請進口者，得優先全權核給，無任何限制，並廢除每家貿易商申請以一類爲限的規定。該年10月又進一步將進口物資合併歸爲 2 組，到1959年1月時只規定一個預算總額，不再分組，由申請人視市場需求，自由選擇申請。1959年9月起更加放寬，改爲每星期規定兩日爲申請日，可隨時申請。1961年1月更改爲每星期五天接受申請。對進口品予以放寬管制，先後開放進口貨品達130餘種。

關於從1958年4月起，一連串的外匯貿易改革對物價的影響，我們只能根據一般的觀察而作概括性的剖析，計量分析部

表6-2　1958~63年間匯率之變動（兌換1美元所需之新台幣元數）

	1955年 9月	1958年 4月	1958年 11月	1959年 8月	1960年 4月	1961年 7月	1961年 10月
1. 輸出							
糖及米	20.35			36.08	36.08	40.03	
鹽	18.55	24.58	36.38				
公營事業的 其他輸出	20.35						40.00
香蕉	18.60~ 23.95						
私人企業的 其他輸出	20.43~ 28.99	36.08	36.38~ 37.88	37.70~ 40.10	39.90~ 40.06	39.60~ 40.04	
2. 輸入							
重要機器及 設備[1]	24.78	24.78	36.38	36.38	36.38	40.03	
肥料及原油							
小麥及大豆					40.03		
原棉				40.03			40.10
其他輸入	24.88~ 35.58	38.38	36.50~ 38.08	37.70~ 40.10	39.90~ 40.06	39.60~ 40.05	

附註：1. 包括經政府核准的投資計畫之所有機器及設備。
　　　2. 匯率之上下限，表示官方基本匯率加上官方或市場結匯證匯率。自
　　　　 1958年11月以來，基本匯率與結匯證匯率統一，匯率之上下限表示
　　　　 1958年11月與1958年8月兩個月期間外匯市場價格之波動。
資料來源：取自林景源的《台灣之工業化：1946~72》，頁146。收集於杜文田
　　　　 所編的《台灣工業發展論文集》（民國65年3月，聯經出版公司）。

分留待下一節進行。一般認為匯率調整與物價波動存有因果關

係，然而事實上，匯率調整不一定會引起物價上漲，而物價上漲也不一定全然是匯率調整的結果，對經濟也不一定全然是負面的。根據尹仲容的看法，有時候調整匯率引起物價上漲，正是他們所希望的。我們分別從匯率調整對進口物價、出口物價與一般物價(包括躉售物價與消費者物價)作扼要的關聯分析。

一、進口物價

　　1950年代早期進口物資受到嚴格管制，因而對國內總供給增加有限；在超額需求的壓力下，價格便很高。由於匯率釘住美元，進口商的邊際成本會變得很低，致售價與邊際成本間存有較大的距離，也就是說在嚴格管制期間，進口商會有較優厚的利潤。

　　1958年4月的第一次匯率調整，受影響較大的進口物品大都屬於被嚴格管制進口的物品。由於同時配合進口外匯分配限額的放寬，乃至於取消，這些高價格、高利潤的原先進口物品的數量在放寬下，而致供給增加，因此，價格因匯率調整而上漲的幅度便相當有限。1958年3月(即改革前一月爲基期)至第二次改革的前一月即十月，進口物價平均上漲率不過3%左右，但與匯價提高46%相比，影響可爲相當微小。第二次匯率調整受影響比較重的爲重要機器設備及甲種物資如原棉、小麥等，這些物資的價格與進口的邊際成本的差距較小，因而匯價提高46%之後，便有較大幅度的上漲，例如麵粉從1958年10月29日到11月19日便上漲22.2%，豆油上漲11.4%，20支棉紗上漲

18.6%。由於受影響的物資項目較少，整個物價指數從1958年10月至1959年6月只不過上漲9.5%。第三次只是實施合併匯率，並無實質調整匯率，且結匯證市價受影響而趨跌，進口物價並無較大幅度波動的現象[3]。

　　然而，從圖6-2所示，1962年以前匯率調到40：1之前，匯率調整與進出口物價的變動確實有關，進出口物價於1956年與1959年大幅上漲是受匯價變動之影響。

二、出口物價

　　匯價調整，如屬新台幣貶值，出口會增加；出口增加，會刺激出口品國內價格的上漲，至其上漲幅度，受供給的價格彈性大小之影響，若彈性低，價格上漲幅度便大。於1950年代，台灣主要出口的產品為農產品與農產加工品，其供給彈性本來就很低，而可出口的一些工業品，其供給彈性也是較低。第一階段匯率的調整使出口物價指數立即上揚，從1958年3~4月，上漲8.6%，到5月累積上漲14.1%。第二階段的匯率調整，受影響的出口品為糖、米、鹽等，屬於公營的物資，因其出口數量與價格仍在政府管控之中，故其物價受到些微影響。第三階段只是匯率的合併，並沒有涉及實質匯率的變動，因而對物價沒有影響。

---

　　3 有關外匯與貿易改革對進出口物價影響的詳細記載，可參閱劉鳳文的《外匯貿易政策與貿易擴展》一書，以及尹仲容(1975)的〈對當前外匯貿易管理政策及辦法的檢討〉一文。

三、一般物價

　　匯率調整與放寬進口限額對一般物價變動的情形，大約可經由兩個途徑：一爲進出口物資爲民生消費品，直接影響消費者物價；二爲進口物資中間財與機器設備，直接影響生產成本然後再反映在售價中，其反應程度決定於供需的價格彈性。自1958年4月起外匯貿易改革以來，對外貿易大幅成長，貿易依存度從1957年的24.51%提高到1958年的27.34%，1959年的33.72%，在此期間，匯率貶值46%，固然有助於出口的增加，同時進口的放寬也有助於進口的增加。1950年代，台灣開放程度不大，經由匯率調整從進出口物價的變動而傳遞到一般物價，其所受的影響就較少，何況影響的物資項目較少，且又有放寬進口，增加國內總供給，也可抵消部分物價上揚的壓力。1958年一般物價平穩，消費者物價與躉售物價分別上漲3.2%與1.41%。

　　我們知道第一次匯率調整所影響的爲分類中的乙種物資的進出口，而第二次調整時所影響的物資爲民生必需品與機器設備，然後再連帶影響到一般物價的波動。其實1958~60年間台灣一般物價巨幅波動，主要是受天災、戰爭之影響。至於匯率調整並未造成更大幅度的物價上揚。無論如何，1960年代台灣經濟的高成長，低通膨之成果與出口擴張有密切關係。

　　除了上述天災與外匯貿易改革對物價影響所作的分析外，貨幣供給與工資率的變動與物價變動也存有因果關係。1950年

代貨幣供給年平均增長率為22%，經濟成長率為7.48%，消費者物價與躉售物價分別為8.24%與8.13%；1960年代貨幣供給增長率並無減緩，仍維持在21%的年平均增長率，而經濟成長率雖然提高到10.52%，但物價卻是出奇的平穩，消費者物價與躉售物價的年平均上漲率分別為2.88%與1.89%。這現象似乎說明貨幣供給對物價波動的影響微乎其微，這與貨幣理論不太相吻合。有關消費者物價與貨幣供給的走勢與年變動率的情形，如圖6-3與圖6-4所示。

從圖6-3中，物價上揚的走勢呈遞減式增加，貨幣供給的走勢呈遞增式增加，兩種型態截然不同。圖6-4所示，大部分年份貨幣供給的年變動率皆高於物價變動率，從圖形無法看出它們之間的直接關係。這種現象在學術上曾引發「貨幣是否緊要」的論辯，然而就李庸三(1973)，陳昭南與許日和(1973、1974)的實證研究，貨幣供給的變動率或變動幅度對物價確實有些影響。

值得一提的，1950年代快速增加的貨幣，1959年與1960年間增長率由26%以上遽降到10%以下，這種現象顯然是1958~60年間，台灣經濟因天災與戰爭對物價上漲壓力之衝擊的結果。

就工資率與物價走勢及變動率而言，從圖6-5所示，它們在1950年代的走勢是類似的，但1960年代由製造業每人每月平均薪津所代表的工資率似以遞增式增加，而物價水準的走勢似以遞減式增加，兩者型態上有差異。就圖6-6所示兩者的變動率，在1950年代亦是密切配合，亦步亦趨；在變動幅度上亦相

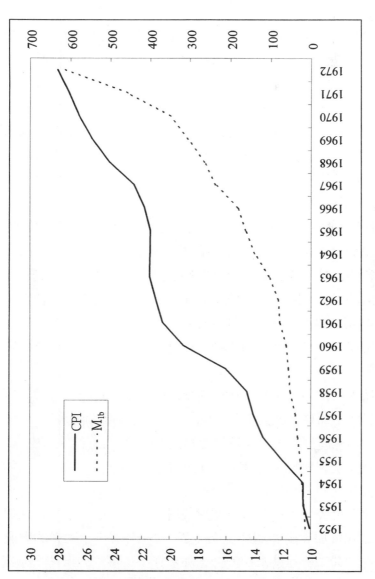

圖6-3 消費者物價指數與貨幣供給

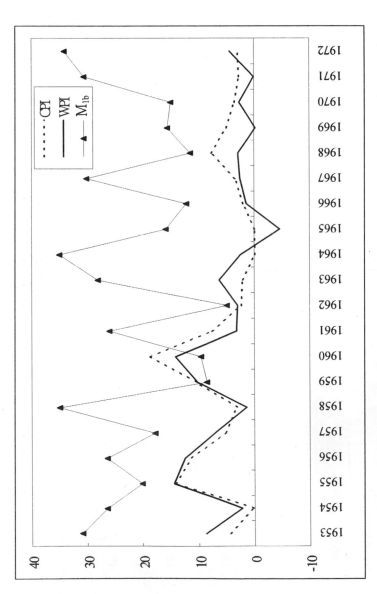

圖6-4 消費者物價、躉售物價與貨幣供給的變動率

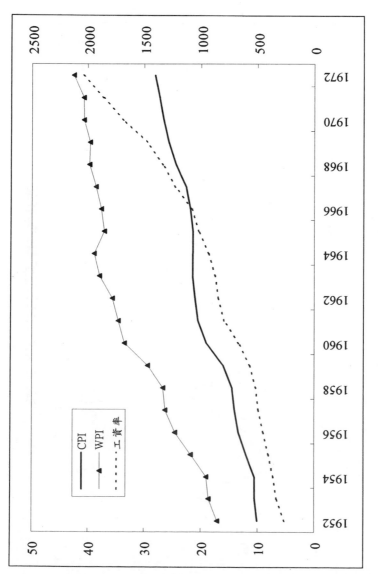

圖6-5　物價水準與工資率之走勢

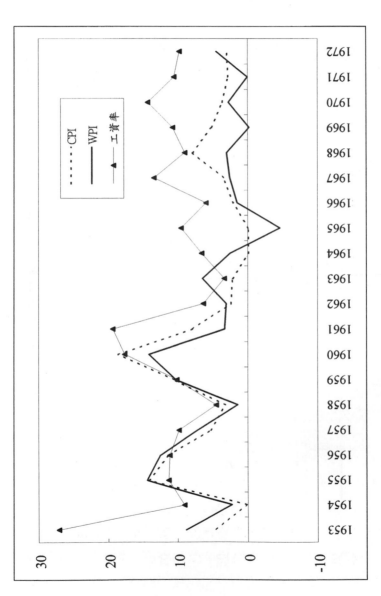

圖6-6 物價水準與工資率年變動率

近。但1960年代似乎各走各的道,兩者的相關大幅度下降。這種現象也許因出口擴張的工業,勞動生產力大幅提高,使工資率的上升對物價的影響式微。台灣經濟發展,經由勞動生產力的提高,工資水準的提升,使勞動者亦能分享經濟發展的成果。

第三節 物價變動之計量分析

對1950年代與1960年代快速經濟成長時期物價變動的計量分析,我們基於前二節對該時期一般經濟狀況與物價走勢的了解,以及在第三章中對物價變動成因所建立的分析架構,擬從計量上在成本面與需求面進行該時期物價變動最適模式。然而在迴歸分析之前,對與物價變動較密切關係的總體經濟變數,先進行Pearson 相關係數分析。各變數間水準值相關係數之結果列於表6-3,年變動率相關係數之結果列於表6-4。

就水準值相關係數而言,各變數之間都存有較高的正相關,大部分皆在0.9以上,低於0.7的相關係數僅為匯率與貨幣供給及GDP。然而就年變動率的相關係數而言,其係數值就大大的下降,有些變數間的年變動率卻出現負的相關係數,其結果與水準值的情形大大不同。各物價年變動率的相關係數皆在0.4以上,其中消費者物價與躉售物價的年變動率相關係數高達0.8169,而進出口物價之間的相關係數更高,為0.8730,顯示這兩組物價之間存有較高的相依變動程度。匯率變動率與物價變動率的相關係數,在與消費者及躉售物價方面較低,係數值

表6-3　1952~72年間各種物價水準與重要總體經濟變數相關係數

	cpi	wpi	mpi	xpi	ex	wage	M_{1b}	GDP
Cpi	1.0000							
Wpi	0.9777	1.0000						
Mpi	0.9754	0.9847	1.0000					
Xpi	0.9676	0.9846	0.9783	1.0000				
Ex	0.9040	0.9602	0.9522	0.9436	1.0000			
Wage	0.9460	0.8700	0.8852	0.8670	0.7378	1.0000		
M_{1b}	0.8398	0.7339	0.7699	0.7366	0.5717	0.9648	1.0000	
GDP	0.9155	0.8318	0.8520	0.8292	0.6861	0.9950	0.9807	1.0000

資料來源：本研究。

附　　註：cpi, wpi, mpi與xpi分別代表消費者、蠆售與進出口物價指數，Ex
　　　　　表匯率，wage表工資率，M_{1b}表貨幣供給，GDP表國內生產毛額。

表6-4　1952~72年間各種物價水準與重要總體經濟變數年變
　　　　動率相關係數

	cpi	wpi	mpi	xpi	ex	wage	M_{1b}	GDP
Cpi	1.0000							
Wpi	0.8169	1.0000						
Mpi	0.4366	0.4509	1.0000					
Xpi	0.4455	0.5084	0.8730	1.0000				
Ex	0.3159	0.4913	0.5957	0.6280	1.0000			
Wage	0.3771	0.3241	-0.0460	0.0047	0.4421	1.0000		
M_{1b}	-0.3357	-0.1673	-0.0645	-0.2059	0.0280	0.1083	1.0000	
GDP	-0.6174	-0.5408	-0.3458	-0.3936	-0.3762	-0.1077	0.4167	1.0000

資料來源：本研究。

附　　註：同表6-3。

不及0.5；但與進出口物價卻在0.5以上，而與出口物價變動率的相關係數高達0.6280，由此顯示，1950年代的匯率調整對進出口物價的影響大於對消費者與躉售物價的影響。

　　工資率變動與消費者物價及躉售物價變動率的相關係數仍在0.35附近，但與進出口物價變動率的關係卻大大的降低到不及0.1。貨幣供給的變動率與物價變動率之間呈現出較低的負相關現象，與理論上預期的結果不符合；而GDP年成長率與物價年上漲率存有負的相關係數，與消費者物價及躉售物價分別為-0.6174與-0.5408，其結果與理論上預期相符合，產出的增長對物價具有抑制作用。

　　在快速經濟成長時期，外匯制度的改革為謀求台灣經濟持續成長的重要環節。然而該項改革必然會衝擊物價的波動，我們以年變動率資料的簡單迴歸模式進行分析（GX＝$(X_t-X_{t-1})\div X_{t-1}$，式中X代表 cpi、wpi、xpi、mpi、$M_{1b}$ 與GDP等）結果為：

G cpi＝4.6881＋0.0818 G ex ⋯⋯⋯⋯⋯⋯⋯⋯⋯⋯ (6-1)
　　　（3.96）　（1.41）
　　　　$R^2=0.0998$　　$\overline{R}^2=0.0498$　　F＝1.99

G wpi＝3.6882＋0.1292 G ex ⋯⋯⋯⋯⋯⋯⋯⋯⋯⋯ (6-2)
　　　（3.34）　（2.39）
　　　　$R^2=0.2413$　　$\overline{R}^2=0.1992$　　F＝5.73

G mpi＝3.5278＋0.4816 G ex ⋯⋯⋯⋯⋯⋯⋯⋯⋯⋯ (6-3)
　　　（1.13）　（3.15）
　　　　$R^2=0.3549$　　$\overline{R}^2=0.3190$　　F＝9.90

$$G\ xpi = 3.5893 + 0.6380\ G\ ex \cdots\cdots\cdots\cdots\cdots\cdots (6\text{-}4)$$
$$(0.94)\quad(3.42)$$
$$R^2 = 0.3944\qquad \overline{R}^2 = 0.3607\quad F = 11.72$$

上述迴歸分析結果，對第二節物價走勢剖析時可提供計量上的佐證：匯率(ex)調整對進出口物價(mpi,xpi)的影響較大，對一般物價較小。從係數下括號內的 t 值研判，出口物價方面迴歸係數值最大(0.6380)，其次為進口物價(0.4816)，而消費者物價(cpi)不但最小且不具顯著性，其原因至少有二：一為1960年代的匯率為固定，匯率為40：1，未曾再調整變動過；另者從第三章物價變動成因變動分析得知，匯率變動只是影響一般物價變動的原因之一，但不是唯一的，其過程由匯率變動對進出口物價變動，再傳遞到躉售物價(wpi)變動，而影響到消費者物價。匯率變動只是造成成本變動之一，其他因素如工資率或國內其他要素價格變動也影響躉售物價，之後再與需求面的貨幣供給變動以及超額需求等匯集而影響消費者物價。如此傳遞的程度，使得匯率調整，在放寬進口限額與貿易依存度不高的情形下，對一般物價所產生的衝擊自然就有限了。

我們再來看一看進口物價變動與躉售物價變動的迴歸分析結果，即

$$G\ wpi = 3.0099 + 0.1805\ G\ mpi \cdots\cdots\cdots\cdots\cdots (6\text{-}5)$$
$$(2.58)\quad(2.64)$$
$$R^2 = 0.2908\qquad \overline{R}^2 = 0.2491\quad F = 6.97$$

在其他條件不變下，進口物價每上漲1%時，躉售物價便上漲0.1805%，係數估計值雖具有統計顯著性，但值較低，表示進口物價變動對躉售物價的影響程度不高。我們將躉售物價視為廠商的進貨成本，將消費者物價視為廠商的售價，兩者間變動率的簡單迴歸式為

$$\text{G cpi} = 1.5831 + 0.8417 \text{ G wpi} \cdots\cdots\cdots\cdots\cdots (6\text{-}6)$$
$$(1.79) \quad (6.39)$$
$$R^2 = 0.7063 \qquad \overline{R}^2 = 0.6890 \qquad F = 40.88$$

就簡單迴歸計量分析結果，在其他條件不考慮下，外匯貿易改革匯率調升46%，按式(6-3)計算便可使進口物價上漲22.15%，再經由式(6-5)躉售物價便會上漲3.99%，再經由式(6-6)消費者物價便會上漲3.37%。

除了匯率、進口物價與躉售物價對消費者物價會產生影響外，來自成本面的還有工資率，其簡單迴歸分析結果如下：

$$\text{G cpi} = \text{-}1.6829 + 0.7045 \text{ G wage} \cdots\cdots\cdots\cdots\cdots (6\text{-}7)$$
$$(\text{-}0.62) \quad (2.82)$$
$$R^2 = 0.3180 \qquad \overline{R}^2 = 0.2779 \qquad F = 7.93$$

上式說明在其他條件不變下，工資率每上漲1%時，消費者物價便會上漲0.7045%。模式的配適度雖低，但係數估計值具有統計顯著性。

從需求面方面分析，對物價變動最重要的變數便是貨幣供

給與產出，依照理論上的要求，貨幣供給的係數估計值應為正
值，而產出應為負值。我們先就貨幣供給年變動率的資料與物
價年上漲率進行簡單的迴歸估計，其結果為

$$G\ cpi = 8.6026 - 0.1492\ G\ M_{1b} \dots\dots\dots\dots\dots\dots (6\text{-}8)$$
$$(3.50)\quad (\text{-}1.46)$$
$$R^2 = 0.1115 \qquad \overline{R}^2 = 0.0592 \quad F = 2.13$$

估計結果與理論上預期的完全不符合，我們再以遞延一期的貨
幣供給年變動率進行估計，亦是獲得一樣糟的結果。但GDP年
增長率與物價年上漲率的簡單迴歸卻是估計良好，即

$$G\ cpi = 18.0946 - 1.3843\ G\ GDP \dots\dots\dots\dots\dots (6\text{-}9)$$
$$(4.49)\quad (\text{-}3.23)$$
$$R^2 = 0.3811 \qquad \overline{R}^2 = 0.3447 \quad F = 10.47$$

產出增長確實對物價上漲具有抑制作用，尤其在1950年代人口
大量增加的情況下，總需求大於總供給，產出的增長便可消除
來自需求的壓力。在其他條件不變下，GDP每增加1%時，消
費者物價便會下降1.3843%，模式的配適度雖低，但係數估計
值具有統計顯著性。

　　我們將上述無論從成本面或需求面可能影響物價變動的重
要總體變數進行複迴歸分析，同時考慮惡性通貨膨脹可能會存
有物價上漲預期心理因素，並以$(Gcpi_{t\text{-}1} - Gcpi_{t\text{-}2})$為代表變數，
其估計結果為

$$G\ cpi = 1.6332 + 0.4301\ G\ wage - 0.4897\ G\ GDP \cdots\cdots (6\text{-}10)$$
$$(0.54)\quad(2.93)\qquad\qquad(-1.94)$$
$$+ 0.6076\ G\ wpi + 0.0653\ G\ M_{1b}$$
$$(5.35)\qquad\quad(1.50)$$
$$+ 0.0432\ (Gcpi_{t\text{-}1} - Gcpi_{t\text{-}2})$$
$$(0.30)$$
$$R^2 = 0.8926 \quad \overline{R}^2 = 0.8479 \quad F = 19.95$$

複迴歸估計的結果堪稱良好，模式的解釋能力亦大大的提高。在年變動率資料下的迴歸估計模式，有如此的解釋能力實在不簡單，解釋變數的符號完全符合理論上的要求，但貨幣供給與預期因素的估計值不具統計上的顯著性。就估計結果而論，在其他條件不變下，台灣經濟快速成長的1950年代與1960年代，工資率每上漲1%時，消費者物價便可上漲0.4301%；躉售物價每上漲1%時，消費者物價便可上漲0.6076%；貨幣供給每上漲1%時，消費者物價便可上漲0.0653%；GDP每上漲1%時，消費者物價便可下降0.4897%。在這20年的經濟快速成長時期，工資率平均上漲10.81%，因而對消費者物價的上漲貢獻了4.65%；躉售物價年平均上漲率為4.65%，因而對消費者物價上漲的貢獻為2.83%。貨幣供給的年平均增長率為21.32%，對消費者物價上漲的貢獻為1.39%；GDP的年平均成長率為9.14%，對消費者物價下降的貢獻為4.48%。綜合上述四個重要變數的貢獻值為4.39%，對快速經濟成長時期5.26%的消費者物價年平均上漲率解釋了89%。

第七章

石油危機與通貨膨脹

在1970年代，世界上發生了兩次惡性通貨膨脹，一次是在1973~74年，另一次是在1979~80年，而這兩次通貨膨脹主要源自石油價格的暴漲。石油為台灣生產必需的原料，而台灣本身石油產量微不足道，可以說完全仰賴進口。當國際石油價格暴漲時，石油的進口價格必然上漲，在固定匯率制度下，進口的石油，通過產業關聯關係，分派到各產業部門，有的成為其他產業的中間產品，有的成為民生用品。石油價格之暴漲，經由產業關聯，很快就反映在各產品的價格上，這種型態的通貨膨脹稱為「輸入性通貨膨脹」（import-induced inflation）。

「輸入性通貨膨脹」事實上是成本的增加，其增加幅度取決於產業關聯係數的大小，如果將輸入性通貨膨脹歸類為成本推動型通貨膨脹（cost-push inflation），亦不為過。本章將對兩次石油危機與通貨膨脹的問題，進行詳細的剖析。

第一節　石油危機期間的一般經濟狀況

　　談及1970年代的台灣經濟狀況，它與石油危機脫離不了關係。二次石油危機衝擊了世界經濟，台灣以出口為導向的經濟發展型態，同時又是一個資源相當匱乏之海島型經濟，自然地就無法免除災難。正當石油危機衝擊的時刻，產生高通膨與低經濟成長之所謂的停滯性通貨膨脹（staginflation）便相伴而生。

　　從1973~74年所謂的第一次石油危機，以阿拉伯輕油為代表的國際原油價格，由每桶2.59美元狂飆到1974年的11.65美元，油價突然間上漲了355.08%，因而導致國內躉售物價年上漲率：1973年為22.87%，1974年為40.58%；消費者物價分別為8.19%與47.51%；由GDP所表示經濟成長率卻從兩位數字降到個位數，1974年成長率只為1.16%，1975年為4.93%。之後，國際油價維持在每桶12美元附近，國內經濟因原油價格趨穩，又展開另一波高度成長，1976~78年間年成長率又回復到兩位數字，即介於10~14%之間。

　　1979~80年間所謂的第二次石油危機，國際油價由每桶12.7美元調升到17.5美元，到1980年時為36美元，兩年間合計飆漲了183.46%，漲幅雖不及第一次石油危機，但也是相當驚人。基於第一次石油危機的教訓，第二次石油危機對國內經濟的衝擊較第一次為小，但衝擊力仍然強勁：1979年的躉售物價年增率為13.82%，1980年為21.55%，1981年為7.63%；由於時間遞

延因素，消費者物價上漲率1979年爲9.76%，1980年爲19.02%，1981年爲16.30%；而GDP的成長率降到個位數，即1979年爲8.17%，1980年爲7.30%，1981年爲6.16%。

　　其實兩次石油危機，不單台灣經濟遭受衝擊，世界的市場經濟亦遭波及。石油危機所造成的「供給衝擊」（Supply Shocks），讓市場經濟體系的國家飽受高通貨膨脹、高失業率及低經濟成長之苦，表7-1列出一些重要國家在二次石油危機中的經濟表現，對照之下，台灣表現相當不錯。

表7-1　重要國家在二次石油危機中的經濟表現

	中華民國			美　國		
	通膨率	經濟成長率	失業率	通膨率	經濟成長率	失業率
1973	8.19	12.83	1.26	6.2	5.5	4.9
1974	47.51	1.16	1.53	11	-1.4	5.6
1975	5.22	4.93	2.4	9.1	-1.3	8.5
1979	9.76	8.17	1.67	11.5	2.84	5.8
1980	19.02	7.3	1.28	13.5	-0.36	7.1
1981	16.3	6.16	1.23	10.3	1.94	7.5
	日　本			韓　國		
	通膨率	經濟成長率	失業率	通膨率	經濟成長率	失業率
1973	11.8	10	1.3	3.2	16	4
1974	24.3	-0.5	1.4	24.3	8.7	4.1
1975	11.9	1.4	1.9	25.3	8.3	4.1
1979	3.6	5.58	2.1	18.3	6.35	3.8
1980	8	4.23	2	28.7	-6.21	5
1981	4.9	2.9	2	23.3	6.4	4.5

資料來源：行政院主計處編印的《國民經濟動向統計季報》。

　　我們將1970年代兩次石油危機期間，有關國際油價波動大事，作扼要彙總，並列於表7-2。1973年10月中東戰爭爆發，波斯灣六國單方宣告油價漲價，由每桶2.18美元調漲到5.119美元，1974年1月又調漲到11.651美元，這就是第一次石油危機的原油價格暴漲狀況[1]。由於阿拉伯國家以石油禁運當武器，世界經濟乃遭受嚴重的供給面衝擊，便發生停滯性通貨膨脹。1979年9月，由於伊朗政局動盪不安，世界石油市場供需失調，石油輸出國家組織（OPEC）決定將市場原油價格調升為每桶18美元，並允許增收附加費；之後，國際油價在OPEC不斷調漲而節節高升。OPEC於1979年7月將基準油價調升到18美元，11月調升到24美元，1980年1月為26美元，4月為28美元，8月為30美元，11月為32美元，1981年10月為34美元。詳情如表7-2所示。

表7-2 兩次石油危機期間國際油價波動大事記要

年　月	油價（美元/桶）	大　事　記　要
1971:04	2.180	德黑蘭協定成立，採溫和漸進漲價，後因簽署日內瓦協定，協議新價漲幅。
1973:10	5.119	中東十月戰爭，油價暴漲，世界第一次能源危機發生，波斯灣六國單方宣告漲價（德黑蘭協定廢棄）。
1974:01	11.651	波斯灣六國單方宣告漲價（德黑蘭協定廢棄）。
1974:11	11.251	沙烏地阿拉伯、卡達、阿布達比決定降低油價。
1975:10	11.510	OPEC第45次大會決定按阿拉伯輕油漲價10%。

1 這六國包括沙烏地阿拉伯、科威特、聯合大公國、伊拉克、伊朗、阿曼。

年　　月	油價（美元/桶）	大　事　記　要
1977:01	12.09 （12.375）	沙烏地阿拉伯及阿拉伯聯合大公國漲價5%，其它OPEC國家漲價10%，油價出現「二價制」。
1977:07	12.70 （13.66）	OPEC按季調價，第一季漲價5%、第二季漲價3.809%、第三季漲價2.294%、第四季漲價2.691%。
1979:01	13.339（13.66）	
1979:04	14.54	OPEC決定，原定10月1日漲足的本年油價上漲，提前至4月1日起實施，各會員國並可依其本國石油之品質及市場，自訂其附加價。
1979:07	18.00	伊郎政局動盪，石油市場供需失調，世界第二次能源危機發生，OPEC決定將市場原油價格調升為每桶18美元，並同意允許依石油質量之不同，增收附加費，但每桶最高不得超過23.5美元。
1979:11	24.00	OPEC未能達成統一價格，油價調整溯自11月1日升效。
1980:01	26.00	OPEC油價每桶增加2美元，沙國輕油每桶上漲2美元，擬結束OPEC「二價制」。
1980:04	28.00	
1980:05	28.00	為縮小與非洲及北海原油價格差距，科威特原油價格每桶上漲2美元，溯自5月1日生效。
1980:07	28.00	OPEC決定：1.基準原油（即阿拉伯原油）價格上限為每桶32元，2.附加費每桶不得超過5.00美元。
1980:08	30.00	OPEC決定：1.基準原油價格為每桶30美元，2.凍結OPEC其他會員國原油價格。
1980:11	32.00	OPEC決定：1.基準原油價格為每桶32美元，2. OPEC其他會員國原油價格（與基準原油同品級者）以每桶36美元為上限，3.OPEC之油價上限為每桶41美元。
1981:05	32.00	OPEC決定：1.凍結基準原油官價上限為每桶36美元，OPEC油價上限為41美元，2.除沙烏地、伊朗、伊拉克外，其餘10個會員國至少減產10%。
1981:10	34.00	OPEC決定：基準原油價格調整為每桶34美元。
1981:12	34.00	OPEC決定：原油價格每桶下降0.2~0.7美元。

資料來源：取自孫智陸等之《國際油價戰略分析與預測》（中油公司，民國78年7月），頁4~6。

　　我們以1972~81年石油危機發生期間的經濟狀況列於表7-3。
在這十年期間,原油價格每桶由1974年的2.48美元,飆漲到1981
年的37美元,年平均上漲率為35.07%,因此而導致的消費者物
價年平均上漲率為12.82%,躉售物價上漲率為11.53%。除第一
次石油危機造成較嚴重的經濟衰退,1974年經濟成長率降到2%
以下外,其實在這十年期間,GDP年平均成長率仍有8.61%,
經濟成長表現並無遜色。

　　至於其他重要總體經濟變數,貨幣供給量的年平均增長率
為24.38%,貨幣供給成長還算很高,然而二次石油危機期間,
貨幣供給的成長率則截然不同。第一次石油危機期間,1973年
的貨幣供給成長率為50.38%;第二次石油危機期間,1979年的
貨幣供給成長率只有7.73%,這與政府採取不同的貨幣政策顯
然有關:第一次時為寬鬆的貨幣政策,第二次時為緊縮的貨幣
政策。在石油危機期間重貼現率介於8.5~13.5%之間,而利率
傾向走高。由製造業每人每月平均薪津所代表的工資率,由1972
年的2040元快速增長到1981年的9564元,年平均上漲率為
18.72%,而勞動生產力的增長率只有7.18%,還低於工資率的
上漲。由於政府仍執行管理的匯率政策,新台幣對美元匯率隨
著貿易出超以及原油價格的飆漲而調升,即由1972年一美元兌
換新台幣1:40.05降到1:38,到1978年又降到1:36。

表7-3　石油危機時期台灣重要總體經濟資料：水準值

年　別	1972	1973	1974	1975	1976	1977	1978	1979	1980	1981
消費者物價指數	28.07	30.37	44.8	47.14	48.31	51.71	54.7	60.04	71.46	83.11
躉售物價指數	42.5	52.22	73.41	69.69	71.62	73.6	76.2	86.73	105.42	113.46
世界原油價格	2.48	2.59	11.65	11.25	11.5	12	12.7	17.5	36	37
GDP(億元)	10536	11888	12026	12619	14368	15832	17984	19454	20875	22161
M_{1b}(億元)	613.57	922.68	1019.22	1312.27	1641.03	2191.88	3002.13	3234.17	3968.62	4515.6
重貼現率	8.88	9.31	13.46	10.98	10.52	8.65	8.25	9.71	11	12.44
工資率(元)	2040	2182	2921	3427	4044	4862	5420	6554	8043	9564
勞動生產力	—	—	35.81	38.94	43.27	45.54	52.42	53.91	54.61	58.2
股價	161.15	371.73	349.2	317.48	343.04	362.45	554.13	560.51	546.91	548.84
股票交易額(億元)	541	871	436	1303	1459	1722	3616	2055	1621	2092
匯率	40.05	38	38	38	38	38	36	36.03	36.01	37.84
失業率	1.49	1.26	1.53	2.4	1.78	1.76	1.67	1.28	1.23	1.36
進口(億元)	2981	3737	3466	3490	4755	5365	6583	6980	7536	8246
出口(億元)	2764	3432	3906	3699	4584	4814	5489	6624	6904	7021

資料來源：行政院主計處編印的各種統計年表。

附註：M_{1b}、重貼現率、匯率等皆為年底值。消費者物價指數、躉售物價指數與勞動生產力指數以1991年為基期。GDP、出口、和進口係按1991年固定幣值計算。

表7-3　石油危機時期台灣重要總體經濟資料：成長率

單位：%

年　別	1973	1974	1975	1976	1977	1978	1979	1980	1981	1972~81
消費者物價指數	8.19	47.51	5.22	2.48	7.04	5.78	9.76	19.02	16.3	12.82
躉售物價指數	22.87	40.58	-5.07	2.77	2.76	3.53	13.82	21.55	7.63	11.53
世界原油價格	4.44	355.08	-3.43	2.22	4.35	5.83	37.8	105.71	2.78	35.07
GDP	12.83	1.16	4.93	13.86	10.19	13.59	8.17	7.3	6.16	8.61
M$_{1b}$	50.38	10.46	28.75	25.05	33.57	36.97	7.73	22.71	13.78	24.83
重貼現率	4.84	44.58	-18.42	-4.19	-17.78	-4.62	17.7	13.29	13.09	3.81
工資率	6.96	33.87	13.72	18	20.23	11.48	20.92	22.72	18.91	18.72
勞動生產力	——	8.74	11.12	5.25	15.11	2.08	2.06	6.57	7.18	
股價	130.67	-6.06	-9.08	8.05	5.66	52.88	1.15	-2.43	0.35	14.59
股票交易額	61	-49.94	198.85	11.97	18.03	109.99	-43.17	-21.12	29.06	16.22
匯率	-5.12	0	0	0	0	-5.26	0.08	-0.06	5.08	-0.62
失業率	-15.44	21.43	56.86	-25.83	-1.12	-5.11	-23.35	-3.91	10.57	-1.01
進口	25.3	-7.3	0.7	36.3	12.8	22.7	6.0	8.0	9.4	12.7
出口	24.2	13.8	-5.3	23.9	5.0	14.0	18.9	5.8	1.7	11.3

資料來源：行政院主計處編印的各種統計年表。

附註：M$_{1b}$、重貼現率、匯率等皆為年底值。消費者物價指數，躉售物價指數與勞動生產力指數以 1991 年為基期，GDP、出口、和進口係按 1991 年固定幣值計算。

　　正如前述，在1970年代，經濟現象的特徵是輸入型通貨膨脹，我們特別以月資料年膨脹率的方式繪製成圖7-1。第一次石油危機期間，以物價膨脹率所繪製的圖形如同一座陡峭的山峰，年膨脹率曾高達60%以上；而第二次石油危機期間，其圖形則像另一座隆起的小山丘，年膨脹率最高不及25%。但二次石油危機期間有一個共同現象，那就是躉售物價指數領先消費者物價上漲1~5個月不等。

　　綜合上述，在石油危機期間，可發現台灣經濟具有下列特徵：

1. 雖然人民飽受輸入型通貨膨脹之肆虐，生活上面臨較高的物價水準，但也享受到較高經濟成長所累積的財富。

2. 在石油危機發生時刻，台灣遭受到高的通貨膨脹率，伴隨著低的經濟成長率，這就是所謂的「停滯性通貨膨脹」，其情形在第一次石油危機期間尤甚於第二次石油危機期間。

3. 此外，貨幣供給成長快速，工資率上漲也快速，而生產力的提升卻不及工資率的上漲。

4. 在第一次石油危機發生前，貿易已出現順差，但二次石油危機發生期間有三年又產生逆差，表示高通膨不利出口貿易。

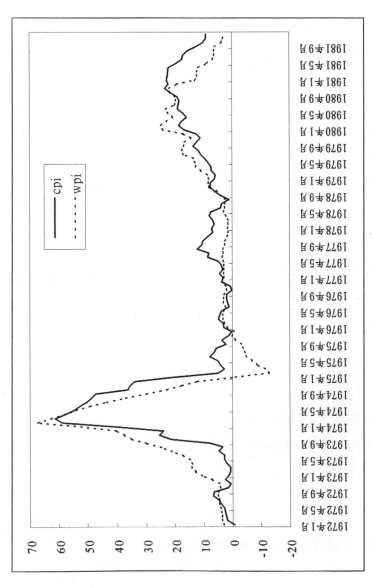

圖7-1 cpi與wpi月資料年變動率

第二節　第一次石油危機

　　讓我們看一看第一次石油危機時，台灣的物價變動程度，先就躉售物價而言，1973年上漲22.86%，1974年更上漲40.58%，可見上漲幅度之大。到1975年便下降5.07%，也就是說，第一次石油危機所牽涉的年代爲1973和1974兩年。再就月資料來觀察，自1972年12月起，躉售物價即開始作較大幅度之上漲，到了1973年1月至同年6月，其上漲幅度在17%以下，到7月上漲幅度開始超過21.03%，到1974年2月上漲幅度達至峰頂，爲67.34%，然後開始下降，到1974年12月漲幅降爲12.28%，再後降爲負值。

　　至於消費者物價指數，1973年上漲8.18%，1974年更上漲47.50%，1975年上漲5.23%。與躉售物價相較，在1973年，躉售物價漲幅高於消費者物價；到1974年，消費者物價漲幅卻高於躉售物價；到1975年，躉售物價大幅下跌，消費者物價仍繼續上漲，惟幅度不大。如果從月資料來觀察，自1973年9月起，消費者物價開始爬升，對上年同月而言，漲幅爲8.22%，可是到了10月便上漲21.46%，到了1974年上漲幅度更大，該年2月上漲58.75%，3月又上漲61.38%，自4月起上漲幅度開始下滑，到1975年1月仍有20.87%的漲幅，不過該年2月卻下跌到5.08%。其間共有17個月的巨幅上漲（參見表7-4）。

表7-4 第一次石油危機台灣地區物價指數

年　月	蔓售物價指數			消費者物價指數		
	1996年基期	月變動率	年變動率	1996年基期	月變動率	年變動率
1972年	39.63		4.45	23.47		2.98
1973年	48.69		22.86	25.39		8.18
1974年	68.45		40.58	37.45		47.50
1975年	64.98		-5.07	39.41		5.23
1972年10月	39.96	0.33	4.25	23.49	-3.89	1.60
11月	40.39	1.08	4.64	23.20	-1.23	0.61
12月	41.43	2.57	7.08	23.60	1.72	2.61
1973年 1月	43.19	4.25	10.60	22.98	-2.63	1.41
2月	44.30	2.57	12.81	23.32	1.48	0.78
3月	44.74	0.99	14.22	23.25	-0.30	0.65
4月	44.66	-0.18	13.87	23.59	1.46	2.03
5月	45.04	0.85	14.78	23.89	1.27	2.84
6月	45.95	2.02	17.10	24.14	1.05	2.85
7月	47.37	3.09	21.03	24.83	2.86	4.86
8月	49.52	4.54	24.83	25.37	2.17	3.47
9月	51.79	4.58	30.03	26.45	4.26	8.22
10月	54.02	4.31	35.19	28.53	7.86	21.46
11月	55.56	2.85	37.56	29.11	2.03	25.47
12月	58.14	4.64	40.33	29.27	0.55	24.03
1974年 1月	65.64	12.90	51.98	32.15	9.84	39.90
2月	74.13	12.93	67.34	37.02	15.15	58.75
3月	72.83	-1.75	62.78	37.52	1.35	61.38
4月	70.65	-2.99	58.20	37.27	-0.67	57.99
5月	69.39	-1.78	54.06	36.97	-0.80	54.75
6月	68.61	-1.12	49.31	36.85	-0.32	52.65
7月	67.99	-0.90	43.53	37.34	1.33	50.38
8月	67.89	-0.15	37.10	37.74	1.07	48.76
9月	67.29	-0.88	29.93	38.97	3.26	47.33
10月	66.35	-1.40	22.82	38.89	-0.21	36.31
11月	65.32	-1.55	17.57	39.46	1.47	35.55
12月	65.28	-0.06	12.28	39.22	-0.61	33.99
1975年 1月	65.03	-0.38	-0.93	38.86	-0.92	20.87
2月	64.58	-0.69	-12.88	38.90	0.10	5.08
3月	64.43	-0.23	-11.53	38.58	-0.82	2.83
4月	64.50	0.11	-8.70	38.84	0.67	4.21
5月	64.62	0.19	-6.87	38.86	0.05	5.11
6月	65.19	0.88	-4.98	39.73	2.24	7.82

資料來源：行政院主計處編印的《物價統計月報》。

　　與消費者物價上漲情形相較，1973年9月以前，躉售物價即大幅上漲，不是因石油危機的關係而發生，因中東石油危機發生在1973年10月，顯然是其他原料價格及糧食價格上漲所造成的結果，如該年台灣米糧短缺，造成糧價大漲。同時在1974年4月以前，消費者物價上漲幅度小於躉售物價。1974年5月以降，其情況相反，即躉售物價漲幅小於消費者物價。在1974年4月以後，消費者物價上漲幅度遠大於躉售物價，是有其他原因的。有關是項問題，我們除從各類物價之間變動率的關係以及其有關變數之間的情形加以分析外，亦從躉售物價與消費者物價各類構成指數間比較探討之。

　　表7-5列出1972~74年間物價及貨幣供給與工資率季資料的年變動率，從表中得知，影響躉售物價與消費者物價變動的主要來源為進、出口單價的攀升與貨幣供給量的激增。在1972年貨幣供給每季年增率都在26%以上，1973年每季至少亦增長45%，貨幣供給增加的如此快速，其累積的效果，終將反應在物價的上漲上。進、出口單價的攀升，顯然是由國際原材料價格上漲所導致，起因可追溯到1971年8月25日美國尼克森的新經濟政策，而後美元匯率浮動，在國際上美元貶值，我們採取釘住美元的匯率制度，致使台幣匯率跟隨美元貶值而對其他主要貨幣亦貶值，尤其是日圓。國際金融危機，再加上農產品歉收，致使國際通貨膨脹日益嚴重。由於我們對外貿易依存度較大，1972年進出口值占GDP的比例高達83.1%，其中出口的對象以美國為主，進口的對象卻以日本為主，1972年自日本進口

所占的比例高達41.62%，由於日圓相對美元大幅升值16.88%，
致使我國進口單價上漲12%，出口單價上漲8.75%。

表7-5 物價及其有關變數季資料之年變動率

	進口單價	出口單價	躉售物價	消費者物價	貨幣供給	工資率
1972年第1季	12.24	9.09	3.60	3.05	30.61	11.26
1972年第2季	9.52	5.69	4.41	5.19	26.55	14.49
1972年第3季	12.62	8.76	5.07	7.87	28.90	19.63
1972年第4季	11.27	10.45	5.52	3.08	34.10	19.22
1973年第1季	10.65	8.72	12.52	5.49	45.06	2.28
1973年第2季	17.97	16.15	15.25	7.15	55.58	2.02
1973年第3季	23.85	20.37	25.33	10.27	56.39	9.17
1973年第4季	39.03	29.18	37.74	29.18	50.38	22.32
1974年第1季	46.30	36.53	56.79	54.04	30.48	52.69
1974年第2季	48.45	38.55	52.84	54.61	19.20	44.89

資料來源：進出口單價，躉售與消費者物價取自李庸三(1975)的〈台灣物價分析〉，貨幣供給與工資率取自行政院主計處按季統計的《台灣地區國民所得》。

　　1973年初台幣又隨美元對其他主要貨幣貶值，同時國際大宗物資短缺，國際間繼續進行貨幣與金屬原料的投機，而日本大商社大肆搜購物資與囤積，更顯物資短缺，進、出口單價便節節高升，由1973年第1季分別上漲10.65%與8.72%，攀升到第3季的23.85%與20.37%，如此亦帶動躉售物價的上漲，1973年前三季的漲幅分別為12.52%、15.25%與25.33%。然而1973年10

月中東戰爭爆發後，國際油價由每桶2.18美元調升到5.119美元，原油價格的飆升，再加國際間原存大宗物資短缺與搜購的現象，致使1973年第4季的進、出口單價更向上攀升，漲幅分別為39.03%與29.18%，而躉售物價與消費者物價的上漲率亦向前推升到37.74%與29.18%。

1974年1月波斯灣六國又宣告油價調漲，國際原油漲到11.651美元，此時政府遂於1月27日宣布「穩定當前經濟措施」方案，其重點為：(1)調整油價、電價與運費，並提高小麥、麵粉、黃豆、豆粉、豆油平價。(2)將限價改為議價。(3)提高利率，緊縮信用。如此的措施，高級汽油由每公升6.6元調漲到12元，漲幅為81.82%；高級柴油由3.808元調漲到5.7元，漲幅為49.68%；燃料油由每公秉1,265元調漲到2,450元，漲幅為93.68%；此外，電價的平均漲幅約為80%，交通費率的漲幅約為30%。這些屬於公營事業費率的漲幅，實際上是遠低於國際原油價格的漲幅，國際原油到1974年1月漲了4倍多，而油、電費率調幅不及一倍，顯然未將成本完全反應出來，政府採取低能源價格政策。

1972年國際通貨膨脹已有影子，進、出口單價就開始節節上升，復於1973年出口激增，國內供應不足，搶購之風日熾。至1973年初時，更加嚴重，預期通貨膨脹之心理不但普遍，且不斷增強，搶購風潮更變本加厲，這來自政府未能及時按國際價格行情調整油、電及交通等公營事業產品的價格與費率所使然，致使政府於宣布穩定措施、調整油電價格後，1~2個月(約

在1974年2~3月）期間，躉售物價與消費者物價指數才見穩定，不再繼續爬升[2]。

　　表7-6係按躉售物價與消費者物價各類構成的方式，陳述1972~75年的年變動率。從表中得知1973年躉售物價上漲22.86%，若按產品類別觀察，農業產品上漲25.18%，農業加工品上漲20.91%，工業產品上漲28.73%；若按用品類分別觀察，生產用品上漲36.05%，其中初級與製品原材料分別上漲50.35%與33.88%，建築材料為47.91%，燃料及電力只為2.69%，資本用品上漲21.78%，消費用品上漲12.84%。由分類商品上漲的比較中，可知1973年躉售物價的上漲顯然與石油危機無關，而是受原材料、農產品等國際物資短缺，美元相對貶值，而台幣匯率釘住美元等因素的影響，致使進口單價節節高升。1974年燃料及電力物價的上漲率為86.74%，這與石油危機原油價格暴漲，政府宣布油電價格調升也有密切關係。1974年在原油價格高漲時期，而進口的原材料與機器設備價格暴升，兩者相激相盪，再經由產業關聯的作用，傳遞到各產業部門，呈現出1974年的躉售物價大漲，然後再波及到消費者物價，且使該年消費者物價漲幅大於躉售物價。

---

2 有關第一次石油危機時，油價變動與進出口單價變動的詳細分析，可參閱王金利(1987)的〈台灣地區石油產品需求與其價格變動之研究〉，與李庸三(1975)的〈台灣物價分析〉。

表7-6 躉售物價與消費者物價指數中各類指數年變動率：1972~75

	1972	1973	1974	1975
躉售物價	4.45	22.86	40.58	-5.07
農業產品	10.94	25.18	31.80	5.71
農業加工品	4.94	20.91	31.55	-0.65
工業產品	3.59	28.73	37.05	-9.56
生產用品	4.58	36.05	35.46	-10.05
初級原材料	5.75	50.35	32.52	-6.33
製品原材料	5.25	33.88	29.13	-13.37
燃料及電力	0.81	2.69	86.74	0.60
建築材料	3.06	47.91	35.57	-14.18
資本用品	3.85	21.78	25.94	17.88
消費用品	6.92	12.84	36.88	4.93
消費者物價	2.99	8.17	47.50	5.23
商品類	3.63	9.21	53.02	5.25
農業產品	6.24	11.87	58.53	7.17
農業加工品	5.20	10.45	59.94	7.96
工業製品	0.66	8.66	40.07	-0.05
服務類	2.30	9.47	28.14	7.06

資料來源：行政院主計處編印的《物價統計月報》，第146期，72年2月。

第一次石油危機除引發惡性通貨膨脹外，更使原油進口值由1973年的99百萬美元增至1974年的715百萬美元，增幅達六倍，亦即多增了6億美元的支出，貿易也從出超變為入超，而

入超額高達1,327百萬美元。台灣受輸入性通貨膨脹影響較其他
國家為大的主要原因是：台灣為一海島型經濟，自然資源有限，
無法自給自足，故對外貿易發展乃成為經濟成長的動力。正因
為這種關係，國際物價的波動，透過產業關聯，對國內物價就
會產生較大的影響力。除此，政府的不當行政干預，不但不是
熄火，而是火上加油。由表7-7可知，台灣的進口單價比韓國
和日本的進口單價均低，然而台灣躉售物價上漲幅度卻高於日
本和韓國。

表7-7 進口價格與躉售物價平均上漲率比較

(1973年第4季至1974年第4季之平均數)　　　　　　　　　　　　單位：%

	台灣	韓國	日本	美國	西德
進口單價	46.47	57.27	55.53	43.81	30.53
躉售物價	41.28	35.84	30.16	18.05	12.28
上漲差距	5.19	21.43	15.37	25.76	18.25

資料來源：于宗先，〈石油漲價的經濟衝擊〉，《經濟預測》，第8卷第1期，
　　　　　65年12月。

　　綜合上述，1973年台灣物價之連續上漲，最初導因於日幣
升值和美元貶值，及國際物資短缺所造成的進口物價大漲。台
灣由日本進口的物資，主要為機器設備和中間財，當日幣對美
元升值時，由日本進口的商品價格也就較前上漲，而且這種進
口品的價值彈性較低，容易影響一般進口價格。至於美元貶值，
也就等於新台幣升值，這對美出口有不利的影響。進口價格上
漲後，一方面影響國內生產成本的增加，另一方面又影響消費

品價格的上揚。當國內物價普遍上揚之後，便會誘使工資提高，
工資與物價的交互影響便造成了該年物價持續上漲的現象。
1974年原油價格上漲355%，消費者物價與躉售物價分別上漲
47.5%與40.58%，工資率上漲33.87%，這就是在第一次石油危機
期間，原油價格、國內物價水準與工資率之間相互影響的事實。

　　析言之，1973年國際物價普遍上揚，主要肇因於(1)美國
中西部發生嚴重水災，致影響黃豆等農作物之收穫；(2)蘇聯
向美國採購大量黃豆粉與黃豆油，使美國庫存之黃豆大為降
低；(3)日本與美國限制鋼鐵出口，也減少廢鐵出口；(4)日本
大量搜購木材，導致木材供給減少；(5)最主要的為國際原油
價格之暴漲，而其暴漲幅度之大為歷史上所罕見，其影響範圍
之大亦非其他產品可比。國際價格上揚固然直接影響國內進口
價格上漲，但國外資源供應困難及國內進口限制也影響了進口
數量，使其不能滿足國內需求。這一現象又刺激了國內物價的
上漲。在輸出方面，由於對出口減免各種租稅及低利貸款優待，
以及國內人力資源的相對低廉，抵消了部分成本的上揚。同時
主要出口地區美國亦處於景氣良好狀態，需求增加，致台灣出
口仍能激增。在輸入困難而輸出激增的情況下，乃產生了出超
現象[3]。出超增加了外匯存底，再加上銀行信用大幅增加，便
形成貨幣供給的激增現象，譬如1972年較1971年增加37.8%，

3 1970年以前，連年入超，自1971年則大幅出超，1974年和1975年又變
　為入超，惟自1976年起，又連年出超了。

而1973年又較1972年增加50.38%，而1974年較1973年增加10.46%。

除以上所述因素外，還有兩種力量使物價上漲火上加油，即國內企業的聯合獨占行為和政府管制價格之後果。在當時，有很多進口品是由少數貿易商所控制，按說美元貶值，表示由美國進口價格應下降，然而它的價格並未下降，反而提升。至於政府的限價政策，在當時政府認為可以控制物價，事實上，物價經管制之後，許多商品便退出市場，如鋼筋，形成所謂廠商的「惜售」行為，遂導致供給不足，亦使其價格上漲；或者有些產品數量不變，而品質卻變了。業者當時因應物價管制之手段可說花樣百出。有鑑於此，政府乃改限價為議價，以期使市場活潑起來，其效果有限，最後乃放棄這些管制措施，結果各種產品乃浮出市面，供給又充裕起來。

第一次石油危機物價暴漲之原因，如圖7-2所陳，對其成因，可利用下面的迴歸方式加以分析：即假定躉售物價(wpi)取決於進口單價(mpi)與貨幣供給(M_{1b})，而消費者物價(cpi)取決於躉售物價與貨幣供給。因石油危機而導致的通貨膨脹，經由進口單價的飆漲，傳遞到躉售物價，再由躉售物價的飆漲傳遞到消費者物價。同時在預期心理的形成下，物價上漲更加猛烈。我們利用1972年1月至1974年12月共36筆的月資料進行成因分析。因無法取得石油進口單價的月資料以及工資率的調查編製起自1973年等因素，故將這兩個變數暫時排除。

初始情況：
{
出口主要對象：美元貶值——出口價格下降

進口主要來源：日幣升值——進口價格上漲
}

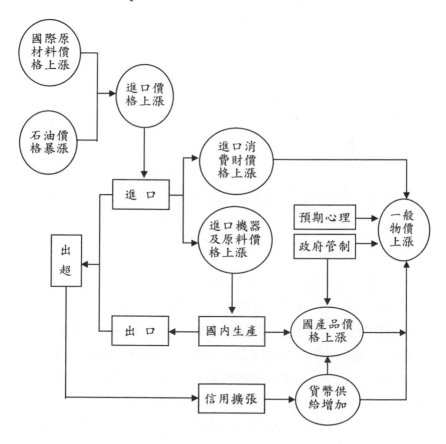

圖7-2 石油危機時物價成因圖

　　首先以簡單迴歸方式分析躉售物價取決於進口單價的情形,我們利用三種方式實證之,即對數值(logX)、年成長率(GX $=(X_t-X_{t-12})\div X_{t-12}$)與對數值差分(DX$=$logX$_t$$-$logX$_{t-12}$),式中X表各種變數,如cpi、mpi、wpi、M$_{1b}$等。

$$\text{Log wpi} = 0.3420 + 0.8753 \text{ log mpi} \cdots\cdots\cdots\cdots\cdots (7\text{-}1)$$
$$\qquad\quad (2.23) \quad\ (23.48)$$
$$R^2 = 0.9435 \quad \overline{R}^2 = 0.9418 \quad F = 551.32$$

$$\text{G wpi} = \text{-}0.0433 + 1.0011 \text{ G mpi} \cdots\cdots\cdots\cdots\cdots (7\text{-}2)$$
$$\qquad\quad (\text{-}1.84) \quad\ (14.12)$$
$$R^2 = 0.8581 \quad \overline{R}^2 = 0.8538 \quad F = 199.60$$

$$\text{D wpi} = \text{-}0.0430 + 1.0280 \text{ D mpi} \cdots\cdots\cdots\cdots\cdots (7\text{-}3)$$
$$\qquad\quad (\text{-}2.24) \quad\ (14.56)$$
$$R^2 = 0.8652 \quad \overline{R}^2 = 0.8611 \quad F = 211.73$$

　　上述三個實證迴歸結果,進口單價指數(mpi)無論以對數值、年成長率或對數值差分等方式,都獲得參數估計值具有顯著地統計影響力,模式解釋能力頗強,尤其在年成長率與對數值差分的迴歸分析上,其模式都有八成五以上的解釋能力。由此可呈現出第一次石油危機期間進口物價飆漲對躉售物價具有舉足輕重的地位。

　　貨幣供給對物價的影響,一般會產生遞延現象,經由我們一再的測試,以前7期當作解釋性變數,可獲得較好的迴歸結果,即

$$\text{Log wpi}_t = -5.2395 + 0.8312 \text{ log M}_{1b\,t\text{-}7} \cdots\cdots\cdots\cdots\cdots (7\text{-}4)$$
$$\qquad\qquad (\text{-}10.93) \quad (19.27)$$
$$\quad R^2 = 0.9322 \quad \overline{R}^2 = 0.9297 \quad F = 371.27$$

$$\text{G wpi}_t = -0.2618 + 1.3782 \text{ G M}_{1b\,t\text{-}7} \cdots\cdots\cdots\cdots\cdots (7\text{-}5)$$
$$\qquad\qquad (\text{-}6.14) \quad (13.29)$$
$$\quad R^2 = 0.8674 \quad \overline{R}^2 = 0.8625 \quad F = 176.70$$

$$\text{D wpi}_t = -0.2419 + 1.4605 \text{ D M}_{1b\,t\text{-}7} \cdots\cdots\cdots\cdots\cdots (7\text{-}6)$$
$$\qquad\qquad (\text{-}6.07) \quad (12.42)$$
$$\quad R^2 = 0.8510 \quad \overline{R}^2 = 0.8455 \quad F = 154.23$$

無論從雙對數模式、年成長率模式或對數值差分模式，簡單迴歸實證結果都獲得在第一次石油危機期間貨幣供給為重要的解釋性變數之一，貨幣供給對物價的影響似須延後7個月才發生。

我們利用上述兩個變數進行複迴歸分析，結果如下：

$$\text{Log wpi}_t = -3.0007 + 0.3632\text{log mpi}_t + 0.4933 \text{ log M}_{1b\,t\text{-}7} \cdots (7\text{-}7)$$
$$\qquad\qquad (\text{-}2.41) \quad (1.93) \qquad\qquad (2.75)$$
$$\quad R^2 = 0.9407 \quad \overline{R}^2 = 0.9362 \quad F = 206.29$$

$$\text{G wpi}_t = -0.2013 + 0.4758 \text{ G mpi}_t + 0.8400 \text{ G M}_{1b\,t\text{-}7} \cdots\cdots (7\text{-}8)$$
$$\qquad\qquad (\text{-}6.14) \quad\ (5.15) \qquad\quad (6.55)$$
$$\quad R^2 = 0.9344 \quad \overline{R}^2 = 0.9293 \quad F = 185.07$$

$$\text{D wpi}_t = -0.1803 + 0.5232 \text{ D mpi}_t + 0.8462 \text{ D M}_{1b\,t\text{-}7} \cdots\cdots (7\text{-}9)$$
$$\qquad\qquad (\text{-}6.05\ ) \quad (5.46) \qquad\quad (6.83)$$
$$\quad R^2 = 0.9345 \quad \overline{R}^2 = 0.9295 \quad F = 185.55$$

上述三種型態的迴歸模式，對躉售物價飆漲的解釋能力都很
強，於第一次石油危機期間，進口單價指數與貨幣供給兩變數
對躉售物價聯合可解釋93%。若以年成長率分析，在其他條件
不變時，當進口單價上漲1%時，躉售物價便可上漲0.4758%。
1974年進口單價上漲46.51%，因而可推算出對躉售物價的貢獻
爲22.13%，占當年上漲率40.58%之54.53%。當貨幣供給增長1%
時，遞延7個月後便可使躉售物價上漲0.84%。

接著我們分析消費者物價決定的迴歸模式，經測試後，躉
售物價對消費者物價的影響具有落後一個月的情形，其迴歸結
果如下：

$$\text{Log cpi}_t = -0.4024 + 0.9515 \text{ log wpi}_{t-1} \cdots\cdots\cdots\cdots\cdots\cdots (7\text{-}10)$$
$$\qquad (-2.32)\quad (21.87)$$
$$\qquad R^2 = 0.9485 \quad \overline{R}^2 = 0.9465 \quad F = 478.43$$

$$\text{G cpi}_t = -0.0619 + 1.0850 \text{ G wpi}_{t-1} \cdots\cdots\cdots\cdots\cdots\cdots\cdots (7\text{-}11)$$
$$\qquad (-2.05)\quad (12.21)$$
$$\qquad R^2 = 0.8514 \quad \overline{R}^2 = 0.8457 \quad F = 149.00$$

$$\text{D cpi}_t = -0.0641 + 1.1215 \text{ D wpi}_{t-1} \cdots\cdots\cdots\cdots\cdots\cdots\cdots (7\text{-}12)$$
$$\qquad (-2.41)\quad (11.76)$$
$$\qquad R^2 = 0.8418 \quad \overline{R}^2 = 0.8357 \quad F = 138.36$$

上述模型都具有很強的解釋能力，係數估計值亦都具有統計上
的顯著性。我們再以前8期的貨幣供給當作解釋變數，進行簡
單迴歸分析，結果爲

$$\text{Log cpi}_t = -5.7304 + 0.8219 \text{ log } M_{1b\,t-8} \quad\cdots\cdots\cdots\cdots\cdots\cdots\text{（7-13）}$$
$$\qquad\quad (-12.26)\quad(19.51)$$
$$\qquad R^2 = 0.9361 \quad \overline{R}^2 = 0.9336 \quad F = 380.67$$

$$\text{G cpi}_t = -0.3373 + 1.4663 \text{ G } M_{1b\,t-8} \quad\cdots\cdots\cdots\cdots\cdots\cdots\text{（7-14）}$$
$$\qquad\quad (-4.14)\quad(7.50)$$
$$\qquad R^2 = 0.6840 \quad \overline{R}^2 = 0.6719 \quad F = 56.28$$

$$\text{D cpi}_t = -0.3256 + 1.6012 \text{ D } M_{1b\,t-8} \quad\cdots\cdots\cdots\cdots\cdots\cdots\text{（7-15）}$$
$$\qquad\quad (-4.18)\quad(7.05)$$
$$\qquad R^2 = 0.6563 \quad \overline{R}^2 = 0.431 \quad F = 49.65$$

雖然貨幣供給變數的係數估計值具有顯著性，但年成長率模式
與對數值差分模型的解釋能力卻較低。

我們以上述簡單迴歸所獲訊息，進行消費者物價複迴歸模
式分析，但所獲結果：貨幣供給變數的符號與理論預期不符合，
經我們一再的測試，選擇如下的迴歸模式：

$$\text{Log cpi}_t = -0.2148 + 0.3455\text{log wpi}_{t-1} + 0.6604 \text{ log cpi}_{t-1} \cdots\text{（7-16）}$$
$$\qquad\quad (-2.02)\quad(3.83)\qquad\qquad(7.00)$$
$$\qquad R^2 = 0.9826 \quad \overline{R}^2 = 0.9812 \quad F = 705.31$$

$$\text{G cpi}_t = -0.0238 + 0.3994 \text{ G wpi}_{t-1} + 0.6624 \text{ G cpi}_{t-1} \cdots\cdots\text{（7-17）}$$
$$\qquad\quad (-1.37)\quad(3.97)\qquad\qquad(7.79)$$
$$\qquad R^2 = 0.9567 \quad \overline{R}^2 = 0.9532 \quad F = 275.95$$

$$\text{D cpi}_t = -0.0232 + 0.3843 \text{ D wpi}_{t-1} + 0.6910 \text{ D cpi}_{t-1} \cdots\cdots\text{（7-18）}$$
$$\qquad\quad (-1.62)\quad(3.94)\qquad\qquad(8.70)$$
$$\qquad R^2 = 0.9607 \quad \overline{R}^2 = 0.9576 \quad F = 305.95$$

　　第一次石油危機期間，消費者物價的飆漲是受躉售物價與預期心理因素的影響，無論從雙對數模式、年成長率模式或對數值差分模式，都獲得模式具有很強的解釋能力，而且解釋能力高達九成五以上。更重要的，這三個模式所估得的參數值甚為接近，若以年成長率為例說明，當前期躉售物價上漲1%時，就可使本期消費者物價上漲0.3994%；當前期消費者物價上漲1%時，在預期心理形成之下，本期消費者物價便可上漲0.6624%[4]。

　　綜合言之，在第一次石油危機期間，國際原材料與石油價格的暴漲使我國進口單價飆升，再加上因出口激增而產生的出超，在外匯存底增加的情況下，貨幣供給呈快速增長，這兩項因素左右躉售物價漲幅。躉售物價的飆漲，自然會傳遞到消費者物價，再加上政府對民生用品採取物價管制措施，同時亦未及時反應國際物價行情，復因市場上預期心理濃厚，躉售物價與預期心理遂成為解釋消費者物價飆漲的要因。

第三節　　第二次石油危機

　　第二次石油危機發生在1979~80年，緣自伊朗政局動盪不安，國際原油供需失衡，導致油價暴漲而產生的一次危機。就

---

4 在這些模式中，前期變數代表兩種意義：一為預期因素，一般人常以目前的情況展望最近的未來；另一為前期變動的影響未完全消失，仍有餘威，亦即延期效果。

年資料而言，1979年消費者物價上漲9.75%，1980年上漲19.03%，1981年上漲16.3%；再就躉售物價而言，1979年，躉售物價上漲13.82%，1980年又上漲21.54%，1981年僅上漲7.63%。若以月資料來觀察，從1978年11月起，躉售物價便以較大幅度上漲，到1979年3月上漲幅度超過10%，到1980年1月上漲幅度達24.05%，2月又上漲24.66%，之後上漲幅度便趨下降，到1981年5月上漲率已降爲8.66%。至於消費者物價，自1979年5月始有較大幅度之上漲，到1979年7月上漲幅度超過10%，到1980年11月上漲幅度達至最高，爲23.35%，直到1981年12月始降至9%。就消費者物價與躉售物價波動情況而論，自1979年7月起，躉售物價即以較大幅度上漲；至於消費者物價，自1980年1月起，始以較大幅度上漲。自1980年11月起，消費者物價上漲幅度大於躉售物價。到1981年5月躉售物價已降至8.66%，消費者物價要到1981年12月始降至9.07%。這說明在第二次石油危機時期，躉售物價先上漲，也先下降；消費者物價則是後上漲，也延後下降（參見表7-8）。躉售物價上漲領先消費者物價大約爲3~6個月。

　　關於第二次石油危機，基於第一次石油危機處理所累積的經驗，政府採取立即反應國際油價行情的措施，國內油電價格隨OPEC基準油價的調升而調升，詳情如表7-9所示。從表中得知，自1979年4月到1981年間，國內油品價格調幅大於國際原油價格漲幅，政府又以降低油品稅率來減少油價對產業成本與民生品價格的衝擊。第一次石油危機時未將油價完全反應，乃

表7-8 第二次石油危機台灣地區物價指數

年 月	躉售物價指數			消費者物價指數		
	1996年基期	月變動率	年變動率	1996年基期	月變動率	年變動率
1978年	71.05		3.54	45.73		5.78
1979年	80.87		13.82	50.19		9.75
1980年	98.29		21.54	59.74		19.03
1981年	105.79		7.63	69.48		16.30
1982年	105.59		-0.19	71.54		2.96
1978年7月	70.80	0.00	2.56	45.24	-0.29	3.64
8月	71.11	0.44	2.40	46.07	1.83	1.05
9月	71.66	0.77	4.01	46.79	1.56	4.12
10月	72.23	0.80	5.18	47.18	0.83	6.12
11月	73.60	1.90	8.03	47.02	-0.34	7.57
12月	74.05	0.61	8.37	46.81	-0.45	7.63
1979年1月	74.60	0.74	8.10	46.97	0.34	6.19
2月	75.26	0.88	8.65	47.19	0.47	5.88
3月	76.84	2.10	10.82	47.83	1.36	7.19
4月	78.83	2.59	12.61	48.78	1.99	7.35
5月	79.74	1.15	12.80	49.19	0.84	8.32
6月	80.32	0.73	13.45	49.70	1.04	9.54
7月	82.74	3.01	16.86	50.16	0.93	10.88
8月	83.53	0.95	17.47	51.46	2.59	11.70
9月	83.75	0.26	16.87	53.12	3.23	13.53
10月	84.09	0.41	16.42	52.98	-0.26	12.29
11月	84.13	0.05	14.31	52.24	-1.40	11.10
12月	86.60	2.94	16.95	52.67	0.82	12.52
1980年1月	92.54	6.86	24.05	54.81	4.06	16.69
2月	93.82	1.38	24.66	55.90	1.99	18.46
3月	94.38	0.60	22.83	56.20	0.54	17.50
4月	95.12	0.78	20.66	56.50	0.53	15.83
5月	97.44	2.44	22.20	57.57	1.89	17.04
6月	98.83	1.43	23.05	59.10	2.66	18.91
7月	99.20	0.37	19.89	59.50	0.68	18.62
8月	99.79	0.59	19.47	60.88	2.32	18.31

年　月	蔓售物價指數			消費者物價指數		
	1996年基期	月變動率	年變動率	1996年基期	月變動率	年變動率
9月	100.37	0.58	19.84	63.23	3.86	19.03
10月	102.23	1.85	21.57	64.34	1.76	21.44
11月	102.54	0.30	21.88	64.44	0.16	23.35
12月	103.23	0.67	19.20	64.36	-0.12	22.19
1981年1月	104.56	1.29	12.99	67.26	4.51	22.71
2月	105.26	0.67	12.19	68.41	1.71	22.38
3月	106.00	0.70	12.31	68.71	0.44	22.26
4月	106.23	0.22	11.68	68.98	0.39	22.09
5月	105.88	-0.33	8.66	68.72	-0.38	19.37
6月	105.67	-0.20	6.92	69.37	0.95	17.38
7月	105.40	-0.26	6.25	69.63	0.37	17.03
8月	106.19	0.75	6.41	70.31	0.98	15.49
9月	106.43	0.23	6.04	71.17	1.22	12.56
10月	106.10	-0.31	3.79	70.76	-0.58	9.98
11月	105.86	-0.23	3.24	70.29	-0.66	9.08
12月	105.88	0.02	2.57	70.20	-0.13	9.07

資料來源：行政院主計處編印的《物價統計月報》。

表7-9　國內主要油品價格調整時間與幅度

國際油價調整		國內主要油品價格調整時間與幅度				
時間	幅度	年月日	高級汽油	普通汽油	普通柴油	燃料油
1979/4	6.44	1979/3/26	8.58	9.11	29.82	9.14
1979/7	23.80	1979/6/30				33.84
1979/11	33.33	1979/12/26	40.00	42.86	50.00	30.59
1980/1	8.33					
1980/4	7.69	1980/4/25	14.29	15.00	16.67	14.81
1980/8	7.14	1980/9/28	9.79	10.22	16.79	10.02
1980/11	6.67	1981/2/12	8.82	9.27	14.37	12.14

資料來源：王金利，〈台灣地區石油產品需求與其價格變動之研究〉，《台灣銀行季刊》第38卷第3期，76年9月，頁18-21。

使物價呈現出較高的漲幅。此次石油危機時立即反應油價的調幅，足可消除社會大眾對物價上漲的預期心理因素。

與第一次石油危機時物價波動程度來比較，無論是消費者物價或躉售物價，第二次石油危機時其波動程度均較小。1974年消費者物價曾上漲47.5%，躉售物價曾上漲40.58%；1980年消費者物價上漲19.03%，躉售物價上漲21.54%。考其原因為：(1)石油價格上升的幅度有別，例如1974年石油價格猛漲355%；1980年石油價格僅上升105%；(2)在1973年時，一般國際物價(石油除外)均呈巨幅上升之勢，到1979年，此種現象不再出現；(3)政府放任物價漲落，未採取任何措施，抑制物價上漲。(4)在1973年，政府採取寬鬆的貨幣政策，使貨幣供給成長50.38%；在1979年政府採取緊縮的貨幣政策，使貨幣供給成長僅7.73%。

至於對經濟成長的影響，第一次石油危機發生後，1974年出口下降7.3%，而進口卻增加13.8%，經濟成長率在1974年即降為1.16%，1975年降為4.93%。第二次石油危機發生後，1979年出口下降為6.0%，進口仍呈強勁增加18.9%，到1980年出口增加8.0%，進口增加5.8%。1979年經濟成長率為7.3%，而1980年為6.16%。就金額而言，1979年原油進口值為2,176百萬美元，到1980年增到4,105百萬美元，石油危機使進口多增加20億美元的支出。致使出超的金額由1979年的1,330百萬美元遽降為77百萬美元。

關於第二次石油危機時通貨膨脹之成因，其型態上略與第

一次石油危機類似，我們以相同的變數加以迴歸分析，時間從1979年1月到1981年12月，共36筆月資料。

首先以簡單迴歸式分別說明躉售物價與進口物價、貨幣供給以及工資率的關係，如同在第一次石油危機時所進行的方式，將模式以三種型態進行之，即雙對數模式、年成長率模式與對數值差分模式。後兩種模式係利用變動率資料，若模式解釋能力很強，便可從實證上了解物價變動的成因，以及其影響程度。進口物價指數為解釋性變數的迴歸結果為

$$\text{Log wpi} = 0.0784 + 0.9431 \log \text{mpi} \cdots\cdots\cdots\cdots (7\text{-}19)$$
$$\quad\quad (0.98) \quad (56.01)$$

$$R^2 = 0.9893 \quad \overline{R}^2 = 0.9890 \quad F = 3136.77$$

$$\text{G wpi} = 0.0326 + 0.7129 \text{ G mpi} \cdots\cdots\cdots\cdots\cdots (7\text{-}20)$$
$$\quad\quad (3.31) \quad (12.71)$$

$$R^2 = 0.8262 \quad \overline{R}^2 = 0.8210 \quad F = 161.58$$

$$\text{D wpi} = 0.0292 + 0.7274 \text{ D mpi} \cdots\cdots\cdots\cdots\cdots (7\text{-}21)$$
$$\quad\quad (3.33) \quad (13.19)$$

$$R^2 = 0.8365 \quad \overline{R}^2 = 0.8316 \quad F = 173.89$$

上述三種迴歸模式估計結果堪稱良好，係數估計值具統計顯著性，模式解釋能力亦強。若就年成長率模式而言，先不考慮其他變數的影響下，當進口物價年上漲1%時，躉售物價便可上漲0.7129%，可見其影響程度之大。

以貨幣供給為解釋性變數的簡單迴歸結果為：

$$\text{Log wpi} = -5.6767 + 0.8013 \log M_{1b} \quad\cdots\cdots\cdots\cdots\cdots\cdots\cdots (7\text{-}22)$$
$$\quad\quad\quad (-7.78)\quad (14.02)$$

$$R^2 = 0.8525 \quad \overline{R}^2 = 0.8482 \quad F = 196.52$$

$$\text{G wpi} = 0.1323 + 0.0639 \text{ G } M_{1b}\cdots\cdots\cdots\cdots\cdots\cdots\cdots\cdots (7\text{-}23)$$
$$\quad\quad (4.84)\quad (0.46)$$

$$R^2 = 0.0062 \quad \overline{R}^2 = 0.0230 \quad F = 0.21$$

$$\text{D wpi} = 0.1194 + 0.0813 \text{ D } M_{1b}\cdots\cdots\cdots\cdots\cdots\cdots\cdots (7\text{-}24)$$
$$\quad (4.62)\quad\quad (0.55)$$

$$R^2 = 0.0090 \quad \overline{R}^2 = 0.0202 \quad F = 0.308$$

　　若只考慮貨幣供給一個變數，無論是以年成長率或對數值差分來表示，顯然不足以解釋第二次石油危機發生時為何躉售物價飆漲的情形。兩者的解釋能力都很差，係數估計值亦不具顯著性。但取其對數值時，則情形迴異，亦即貨幣供給對躉售物價的解釋能力很高。至於以工資率當作解釋性變數而進行的簡單迴歸結果，與貨幣供給類似，年成長率模式與對數值差分模式的解釋能力都很差，判定係數分別為0.0164與0.0084，而係數估計值分別為0.0598與0.0472，其 t 值為0.75與0.53，不具有統計上的顯著性。其實，在第二次石油危機時，貨幣供給增長率已經壓低下來，工資率的調幅亦相對較小，對物價更進一步上揚的助長就十分有限。

　　進行複迴歸分析時，我們仍選擇貨幣供給與進口物價當作解釋變數，其結果為：

Log wpi＝-0.7881＋0.8367 log mpi＋0.1074 log M_{1b} ……（7-25）
　　　　　（-2.96）（24.02）　　　　　（3.37）

　　　$R^2 = 0.9920$　　$\overline{R}^2 = 0.9915$　　F = 2051.24

G wpi＝-0.0020＋0.7363 G mpi＋0.1714 G M_{1b} ………（7-26）
　　　　　（-0.15）（14.80）　　　　（3.33）

　　　$R^2 = 0.8700$　　$\overline{R}^2 = 0.8621$　　F = 110.39

D wpi＝-0.0036＋0.7484 D mpi＋0.1819 D M_{1b} ………（7-27）
　　　　　（-0.30 ）（15.53）　　　　（3.50）

　　　$R^2 = 0.8807$　　$\overline{R}^2 = 0.8735$　　F = 121.79

上述估得結果，解釋性變數進口物價仍具有統計顯著性外，連原本不具顯著性的貨幣供給亦顯著起來，模式的解釋能力都增強了。若就年成長率模式而言，在其他條件不變下，當進口物價上漲1%時，躉售物價便可上漲0.7363%；當貨幣供給增長1%時，躉售物價便可上漲0.1714%。第二次石油危機對躉售物價變動影響的變數以進口物價與貨幣供給為主要，其情形與第一次石油危機是相當的，只是這兩個變數對躉售物價影響的程度仍存有差別。就1980年而言，進口物價上漲22.22%，對躉售物價的飆漲貢獻為16.36%，所占比例高達75.92%；而貨幣供給增長22.7%，對物價飆漲的貢獻只有3.89%，所占比例低於18.05%。

　　再就消費者物價的迴歸分析而言，我們先以躉售物價當作解釋性變數進行簡單迴歸估計，經一再的測試，結果發現以前5期(月)當作解釋變數最為理想，即

$$\text{Log cpi}_t = -0.4489 + 1.0081 \log \text{wpi}_{t\text{-}5} \cdots\cdots\cdots\cdots\cdots\cdots\cdots(7\text{-}28)$$
$$\quad\quad (-4.99)\quad (50.39)$$
$$R^2 = 0.9868 \quad \overline{R}^2 = 0.9864 \quad F = 2538.74$$

$$\text{G cpi}_t = 0.0370 + 0.7829 \text{ G wpi}_{t\text{-}5} \cdots\cdots\cdots\cdots\cdots\cdots\cdots(7\text{-}29)$$
$$\quad\quad (3.95)\quad (13.19)$$
$$R^2 = 0.8366 \quad \overline{R}^2 = 0.8318 \quad F = 174.09$$

$$\text{D cpi}_t = 0.0344 + 0.7820 \text{ D wpi}_{t\text{-}5} \cdots\cdots\cdots\cdots\cdots\cdots\cdots(7\text{-}30)$$
$$\quad\quad (4.13)\quad (13.59)$$
$$R^2 = 0.8445 \quad \overline{R}^2 = 0.8399 \quad F = 184.63$$

這表示躉售物價的飆漲傳遞到消費者物價的上揚，在時間上遞延5個月。上述結果顯示無論何種型態的模式，其解釋能力都很強，而躉售物價對消費者物價的影響力亦具有統計上的顯著性。單就年成長率模式而論，若不考慮其他變數時，當前5個月的躉售物價上漲1%時，便會對本月的消費者物價產生0.782%上漲的壓力。

以貨幣供給當解釋性變數時，簡單迴歸估計的結果為：

$$\text{Log cpi} = -8.2745 + 0.9684 \log M_{1b} \cdots\cdots\cdots\cdots\cdots\cdots(7\text{-}31)$$
$$\quad\quad (-11.44)\quad (17.09)$$
$$R^2 = 0.8957 \quad \overline{R}^2 = 0.8926 \quad F = 291.90$$

$$\text{G cpi} = 0.1547 - 0.0210 \text{ G } M_{1b} \cdots\cdots\cdots\cdots\cdots\cdots(7\text{-}32)$$
$$\quad\quad (6.83)\quad (-0.18)$$
$$R^2 = 0.0010 \quad \overline{R}^2 = 0.0284 \quad F = 0.03$$

$$D\ cpi = 0.1426 - 0.0192\ D\ M_{1b} \cdots\cdots\cdots\cdots\cdots\cdots (7\text{-}33)$$
$$(6.70)\quad(\text{-}0.16)$$

$$R^2 = 0.0007 \quad \overline{R}^2 = 0.0286 \quad F = 0.03$$

　　從年成長率與對數值差分模式上得知，無論在係數估計顯著性上或在模式的解釋能力上，都呈現出貨幣供給的變動不足以影響第二次石油危機時消費者物價之變動。至於工資率當作解釋變數的情況，如同貨幣供給變數般，我們就不再贅述了。

　　在複迴歸模式方面，我們除了考慮躉售物價與貨幣供給外，亦將前期消費者物價納入模式內，估計結果為

$$Log\ cpi_t = \text{-}0.3350 + 0.0236\ logM_{1b} + 0.3624\ log\ wpi_{t\text{-}5}\ (7\text{-}34)$$
$$(\text{-}0.87)\quad(0.54)\qquad\qquad(3.40)$$
$$+ 0.6108\ log\ cpi_{t\text{-}1}$$
$$(6.36)$$

$$R^2 = 0.9942 \quad \overline{R}^2 = 0.9937 \quad F = 1826.75$$

$$G\ cpi_t = 0.0067 + 0.0112\ G\ M_{1b} + 0.3195\ G\ wpi_{t\text{-}5} \cdots\cdots (7\text{-}35)$$
$$(0.88)\quad(0.44)\qquad\qquad(5.33)$$
$$+ 0.6359\ G\ cpi_{t\text{-}1}$$
$$(9.18)$$

$$R^2 = 0.9551 \quad \overline{R}^2 = 0.9509 \quad F = 226.86$$

$$D\ cpi_t = 0.0068 + 0.0112\ D\ M_{1b} + 0.3243\ D\ wpi_{t\text{-}5} \cdots\cdots (7\text{-}36)$$
$$(0.98)\quad(0.43)\qquad\qquad(5.42)$$
$$+\quad 0.6271\ D\ cpi_{t\text{-}1}$$
$$(9.02)$$

$$R^2 = 0.9562 \quad \overline{R}^2 = 0.9521 \quad F = 233.14$$

貨幣供給依然不具統計顯著性，前 5 期躉售物價與前 1 期消費者物價為解釋本期消費者物價上漲最主要的變數，其型態與第一次石油危機時的相同處，即解釋性變數相同，其相異處則為躉售物價滯後期數的不同。第一次石油危機時躉售物價對消費者物價的顯著影響只遞延1期(月)，第二次石油危機時卻遞延5期(月)。上述三個模式中各解釋變數係數估計值間，差異甚為接近，單就年成長率模式而論，在其他條件不變時，當前5期躉售物價上漲1%時，本期消費者物價便可上漲0.3195%；當前期消費者物價上漲1%時，便可使本期物價上漲0.6359%，表示遞延時間愈長，其影響愈低。

第四節 對政府抑制物價暴漲措施之評估

對於石油危機所引起的惡性通貨膨脹，政府自始即想嚴加控制，希望通過政府的干預，使物價不要作劇烈的上升，可是政府所採行的限價措施，可說徒勞無功，因為商品的供應者極希望見到物價的暴漲，多賺些利潤。當限價措施推展時，商品供應商即採取兩種反應：一種是表面上表示被限價的商品已經沒有了，中止出售，也就是「惜售」；另一種就是在遵照政府的指示下，表示不漲價，但是將品質改變，重量改變，數量保持不變的方式應變。政府所採取的降低進口關稅措施，確有直

接的效果。

1974年1月27日，政府實施「穩定當前經濟措施」方案，
對各種公營事業價格作一次調整，如國內油價、電價均作相當
程度的調整。作一次調整而非逐步調整，優點是消除需求者的
預期心理，缺點是暴漲幅度太大，使很多廠商適應不過來。同
時政府又提高利率，限建高樓。提高利率的目的是緊縮銀根，
對廠商貸款時之負擔增加；可是對社會大眾的儲蓄有激勵作
用。當儲蓄增加，消費就會相對減少，有助於抑制通貨膨脹。
至於限建高樓措施，可降低對建築材料的需求，尤其是鋼筋，
在當時成為缺貨，致其價格大幅上漲。政府認為限建高樓就可
抑制鋼筋、水泥、木材價格的暴漲。事實上，這種措施完全忽
略了它的後遺症，即石油危機所引發的通貨膨脹是短期現象，
不會太持久，在都市土地稀少，價格昂貴的情況下，也是一種
對土地資源的浪費。

除此，政府於1974年推行十項建設，這十項建設原是石油
危機發生前策劃的。石油危機發生後，必然會導致生產的不振，
經濟成長率的下降。政府適時推出十項建設計畫有大旱逢甘霖
之效。政策與時機的巧合，使台灣經濟很快就脫出困境，又恢
復高度的經濟成長。

第五節　石油危機給我們的啟示

不僅對台灣，即使對世界而言，1970年代所發生的兩次石

油危機，在人類史上是空前的。面對從未經歷過，而來勢凶猛的石油危機，的確會使很多國家的政府不知如何去因應。在台灣，政府的直接反應是行政干預，即用限價的方式，使各項物價停止上漲，但是這種措施完全忽略了人的本性——自利。所以各種產品的物價越限價，則越上漲，以致超出了應上漲的幅度。

其實，「冰凍三尺，非一日之寒」。石油危機的發生早就埋下了爆發的原因。在1973年以前，石油價格受西方資本家的控制，應上漲而不能上漲。在廉價石油時代，大家拼命浪費石油，認為石油是取之不盡、用之不竭的自然資源。很多國家的高樓大廈，在設計上都是多用能源發電或生熱的構想，忽略了濫用能源，人類應付出的代價。這次石油危機應予世人反省的機會，即應珍惜自然資源的利用，也要為後代子孫的生存著想。

第一次石油危機發生後，石油價格上漲了三、四倍，於是引發了對石油替代品的研究和開發，以及對石油本身的有效利用。大家努力的結果，自1982年起，石油價格便開始滑落，其原因是：非石油輸出國家(Non-OPEC)，如東亞和美洲盛產石油的國家並不受石油輸出國家的約束，況且，各國財政情況不同，多不願恪守一種價格。同時石油代替品的不斷出現、有效利用也在各國有了成果，乃使石油價格不漲反跌。到1998年，石油價格與1974年時上漲後的價格差不多。可是一般物價在過去24年期間卻上漲了數倍。

石油危機所引發的惡性通貨膨脹，對台灣而言，是自1950年以來最嚴重的一次。惡性通貨膨脹肆虐之後，必然會導致出

口不振、工業低迷、經濟成長率下降之事實。為了應付這種局面的發生，政府袖手旁觀，還是採取些措施，使經濟早日復甦？儘管自由經濟論者，主張讓那隻看不見的手去調整，但是政府當局在工商界要求下，不能不採取些措施，以期能產生「發動機」的效果，於是推動公共建設成了各國使經濟復甦的最後選擇。可是「時機」成了問題。如果在需要時，即能推出數項公共建設，它會產生些積極效果；如果在需要時，才想到規劃些公共建設，由於時間倉促，很可能未經詳細評估，即搬上檯面，其所產生的效果就有限了。因此，對於政府而言，在平時，每年就應規劃數項公共建設方案，一旦有需要時，即可提出，當會產生如期的效果。1974年推出的十項建設，其效果是明顯而深遠的，然而那十項建設之推出與需要時機，完全是巧合而已。至於抑制嚴重的通貨膨脹，財政措施令人有「遠水救不了近火」的感覺，但貨幣政策效果的滯緩性較短，也就容易見效，中央銀行在這方面就有了發揮功能的餘地。

第八章
泡沫經濟時期的物價變動

第一節　泡沫經濟時期的經濟概況

一、泡沫經濟現象

　　戰後，台灣在追求均富的經濟發展過程中，1980年代的經濟現象中最為特殊的為資產價格的暴漲暴跌。資產價格的異常變動，用「泡沫」來形容其盛衰與大起大落，可以說是相當的貼切。當泡沫發生時，絢麗奪目，光彩四射，但好景不長，瞬即破滅，消失的無影無蹤。

　　泡沫經濟通常發生在無到期日的資產價格上，如股票、黃金、外匯、土地與房地產等價格。在1980年代的台灣經濟社會，股價追高殺低的投機過程，像坐雲霄飛車般一路地向上爬升，當爬到最高點後，便如瀑布狂瀉般慘跌而下。台股指數於1981與1982年間仍在500點上下游走，之後就呈上揚局面，到1986

年10月超過1,000點後,便走了40個月的多頭牛市,於1990年2月10日達到天價的12,682點,之後一路狂跌,以不到8個月的時間,不但跌掉了萬點,而且於1990年10月1日跌到2,485點。當台股指數於1990年2月達到天價時,上市公司的股票市價高達7517.23億元,市場交易的總金額為3191.57億元,股票的週轉率為54.88%。當時的投資者可以用瘋狂來形容其對股價追高殺低的情形。可是當股市崩盤後,上市公司的股票市價減低到1740.88億元,資產縮水了5836.35億元,資產縮水的部分為減低時市價的2.35倍;股票的週轉率也降低到23.24%,而市場交易的總金額也減退到421.83億元,只為同年2月份的13.2%。

股價持續飆漲也醞釀了房地產價格的暴漲;出售房地產的資金,又被拿來股市炒作,兩者相激相盪,蔚成台灣經濟泡沫的壯觀。由於房地產價格的資料既不完整,也無統一編製,就台北市住宅價格觀察,1982~86年間房價每坪在6萬元上下游走,進入1987年之後就開始飆漲,1986年每坪平均為6.72萬元,到1990年便漲到36.87萬元,漲幅為448.7%。這是平均值的表現。若單就台北市東區的住宅而言,1990年時,每坪平均在50~60萬元之間,比平均值高出50%。然而房地產價格也隨股市泡沫破滅後,變得淒風苦雨,一蹶不振,至1998年仍未見復甦端倪。更不幸地,因汐止地區山坡地的過度開發造成的土石流災難,林肯大郡倒塌造成的人屋全毀的慘局,使得台北地區房地產市場雪上加霜。

二、一般經濟狀況

　　1980年代後半期台灣泡沫經濟發生，其實為一種總體經濟失衡現象，這歸於為求經濟快速成長，鼓勵出口，限制進口的結果。於是對外產生大量出超，對內產生超額儲蓄。

　　在對外貿易部分，從1976年出現出超，以後連續性的擴大。1981年出超的金額為231.72億元，1982年便為918.31億元，漲幅為296%；1983年時為1,829.89億元，又增長一倍。如此持續快速的增長，到1986年時出超金額達到最高峰，為6,245.4億元。之後，出超的金額雖然減緩，但到1990年時仍有2,998.22億元。這種現象表現在對內的關係上，就出現儲蓄超過投資而產生超額儲蓄。1986年超額儲蓄占GNP的比例高達21.35%。

　　顯然，對外貿易的蓬勃發展，創造更多的就業機會，帶動經濟的快速成長。高速的成長率降低了失業率，它由1980年代前半期的2.31%降到後半期的1.91%；其實在1988~90年間的失業率皆在1.7%以下；而1980年代的經濟成長率平均為8.12%，其中1985年與1986年的成長率更分別高達11.64%與12.74%。

　　巨額的出超，累積了大量的外匯。1981年底外匯存底為72.35億美元，1982年底便為85.32億美元，年增率為17.93%；1983年底為118.39億美元，年增率為38.99%，到1985年底時為225.56億美元。貿易持續失衡立即衝擊到其他經濟變數，除了外匯存底繼續累加外，亦對新台幣產生升值的壓力。當時新台幣對美元的升值是採漸進方式，如此調整方式，是因為中央銀行為使

中小企業對進出口有調整時間,以減輕匯率變動所受的傷害。
1985年底的匯率為39.85：1,漸次調整到1988年底時的匯率為
26.16：1。三年內新台幣升值了52.3%。

　　匯率漸次的調整,在預期心理因素的情況下,乃為投機客
提供套利的機會,於是熱錢便大量湧入,更使外匯存底激增,
由1985年的225.56億美元激增到1986年的463.1億美元,年增率
高達105.31%;到1987年又增加到767.48億美元,年增率為
65.73%;到1990年底,外匯存底皆維持在700億美元以上。在
當時,台灣的外匯存底在世界上的排行僅次於日本與德國。

　　外匯為新台幣發行的準備,出口廠商所賺取的外匯除持有
部分外,其餘要結繳給中央銀行,換取同等值的新台幣,同時
熱錢的流入也使同等值的新台幣出籠。貿易的出超與熱錢的流
入,使得貨幣供給量急遽的增長,1980年代年平均增長率為
17.52%,其中以1986~88年最為嚴重,年增率分別為51.42%、
37.73%與24.45%。貨幣供給量急遽的增長會對市場利率、物價
與工資產生些影響。按照經濟理論,貨幣供給量與市場利率成
反方向變動的關係,與物價及工資成同方向變動的關係,即貨
幣供給量增加會使利率下降,會使物價與工資上升。就表8-1
所示,1980年代高成長的貨幣供給量,由中央銀行重貼現率所
示的利率確實下降。1981年底的重貼現率為11.75%,1982年底
為7.75%,到1987年底時為4.5%,之後則回升至1990年底時為
7.75%。

　　在工資方面,我們以製造業平均每人每月薪津為代表,其

表8-1 台灣泡沫經濟時期重要總體經濟變數資料

	消費者物價指數	躉售物價指數	GDP（億元）	M₁b（億元）	重貼現率	工資率（元）	勞動生產力	股價指數	股票交易（億元）	匯率	外匯存底（億元）	失業率	貿易出超（億元）
1981	83.11	113.46	22161.16	4505	11.75	9564	58.20	548.84	2092.2	37.84	72.35	1.36	231.72
1982	85.57	113.25	22948.15	5163	7.75	10467	58.74	477.20	1338.8	39.91	85.32	2.14	918.31
1983	86.75	111.92	24886.57	6114	7.25	11136	63.25	654.28	3638.4	40.27	118.59	2.71	1829.89
1984	86.71	112.44	27524.43	6680	6.75	12173	63.09	872.51	3244.8	39.47	156.64	2.44	2811.16
1985	86.58	109.53	28887.58	7495	5.25	12697	64.52	745.62	1952.3	39.85	225.56	2.91	3728.33
1986	87.18	105.87	32250.62	11349	4.50	13983	69.26	944.74	6756.6	35.50	463.10	2.66	6245.40
1987	87.63	102.42	36359.79	15631	4.50	15356	73.90	2135.03	26686.3	28.55	767.48	1.97	6052.33
1988	88.76	100.83	39210.60	19452	7.75	17012	77.78	5202.21	78680.2	28.17	738.97	1.69	4112.69
1989	92.68	100.45	42438.91	20629	7.75	19461	84.87	8616.14	254079.6	26.16	732.24	1.57	3296.22
1990	96.50	99.84	44727.99	19256	7.75	22048	91.26	6775.32	190312.9	27.11	724.41	1.67	2998.22
變動率													
1982	2.96	-0.19	3.55	14.61	-34.04	9.44	0.93	-13.05	-36.01	5.47	17.93	57.35	296.30
1983	1.38	-0.17	8.45	18.42	-6.45	6.39	7.68	37.11	171.77	0.90	38.99	26.64	99.27
1984	-0.05	0.46	10.60	9.26	-6.90	9.31	-0.25	33.35	-10.82	-1.99	32.09	-9.96	53.62
1985	-0.15	-2.59	4.95	12.20	-22.22	4.30	2.27	-14.54	-39.83	0.96	44.00	19.26	32.63
1986	0.69	-3.34	11.64	51.42	-14.29	10.13	7.35	26.71	246.08	-10.92	105.31	-8.59	67.51
1987	0.52	-3.26	12.74	37.73	0.00	9.82	6.70	125.99	294.97	-19.58	65.73	-25.94	-3.09
1988	1.29	-1.55	7.84	24.45	72.22	10.78	5.25	143.66	194.83	-1.33	-3.71	-14.21	-32.05
1989	4.42	-0.38	8.23	6.05	0.00	14.40	9.12	65.62	222.93	-7.14	-0.91	-7.10	-19.85
1990	4.12	-0.61	5.39	-6.66	0.00	13.29	7.53	-21.36	-25.10	3.63	-1.07	6.37	-9.04
1981~90	1.67	-1.41	8.12	17.52	-4.52	9.72	5.13	32.21	65.06	-3.63	29.17	2.31	32.90

資料來源：行政院主計處編印的各種統計年表。

附註：M₁b、重貼現率、匯率、外匯存底等皆為年底值。消費者物價指數、躉售物價指數與勞動生產力指數係
以1991年為基期，GDP係按1991年固定幣值計算。

工資率由1981年的新台幣9564元持續上升到1990年的22048元，年平均增長率爲9.72%。同期間，勞動生產力指數（1991年爲基期）由58.2持續上升到1990年的91.26，年平均上漲率爲5.13%。貨幣工資率上漲率與生產力增長率的年平均之差異爲4.59%。

　　然而1980年代的消費者物價指數（1991年爲基期）卻由1981年的83.11持續溫和地上揚到1990年的96.5，年平均上漲率只爲1.67%，物價堪稱穩定。而薑售物價指數由1981年的113.46穩定地下降到1990年的99.84，年平均變動率爲負的1.41%。消費者物價指數與薑售物價指數的走勢呈現背離現象。但無論如何，不可否認地1980年代貨幣供給高度的成長並沒有造成通貨膨脹現象。如此說來，高度增長的貨幣量到底流入何處？

　　人們對貨幣需求的動機大致上可歸爲交易、投機與預防等三項。日常生活所需交易的貨幣量，在物價穩定的情況下，是受所得（交易量）的影響。若貨幣的所得彈性爲1.2，1980年代年平均經濟成長率爲8.12%，如此所需的貨幣增長率爲9.74%，遠低於實際增長率的17.52%。然而這種現象並沒有產生通貨膨脹，那就是多餘的貨幣供給由飆漲的資產交易所吸收。我們可以說貨幣供給量急遽的增加是爲了資產價格暴漲交易之所需，而資產價格暴漲也需貨幣供給量的急增來支應。從表8-1所示，台灣股票市場台股指數從1985~89年，股價呈現飆漲之風，而市場交易金額也呈跳躍式的激增。1986年股市交易金額的年增率爲246.08%，1987年爲294.97%，1988年爲194.83%，1989年

為222.93%，股市交易年總金額呈倍數成長，所呈現出對貨幣需求激增的現象，從數據中就可充分的表達出。

總上所述，作如下扼要的結論：

1. 投資人非理性地在股市上追高殺低，致使股價大起大落，如坐雲霄飛車般；隨著股價的飆漲，房地產價格亦共襄盛舉，蔚成台灣經濟史上壯觀的泡沫經濟。

2. 貿易順差持續擴大，經濟的總體表現優異：低的失業率、高的經濟成長與穩定的物價變動。

3. 貿易順差或超額儲蓄，代表總體經濟的失衡：新台幣持續升值，熱錢湧入，外匯存底激增，貨幣供給量亦高速成長。

4. 消費者物價與躉售物價呈現背離的走勢。

三、消費者物價與躉售物價的背離問題

1980年代的台灣經濟特質，雖為泡沫經濟，但另一種較特殊的現象為消費者物價與躉售物價的走勢呈背離現象。1980年代消費者物價指數（1991年為基期）由1980年的83.11穩定地上揚到1990年的96.50，年平均上漲率為1.67%；而同時期的躉售物價指數由113.46下降到99.84，年平均下降率為-1.41%。這種背離現象，可從指數編製構成項目、行銷階段與影響因素等差異上得到答案。

我們在第二章裡，已對物價指數編製的方式作過陳述，得知消費者物價與躉售物價編製時所選定的財貨與勞務商品類別

不一，差異頗大。躉售物價指數編算的商品類別包括內銷品與出口品，而出口品並不包括在消費者物價指數編算的內容裡，因而躉售物價指數的走勢受出口物價的影響，而消費者物價則無。鑑於1980年代新台幣的強勢升值，出口商對出口品皆以美元報價，然後換算回來以新台幣計算的出口物價就呈現走降局面。1980年代出口物價年平均下降率為-1.74%，在出口品所占權數為31.11%的情形下，出口品對躉售物價指數的下降貢獻了-0.54%，貢獻率為38.3%。

以躉售物價指數所編算的內銷品中，可再分為國產內銷品與進口品。1980年代，由於國際原油單價下降、新台幣升值與有效關稅稅率下降等因素，進口物價呈現走低現象。以世界加權平均原油價格表示，每桶原油價格在1981年達37美元的最高價後，便開始一路疲軟，呈現回跌局面。1982年為34美元，1983年29美元，1987年1月16.24美元，1990年7月16.6美元[1]；新台幣對美元的匯率，1991年底為37.84：1，1983年底曾回升到40.27：1，而後匯率一路走降，新台幣呈現強勁的升值，到1989年底時為26.16：1；有效關稅稅率在1981年到1987年間是在7%上下波動，但1988年就下降到5.76%，1990年變為5.4%。由以上事實，進口物價指數（按1991年計算）乃由141.36降到102.83，年平均下降率為-3.47%。進口物價的回跌對躉售物價指數的影

---

1 以世界加權平均原油價格表示國際原油價格的變動走勢，該資料取自 *Weekly Petroleum Status Report, DOE*。

響，除所選定的進口品價格納入指數編算內容而對指數下降直接貢獻者外，而進口品屬於原料與初級或半製品者對國產內銷品視為投入項目，亦可促使國產內銷品價格的回跌。躉售物價指數所表示的國產內銷品與進口品物價年平均下降率分別為-0.73%與-3.42%。對物價回跌的貢獻約在-0.42%，貢獻率亦都為29.8%[2]。

表8-2 各類物價變動率

年期	消費者物價			躉售物價				進口物價指數	出口物價指數
	總指數	商品類	服務類	總指數	國產內銷品	進口品	出口品		
1982	2.96	2.75	3.38	-0.19	-0.45	-1.09	1.04	-1.10	1.05
1983	1.38	0.65	2.87	-1.17	-0.71	-3.42	-0.89	-2.49	-0.91
1984	-0.05	-1.29	2.56	0.46	0.68	0.07	0.20	-0.86	0.21
1985	-0.15	-1.62	2.72	-2.59	-3.29	-3.81	-0.13	-1.49	-0.14
1986	0.69	0.36	1.33	-3.34	-0.67	-12.66	-4.23	-13.02	-4.23
1987	0.52	-0.05	1.58	-3.26	-0.49	-5.52	-7.37	-7.35	-7.37
1988	1.29	0.13	3.40	-1.55	-0.29	-4.82	-2.66	-0.99	-2.66
1989	4.42	3.01	6.90	-0.38	1.32	-0.71	-3.72	-5.35	-3.72
1990	4.12	2.00	7.75	-0.61	-2.56	1.94	2.46	2.34	2.47
1982~90	1.67	0.66	3.61	-1.41	-0.73	-3.42	-1.74	-3.47	-1.74

資料來源：行政院主計處編印的《物價統計月報》。

2 1980年代躉售物價指數的編算，國產內銷品的權數為56.5703%，進口品為12.3155%，出口品為31.1142%。

　　消費者物價指數編算所選定的商品類別，係以家計單位最終消費的財貨與勞務爲主，涵蓋食、衣、住、行、育、樂等項目，大致上可粗分爲商品類與服務類，商品類以財貨爲主，服務類以勞務爲主。與躉售物價指數編算相比較時，最大的差異在勞務類上，躉售物價指數編算只考慮財貨，沒有將勞務類納入。1980年代消費者物價指數年平均上漲率爲1.67%，商品類物價的上漲率爲0.66%，低於總指數的平均值；而服務類物價的上漲率爲3.61%，高於總指數的平均值。由此可見，商品類的物價走勢仍與躉售物價呈現背離現象。我們知道躉售物價係在表現商品處於生產者批發階段的物價變動，而消費者物價指數係在表現商品在消費者最終消費階段的物價變動，因而可將前者視爲廠商進貨成本，後者視爲廠商銷售價格，兩者間之差距表示初級要素投入的報酬與利潤。因而從成本面看消費者物價與躉售物價背離的現象，可從要素價格的變動著手，其中以工資率、勞動生產力與租金最爲重要。

　　若工資率以製造業每人每月薪津爲代表，其工資率從1981年的9,564元穩定地上升到1990年的22,048元，年平均上漲率爲9.72%。而同期間的勞動生產力指數從58.2上升到91.26，年平均上漲率爲5.13%，兩者間的差距爲4.59%。由於工資率上漲的幅度大於勞動生產力，必然地造成廠商營運成本的增加，更何況服務類的商品以勞動投入爲主，並不像財貨含有進口原料成本下降的有利因素，致使服務業物價上漲的幅度大於財貨類，進而使消費者物價上揚，並呈現出與躉售物價走勢背離的現象。

　　此外，1980年代房地產價格的飆漲，也帶動住宅房租與都會辦公大樓租金的上揚，如此也造成廠商營運成本的增加。此可作為部分解釋兩者物價背離走勢的原因。

　　1980年代，貨幣供給年平均成長率高達17.52%，與這期間高度的經濟成長，股價的飆漲，以及股市交易額大幅增加，致吸收了貨幣的大量供給有關。但如此高度貨幣供給所累積的效果，對物價的上漲或多或少存有壓力。這種現象可從計量實證中獲得證實。

　　1980年代台灣消費者物價與躉售物價走勢的背離，不是世界上獨有的現象，德國、韓國、日本與美國也都曾發生過，其時期大致上也在1980年代。德國1986~87年間的消費者物價上漲率為2.1%與0.2%，而躉售物價則下跌-7.4%與-3.8%，韓國在1983~92年間消費者物價與躉售物價的上漲率有2~4%的差距，而日本兩種物價的差距在1983~92年間曾高達9.7%[3]。這些例子，都可說明消費者物價與躉售物價走勢背離的現象。

第二節　貨幣供給

　　一般經濟分析，通常將貨幣供給視為控制變數。貨幣供給為中央銀行貨幣政策之工具，經由公開市場操作、重貼現率與

---

3 他國消費者物價與躉售物價走勢背離的現象，可參閱行政院研考會編印的《當前物價問題對策》，頁63~67。

存款準備率的調整，達到增加或減縮貨幣供給的目標，進而影響整體經濟。一般商業銀行因應各種金融工具而產生的利率不同，社會大眾對持有貨幣的信心等，均會影響貨幣供給。1980年代台灣經濟發展特質之一，便是總體經濟持續發生貿易出超與超額儲蓄之失衡現象。

正如前述，由於出口所獲取的外匯需結匯給中央銀行，而外匯同時亦為新台幣發行的準備，貿易持續對外出超，外匯存底急遽增加，致使貨幣供給扶搖直上；同時對於貿易持續對外出超造成新台幣的升值，政府以漸進的方式調整，在預期心理下，大量熱錢流入，更使外匯存底增加，貨幣供給量增加。如此說來，1980年代外匯存底激增與新台幣升值是直接影響貨幣供給變動的主要因素。

圖8-1為1980年代貨幣供給與外匯存底的走勢，其關係頗為密切，大致上兩個變數呈現同方向的變動。由於貨幣供給的多寡深受外匯存底數量的影響，我們分別以水準值與對數值兩種方式進行簡單的迴歸估計，其結果為

$$M_{1b} = 3109.89 + 0.1996 \text{ reserve} \quad\cdots\cdots\cdots\cdots\cdots\cdots (8\text{-}1)$$
$$\qquad (16.86) \quad (50.25)$$

$$R^2 = 0.9554 \quad \overline{R}^2 = 0.9550 \quad F = 2525.34$$

$$\text{Log } M_{1b} = 3.6738 + 0.5376 \text{ log reserve} \quad\cdots\cdots\cdots\cdots (8\text{-}2)$$
$$\qquad (28.02) \quad (41.57)$$

$$R^2 = 0.9361 \quad \overline{R}^2 = 0.9355 \quad F = 1727.83$$

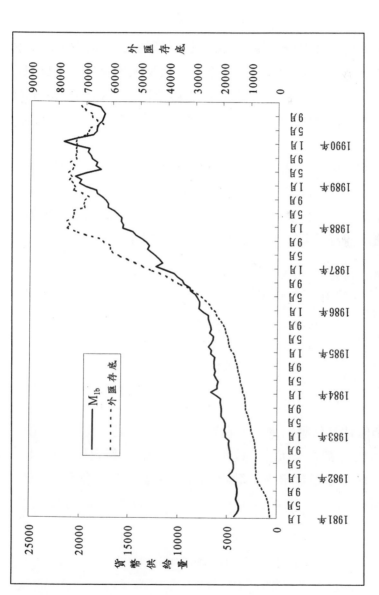

圖 8-1 貨幣供給與外匯存底

參數估計值下括號內數據為 t 值。從水準值估計所獲結果：外匯存底(reserve)每增加一百萬美元，貨幣供給量(M_{1b})便增加新台幣二千萬元。從對數值估計所獲結果：外匯存底每增加1%，貨幣供給量便增長0.5376%。從統計觀點，外匯存底對貨幣供給確具很大的解釋能力。

圖8-2為貨幣供給與匯率(新台幣元／一美元)的資料，兩者間呈現反方向關係，即新台幣升值(一美元兌換新台幣減少)與貨幣供給的關係呈現同方向的變動。我們也分別以水準值與對數值兩種方式進行簡單的迴歸估計，結果為

$$M_{1b} = 45212 - 1003.40\ Ex \cdots\cdots\cdots\cdots\cdots\cdots\cdots (8\text{-}3)$$
$$(42.16)\quad(\text{-}32.81)$$

$$R^2 = 0.9012 \quad \overline{R}^2 = 0.9004 \quad F = 1076.63$$

$$Log\ M_{1b} = 19.9914 - 3.1851\ log\ Ex \cdots\cdots\cdots\cdots (8\text{-}4)$$
$$(41.86)\quad(\text{-}22.84)$$

$$R^2 = 0.8155 \quad \overline{R}^2 = 0.8140 \quad F = 521.66$$

從水準值估計所獲結果，新台幣對美元每升值一元(一美元兌換新台幣每減少一元)，貨幣供給量便增加新台幣1003.4億元，匯率變動對貨幣供給激增的衝擊影響甚巨。從對數值估計所獲結果，同樣新台幣每升值1%，貨幣供給量便增長3.1851%。

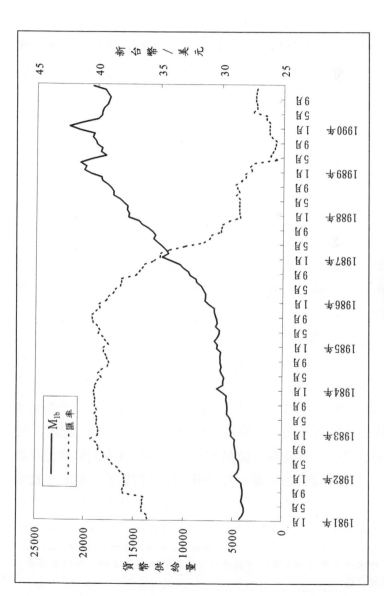

圖8-2 貨幣供給與匯率

　　簡單迴歸估計都顯示外匯存底與匯率對貨幣供給的增加頗具影響，我們再進行複迴歸分析，獲得如下的迴歸估計式：

$$M_{1b} = 15044 - 288.94\ Ex + 0.1473\ reserve \cdots\cdots\cdots\cdots (8\text{-}5)$$
$$(6.87)\quad(-5.467)\quad\quad(14.42)$$
$$R^2 = 0.9644\quad \overline{R}^2 = 0.9638\quad F = 1586.69$$

$$Log\ M_{1b} = 9.7432 - 1.2567\ log\ Ex + 0.3758\ log\ reserve \cdot\cdot (8\text{-}6)$$
$$(33.15)\quad(-21.10)\quad\quad(38.79)$$
$$R^2 = 0.9867\quad \overline{R}^2 = 0.9865\quad F = 4337.47$$

無論是水準值或對數值，外匯存底與匯率對貨幣供給的影響都具有顯著的影響力，複迴歸估計分析的結果，表示模式的解釋能力都上升了。

　　接著我們特別要討論一下貨幣供給與股價、股市交易額的關係。按一般常理，投資者持有資金時，一則存放銀行獲取無風險之孳息收入，另者投資於有風險的資產，股票最具代表性。股票為賺取紅利與資本利得最直接的方式，同時亦需承擔虧本的風險，風險越大者，風險貼水（risk premium）亦就越高[4]。如果利率低於由買賣股票所獲利益時，投資者就會將資金從存款帳戶提出，改投資於股票；若利率高出股票買賣報酬時，資金

---

4 按財務金融理論，投資者投資於有風險性之資產，其要求的報酬率會
　等於投資於無風險資產（例：銀行存款）之報酬，再加上風險貼水。風
　險貼水通常係由預期報酬率與無風險資產報酬率之差額，除以變異係
　數後而得。

就會再回到銀行的存款帳戶。

　　貨幣供給有廣義與狹義之分，廣義係指M_2，由流通中的通貨、支票、活期存款、定期存款與儲蓄存款等所構成；狹義係指M_{1b}，並不包括定期存款與儲蓄存款在內。1980年代後半期M_2的成長率大都在20%上下游走，1990年才下降到10%。然M_{1b}的情形則迥然不同，1986年第一季之前的成長率不及M_2的一半，但自1986年第二季起卻高於M_2。在股價飆漲與成交值增大之際，M_{1b}的成長率大都維持在30%以上，最高時曾達51%；其成長率為M_2的倍數，曾維持長達一年之久。股市在崩盤前，於1989年第二季，M_{1b}的年增率由30.39%急遽的滑落到7%以下，崩盤後的年增率變為負值(參見表8-3)。股票交易需用貨幣，當股市交易熱絡，泡沫激起時，投資者將定期與儲蓄存款解約，改開活期或活期儲蓄存款，以便隨時都可進出股票市場進行交易。如此一來，M_2並沒有變動，但M_{1b}卻增長了。當1990年股市泡沫破滅時，投資者就退出股市，又將資金改存定期或儲蓄存款，這樣一來，M_2也沒有變動，但M_{1b}卻減縮了。由此得知，M_{1b}與股價或股市交易總額的關係，就變得異常密切。貨幣供給量的激增，演變成「資金行情」，在推波助瀾下，使得股價飆漲，而股市成交值與量亦跟著不斷的放大狂升[5]；股價持續一段時間的飆漲，讓定期或儲蓄存款者解約，改存活期存款，

---

5 有關1980年代股價飆漲的實證分析，其中受貨幣供給影響的情形，可參閱拙著之《台灣泡沫經濟》。

M$_{1b}$獲得新注入的源泉，益增對股市的投入。當股市泡沫破滅後，資金從股市退潮，M$_{1b}$亦減縮回降。在泡沫經濟，股價或股市交易總額的變動對M$_{1b}$確有相當大的影響。

表8-3 貨幣供給與股價交易年變動率

單位：%

年　季	M$_{1b}$	M$_2$	台股指數	台股交易額
1985年1季	10.28	20.65	-5.41	-12.78
1985年2季	7.72	20.22	-19.45	-24.96
1985年3季	7.88	21.57	-24.28	23.05
1985年4季	12.20	22.63	-8.07	129.09
1986年1季	18.73	21.66	14.06	78.66
1986年2季	29.02	21.03	27.15	-5.65
1986年3季	40.87	21.41	37.75	5.48
1986年4季	51.42	23.30	29.74	43.43
1987年1季	51.05	24.04	32.90	45.23
1987年2季	49.72	25.41	84.03	75.66
1987年3季	42.28	22.25	182.21	78.61
1987年4季	37.73	23.01	197.70	-22.95
1988年1季	32.11	20.79	151.62	20.52
1988年2季	30.37	20.95	155.57	93.55
1988年3季	29.32	21.81	164.41	48.57
1988年4季	24.45	20.30	115.47	20.73
1989年1季	30.39	22.42	115.14	-11.26
1989年2季	7.40	21.53	98.15	137.26
1989年3季	6.85	19.04	38.06	16.25
1989年4季	6.05	18.36	49.55	0.66
1990年1季	-8.72	15.00	71.88	13.92
1990年2季	-1.41	10.35	-8.94	-32.19
1990年3季	-7.59	12.31	-56.89	-53.96
1990年4季	-6.66	10.96	-60.90	13.14

資料來源：中央銀行經濟研究處編印的《金融統計月報》與台灣證券交易所的《證券統計資料》。

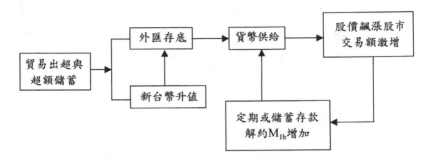

　　圖8-3與圖8-4分別為貨幣供給與股價及貨幣供給與股市交易總額月資料的走勢圖。圖8-3與圖8-4頗有幾分類似，即股價飆漲，成交量增大；股價回檔或重挫，成交額跟著萎縮。我們利用簡單迴歸式，分別以水準值與對數值進行估計，結果為：

$$M_{1b} = 7867.23 + 0.0051 \text{ VS} \quad\cdots\cdots\cdots\cdots\cdots\cdots (8\text{-}7)$$
$$\quad\quad\quad (20.25) \quad (13.32)$$
$$R^2 = 0.6004 \quad \overline{R}^2 = 0.5970 \quad F = 177.32$$

$$M_{1b} = 6082.78 + 1.6204 \text{ Pstock} \quad\cdots\cdots\cdots\cdots (8\text{-}8)$$
$$\quad\quad\quad (18.05) \quad (19.87)$$
$$R^2 = 0.7699 \quad \overline{R}^2 = 0.7679 \quad F = 394.76$$

$$\text{Log } M_{1b} = 6.0011 + 0.2715 \log \text{ VS} \quad\cdots\cdots\cdots (8\text{-}9)$$
$$\quad\quad\quad\quad (53.38) \quad (27.93)$$
$$R^2 = 0.8686 \quad \overline{R}^2 = 0.8675 \quad F = 779.89$$

$$\text{Log } M_{1b} = 5.3710 + 0.5101 \log \text{ Pstock} \quad\cdots\cdots (8\text{-}10)$$
$$\quad\quad\quad\quad (44.19) \quad (30.96)$$
$$R^2 = 0.8904 \quad \overline{R}^2 = 0.8895 \quad F = 958.72$$

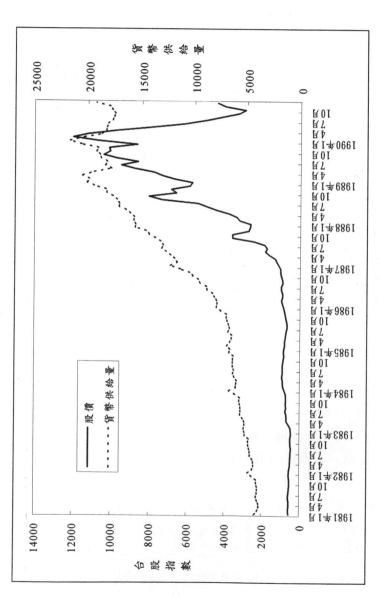

圖8-3 台股指數與貨幣供給量

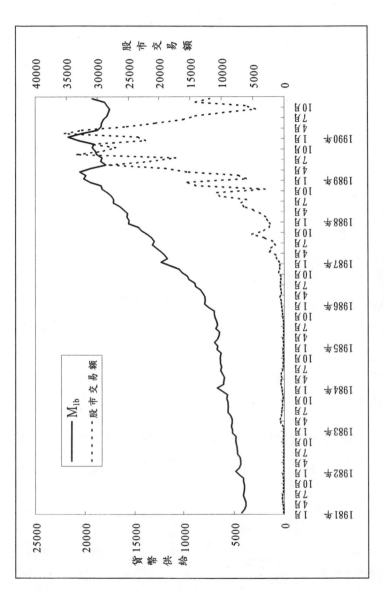

圖8-4　貨幣供給與股市交易額

無論水準值或對數值，從迴歸估計所獲 t 值得知，股價(Pstock)
或股市交易額(vs)對貨幣供給都具影響力。股市交易額每增加
一億元，貨幣供給便增加0.51億元。若股市交易額增加1%，則
貨幣供給就增加0.2715%。至於貨幣供給與股價的迴歸實證結
果：台股指數每增加一點，貨幣供給便增加1.6204億元，其彈
性為0.5101。

　　將股價與股市交易額納入複迴歸分析之前，我們認為對貨
幣供給有影響的變數先進行Pearson相關係數分析，是件有意義
的事，其結果列於表8-4。就1980年代月資料所計算出的相關
係數，貨幣供給與匯率之間為-0.9494，與外匯存底為0.9774，
與股價為0.8774，與股市交易額為0.7749，其中與外匯存底的
相關程度為最高，與股市交易額為最低。然而解釋變數之間的
相關情形為外匯存底與匯率之間，以及股價與股市交易額之間
的相關係數均高達0.93以上，表示相關程度頗高，但股市交易
額與外匯存底的相關程度不及0.7，乃是這些所有變數中相關程
度最低者。

表8-4　1980年代貨幣供給與相關重要變數的Pearson相關係數

	M_{1b}	匯率	外匯存底	股價指數	股市交易額
M_{1b}	1.0000				
匯率	-0.9494	1.0000			
外匯存底	0.9774	-0.9372	1.0000		
股價指數	0.8774	-0.8662	0.7993	1.0000	
股市交易額	0.7749	-0.7794	0.6841	0.9486	1.0000

資料來源：本研究

由於股價與股市交易額相關程度高，爲避免複迴歸時產生線性重合問題，我們分別予以估計。其結果如下：

$$M_{1b} = 6307.15 - 69.4430 \text{ ER} + 0.1615 \text{ reverse} + 0.0012 \text{ VS}$$
$$(3.02) \quad (-1.36) \quad (19.1) \quad (7.93)$$
$$R^2 = 0.9769 \quad \overline{R}^2 = 0.9763 \quad F = 1638.13 \quad \cdots\cdots (8\text{-}11)$$

$$M_{1b} = 4445.55 - 25.9329 \text{ER} + 0.1528 \text{ reverse} + 0.4772 \text{ Pstock}$$
$$(2.32) \quad (-0.55) \quad (20.33) \quad (10.07)$$
$$R^2 = 0.9810 \quad \overline{R}^2 = 0.9805 \quad F = 1998.87 \quad \cdots\cdots (8\text{-}12)$$

$$\text{Log } M_{1b} = 8.0934 - 0.8703 \text{ log ER} + 0.3538 \text{ log reverse}$$
$$(17.37) \quad (-8.34) \quad (34.25)$$
$$+ 0.0445 \text{ logVS} \quad \cdots\cdots\cdots (8\text{-}13)$$
$$(4.37)$$
$$R^2 = 0.9886 \quad \overline{R}^2 = 0.9883 \quad F = 3346.11$$

$$\text{Log } M_{1b} = 7.3409 - 0.7212 \text{ log ER} + 0.3421 \text{ log reverse}$$
$$(15.49) \quad (-7.01) \quad (33.67)$$
$$+ 0.1166 \text{ log Pstock} \quad \cdots\cdots\cdots (8\text{-}14)$$
$$(6.04)$$
$$R^2 = 0.9899 \quad \overline{R}^2 = 0.9896 \quad F = 3779.73$$

我們利用複迴歸分析，在水準值方面，加了股價與股市交易額兩變數後，匯率的估計值就變爲不具統計顯著性；但在對數值方面，這四個解釋性變數匯率、外匯存底、股價與股市交易額都是解釋貨幣供給變動的顯著性變數。它們估計出的符號

也與預期相符合,解釋能力也很大。

從實證結果,我們知道,在其他條件不變下,當匯率下降(新台幣升值)1%時,貨幣供給會增加0.72~0.87%之間;外匯存底變動1%時,貨幣供給會變動0.34~0.35%之間;股價變動1%時,貨幣供給會變動0.1166%;股市交易額變動1%時,貨幣供給會變動0.0445%。雖然在理論與政策考慮上,一般大眾與學者皆將貨幣供給量視為政策變數,即政府可以控制,不受其他因素影響的變數。然而在泡沫經濟時期,也許政府仍有影響貨幣供給的操作方式,但總體經濟面的如此般失衡,對貨幣供給的衝擊,必然是存在的。我們實證的結果,亦佐證其關係。

第三節　物價變動的計量分析

對1980年代泡沫經濟時期物價變動的計量分析,我們基於前二節對該時期一般經濟狀況陳述所作的了解,以及在第三章中對物價變動成因所建立的架構,從成本面或需求面找出最適的解釋變數,進行計量分析。然而在進行迴歸分析之前,無論在理論上或實證上,對與物價有較密切關係的重要變數,先進行Pearson相關係數分析,以便在迴歸分析時對解釋變數之間的相關程度有所了解,其結果列於表8-5。

就1980年代消費者物價指數與躉售物價指數呈現背離的事實,在Pearson相關係數方面,消費者物價指數與躉售物價指數、進口與出口物價指數以及匯率(新台幣元／一美元)皆呈現出

表8-5　1980年代（1981~90）月資料物價指數與相關變數的Pearson相關係數

	CPI	WPI	MPI	XPI	WAGE	RW	ER	M_{1b}	PI	VS
CPI	1.0000									
WPI	-0.7052	1.0000								
MPI	-0.7199	0.9841	1.0000							
XPI	-0.7240	0.9541	0.9577	1.0000						
WAGE	0.7523	-0.8018	-0.8010	-0.8036	1.0000					
RW	0.3897	-0.4344	-0.4319	-0.4354	0.8235	1.0000				
ER	-0.7216	0.8961	0.8943	0.9761	-0.7783	-0.4215	1.0000			
M_{1b}	0.7954	-0.9436	-0.9439	-0.9666	-0.8654	0.4939	-0.9493	1.0000		
PI	0.7405	-0.9185	-0.9244	-0.8821	0.7544	0.3498	-0.8332	0.9140	1.0000	
VS	0.7136	-0.6807	-0.7120	-0.7735	0.6565	0.3547	-0.7794	0.7749	0.6435	1.0000

附註：CPI, WPI, MPI與XPI分別表消費者、躉售、進口與出口物價指數，WAGE與RW分別表製造業平均每人每月薪資與其經勞動生產力指數平減後之薪資，ER表匯率，M_{1b}表貨幣供給量，PI表工業生產指數，VS表股市交易額。

負的相關，其相關係數大都圍繞在0.71左右，足以反應背離的現象。然而消費者物價指數與製造業平均每人每月薪津的相關係數爲0.7523，與該薪津經由勞動生產力指數平減後的相關係數，則爲0.3897。就理論而言，工資率的上升會推動物價的上漲，正相關係數與預期的結果相符合，但經勞動生產力指數平減後的相關係數似顯偏低；與M_{1b}的相關係數爲0.7954，其係數值爲最高，並與理論預期相符合；與工業生產指數的相關係數爲0.7405。我們以工業生產指數替代產出水準，就理論而言，產出的增加對物價具有抑制作用。相關係數只陳述兩組資料走勢的方向與相依程度，並不代表因果關係。消費者物價指數與股市交易額的相關係數爲0.7136。

至於躉售物價指數，它與進出口物價指數的相關係數高達0.95以上，與匯率的係數亦有0.89，皆呈現出高度的相關。但躉售物價指數卻與製造業平均每人每月薪津、貨幣供給量、工業生產指數與股市交易額呈現出高度的負相關，與理論上的關係不盡相一致。這些資料間相關只表示資料單純的走向，無任何因果的設定在內。由於進出口物價指數與躉售物價指數走勢的類似，這些物價指數與其他變數之間的相關程度就類似躉售物價指數與其他變數之間的關係。

製造業平均每人每月薪津與貨幣供給呈現高度的正相關，其係數爲0.8654；與工業生產指數的相關係數爲0.7544，與股市交易額爲0.6565，與匯率則呈現出負的相關，係數爲-0.7783；經勞動生產力指數平減後的製造業平均每人每月薪津與個別變

數間的相關程度皆較低，係數值大都在0.5以下。貨幣供給與工業生產指數的相關係數高達0.9140，與理論上的預期結果相符合。為因應工業生產的增加與交易的熱絡，交易動機所需的貨幣，就會較多，故兩個變數是呈同方向變動。有了這些變數間相關係數的基本訊息後，我們利用1980年代月資料分別對物價指數進行迴歸分析。

一、躉售物價指數

就行銷階段而言，躉售物價指數可視為廠商的進貨成本，因而從成本理論上著手，躉售物價指數（wpi）當然受原料價格與要素投入報酬之影響。另者，從需求層面觀察，貨幣供給（M_{1b}）與工業生產指數（pi）亦可扮演重要角色，前者對物價具有助漲之功效，預期符號為正的；後者對物價具有抑制作用，預期符號為負的。首先我們從成本面分析，就躉售物價指數（wpi）與進口物價指數（mpi與xpi）的雙對數型的迴歸分析，所得結果為：

$$\log wpi = 2.7458 + 0.3826 \quad \log mpi \quad\cdots\cdots\cdots\cdots (8\text{-}15)$$
$$\quad\quad (90.34) \quad (59.17)$$
$$R^2 = 0.9674 \quad \overline{R}^2 = 0.9671 \quad F = 3500.89$$

就進口物價指數與躉售物價指數進行的雙對數迴歸估計結果而言，模式的解釋能力很強，符號與理論預期的相符合。由於在Pearson相關係數分析時，這兩個物價指數的相關係數高達0.9577，因而我們選擇進口物價指數為代表。在1980年代期間，

由於國際原油價格回跌，新台幣升值，與有效關稅稅率下降，在在都顯示出進口物價趨跌的走勢。從上述簡單迴歸得知，進口物價指數每下降1%，躉售物價指數便下降0.3826%。我們亦進一步再看看躉售物價指數受新台幣升值的影響情形，其迴歸估計結果為

$$\log wpi = 3.5378 + 0.2847 \log ER \cdots\cdots\cdots\cdots\cdots (8\text{-}16)$$
$$(77.61) \quad (22.08)$$
$$R^2 = 0.8052 \quad \overline{R}^2 = 0.8035 \quad F = 487.68$$

由於新台幣升值或匯率(ER)下降，只是造成進口物價指數下降的因素之一；相對與進口物價指數的迴歸結果，其係數估計值亦較小，模式的解釋能力亦較低，頗符合實際現象。

在成本面的考量方面，除進口物價指數外，工資率(wage)也是一項較重要的變數，簡單迴歸與複迴歸結果如下：

$$\log wpi = 6.1689 - 0.1705 \quad \log wage \cdots\cdots\cdots\cdots (8\text{-}17)$$
$$(73.20) \quad (\text{-}19.30)$$
$$R^2 = 0.7594 \quad \overline{R}^2 = 0.7573 \quad F = 372.36$$
$$\log wpi = 6.872 - 0.2338 \quad \log(wage/f(n)) \cdots\cdots\cdots (8\text{-}18)$$
$$(17.61) \quad (\text{-}5.96)$$
$$R^2 = 0.2317 \quad \overline{R}^2 = 0.2252 \quad F = 35.58$$
$$\log wpi = 2.9582 + 0.3618 \log mpi - 0.0120 \log wage \cdots (8\text{-}19)$$
$$(24.73) \quad (27.77) \quad\quad (\text{-}1.84)$$
$$R^2 = 0.9683 \quad \overline{R}^2 = 0.9678 \quad F = 1787.24$$

$$\log \text{wpi} = 2.8092 + 0.3805 \log \text{mpi} - 0.0054 \log(\text{wage}/f(n))$$
$$\quad (24.90) \quad (51.46) \quad\quad\quad (-0.58)$$
$$R^2 = 0.9675 \quad \overline{R}^2 = 0.9669 \quad F = 1740.83 \quad\cdots\cdots (8\text{-}20)$$

以製造業平均每人每月薪津爲工資率的代表，符號估計結果
與理論預期不符合，而經勞動生產力指數(f(n))平減後的工
資率更不理想，在複迴歸方面都呈現出不顯著的現象。工資
爲構成生產成本的重要部分，然而在1980年代，經勞動生產
力指數平減後的工資率，雖然上漲，但幅度不及進口原料價
格的下降，而工資成本的比重原較原料成本爲低，如此一來，
走低的進口物價對躉售物價指數的走勢，便居主導與壓倒性
的角色。

接著我們以進口物價指數爲基礎，將工業生產指數(pi)納
入，迴歸估計結果如下：

$$\log \text{wpi} = 2.9563 + 0.3549 \log \text{mpi} - 0.0187\log \text{pi} - 0.0033D1$$
$$\quad (27.64) \quad (23.69) \quad\quad\quad (-2.06) \quad\quad\quad (-1.03)$$
$$R^2 = 0.9687 \quad \overline{R}^2 = 0.9679 \quad F = 1196.02 \quad\cdots\cdots (8\text{-}21)$$

生產增加對物價具有抑制之作用，估計中工業生產指數的係數
爲負值且具顯著性，與理論預期相符合。因考慮到工業生產指
數受季節性的因素影響甚大，於農曆過年時節常有較長的假期
而使指數大幅下降，乃以虛擬變數(D1)表示此種特質，但該變

數的估計不具顯著性[6]。

物價走勢的形成,預期心理的因素亦頗重要,我們以前期躉售物價指數納入當作解釋變數,估計結果為

$$\log wpi = 0.7065 + 0.0873 \log mpi - 0.0050 \log pi \cdots\cdots (8\text{-}22)$$
$$(6.38) \quad (6.43) \qquad\qquad (-1.26)$$
$$- 0.0003D1 + 0.7588 \log wpi_{t-1}$$
$$(0.25) \qquad (22.40)$$
$$R^2 = 0.9942 \quad \overline{R}^2 = 0.9940 \quad F = 4894.84$$

加入前期躉售物價指數當作解釋變數後,迴歸分析的結果就產生很大變化,進口物價指數的估計值雖然還具有顯著性,但估計值卻從0.3549滑落到0.0873,而工業生產指數卻變為不具統計顯著性。如此說來,模式中包括前期躉售物價指數為解釋變數時,前期躉售物價指數對模式的解釋能力具有壓倒性的優勢。

二、消費者物價指數

消費者物價指數一方面可視為廠商的銷售價格,另一方面亦可視為消費者的生活成本。從成因的一般觀察中得知,物價

---

6 無論從理論上或實際上而言,貨幣供給對物價的影響均視為重要變數之一,由於在1980年代躉售物價指數走跌的趨勢深受原料成本下降的影響,我們將貨幣供給納入複迴歸模式中進行實證分析,所得結果甚不理想,貨幣供給的係數符號為負的,估計結果為:
$\log wpi = 3.3565 + 0.2948 \log lmpi - 0.0218 \log M_{1b}$。

變動深受成本面與需求面的影響,而成本面係以原料成本與要
素投入的報酬為主,我們分別以躉售物價指數與製造業每人每
月薪津為代表;需求面我們仍然以貨幣供給與工業生產指數為
代表。首先我們從需求面著手進行簡單迴歸分析。

　　從圖8-5所示,月資料的貨幣供給序列與消費者物價指數
序列呈同方向之變動,在1986年以前貨幣供給的增長較緩和,
以後便快速增長,直到1989年後才呈減退局面。消費者物價指
數在1981年上漲較快,而後到1987年間都相當平穩,之後上漲
幅度就開始增大。我們以簡單迴歸估計其函數關係,其結果如
下:

$$\log \text{cpi} = 4.1185 + 0.0599 \log M_{1b} \cdots\cdots\cdots (8\text{-}23)$$
$$(103.77)\quad(13.75)$$
$$R^2 = 0.6156 \quad \bar{R}^2 = 0.6123 \quad F = 188.98$$

上式顯示消費者物價與貨幣供給的變動呈正的關係,係數估計
值具有統計上的顯著性,表示有高的解釋能力。上式表示貨幣
供給增加1%時,消費者物價便會上漲0.0599%。單就簡單迴歸
分析,便得到與理論上預期的結果相吻合。

　　從成本面分析,工資率的變動對物價的影響常是經濟學家
所關心的課題,因為它是成本推動式通貨膨脹的核心。圖8-6
為消費者物價與以製造業平均每人每月薪津所代表的工資率,
兩者變動走勢呈相同方向。工資率有較規則性的季節性變動,
即每年的一月或二月的年終獎金會使工資率呈現跳躍式的遞

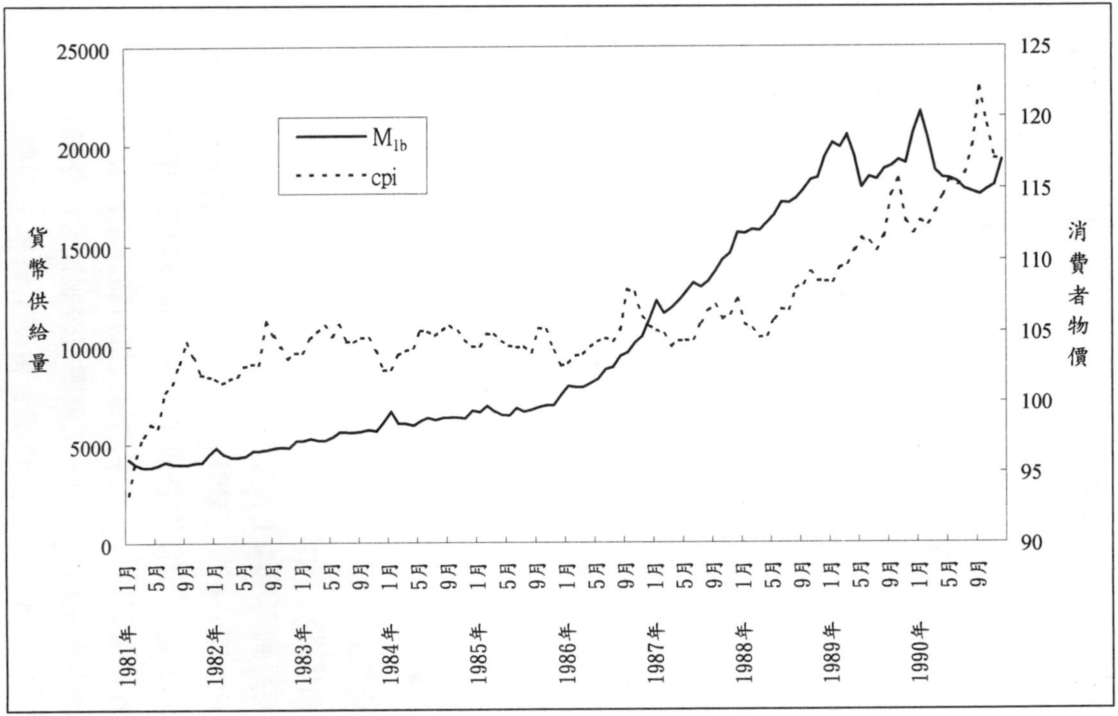

圖8-5 貨幣供給與消費者物價

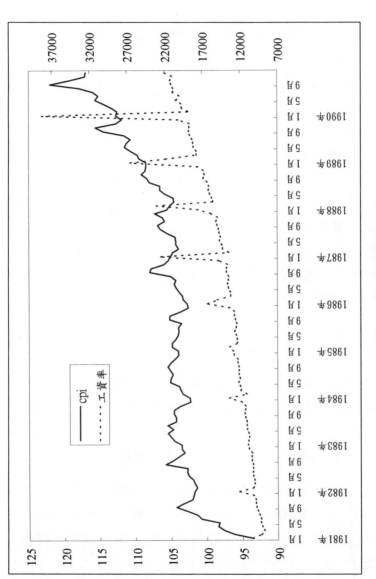

圖8-6 名目工資率與消費者物價

增。不過，一般論及工資率對物價的衝擊時，會將勞動生產力
因素納入，勞動生產力的提高，會使廠商生產成本下降，對物
價具有緩和作用，因而在理論上，當工資率上漲幅度超過勞動
生產力增長時，才會對物價上漲有火上加油的助力。我們以勞動
生產力指數去平減工資率後所得的資料與物價資料列在圖8-7。
從圖中所示，修正後的工資率仍具有季節性變動因子，但與物
價變動的關係似乎降低。爲消除季節性變動因子，我們以最近
12月移動平均的方式推算工資率，然後再經由勞動生產力指數
的平減，其資料與消費者物價列於圖8-8。從圖中顯示，兩變
數的序列存有正的關係。

　　我們亦以簡單迴歸分析的方式，探討工資率與消費者物價
之間的計量關係，其結果爲

$$\log \text{cpi} = 3.4448 + 0.1278 \log \text{wage} \cdots\cdots\cdots\cdots\cdots\cdots\cdots (8\text{-}24)$$
$$\quad\quad (40.24) \quad (14.24)$$
$$R^2 = 0.6320 \quad \overline{R}^2 = 0.6289 \quad F = 202.66$$
$$\log \text{cpi} = 2.8943 + 0.1776 \log (\text{wage/f}(n)) \cdots\cdots\cdots\cdots (8\text{-}25)$$
$$\quad\quad (8.84) \quad (5.40)$$
$$R^2 = 0.1982 \quad \overline{R}^2 = 0.1914 \quad F = 29.17$$

估計結果顯示工資率對物價實際上具有影響力，當名目工資
率上漲1%時，物價會上漲0.1288%，但經勞動生產力指數平
減後的工資率，迴歸係數雖具有顯著性，但模式的解釋能力
就變低了。

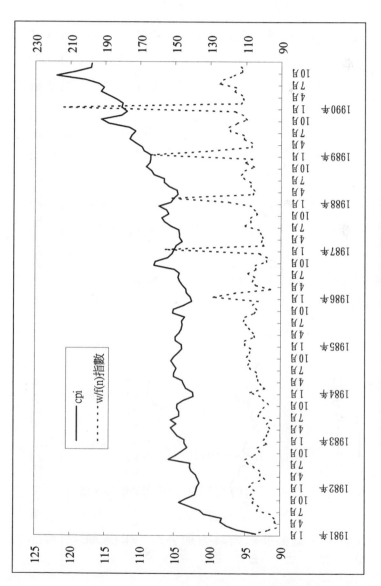

圖8-7 經勞動生產力修正後的工資率與消費者物價

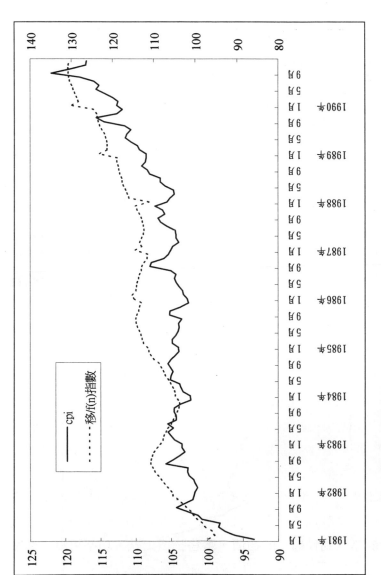

圖8-8 移動平均工資率經勞動生產力指數平減後之走勢與消費者物價

　　基於貨幣供給與工資率對消費者物價影響的計量分析，我們再將躉售物價指數納入為解釋變數，進行複迴歸分析，得

$$\log \text{cpi} = 1.4341 + 0.4334 \log \text{wpi} + 0.0654 \log \text{wage}$$
　　　　　　（1.62）　（2.58）　　　　　　（2.84）

$$+ 0.0699 \log M_{1b} \cdots\cdots\cdots\cdots\cdots\cdots\cdots\cdots (8\text{-}26)$$
　　　　　（3.47）

$$R^2 = 0.6679 \quad \overline{R}^2 = 0.6593 \quad F = 77.76$$

上式的解釋變數，無論是屬於成本面或是需求面的，躉售物價指數、工資率與貨幣供給對消費者物價都具有統計上顯著的正值影響力，其中工資率與貨幣供給在前述已作過說明，於此對躉售物價對消費者物價的部分應作更深入的剖析。

　　我們知道1980年代消費者物價指數與躉售物價指數的走向呈現背離的現象，即兩變數資料的Pearson相關係數是負的，這種是單就兩變數資料本身的走向而予以觀察的結果；另者，從理論上獲知，視為進貨成本的躉售物價指數對視為家計部分生活成本的消費者物價指數應具有正值的影響，即躉售物價指數上漲，消費者物價理應伴隨上漲；躉售物價指數下降，消費者物價亦應回跌，因而其理論上的符號為正的。我們複迴歸的分析卻能在資料走向不一致的情況下，估得與理論上預期相符合的符號，確實難能可貴。這也充分呈現出，為何在1980年代消費者能享受到較穩定的物價，躉售物價走跌，功不可沒。從實證結果得知，當躉售物價下跌1%時，消費者物價指數便會下

跌0.4334%。

我們再將代表產出水準的工業生產指數納入複迴歸模式中進行分析，結果為

$$\log \text{cpi} = 1.2333 + 0.3869 \log \text{wpi} + 0.1609 \log \text{wage}$$
$$(1.67) \quad (2.74) \qquad (6.56)$$
$$+ 0.0523 \log M_{1b} - 0.0773 \log \text{pi} - 0.0227D1$$
$$(2.20) \qquad (-2.20) \qquad (-2.29)$$
$$- 0.0597D2 \cdots\cdots\cdots\cdots\cdots\cdots\cdots\cdots\cdots\cdots\cdots\cdots (8\text{-}27)$$
$$(-6.56)$$
$$R^2 = 0.7743 \quad \overline{R}^2 = 0.7623 \quad F = 64.61$$

$$\log \text{cpi} = 0.6391 + 0.5456 \log \text{wpi} + 0.0703 \log (\text{wage}/f(n))$$
$$(0.73) \quad (3.42) \qquad (2.20)$$
$$+ 0.1310 \log M_{1b} - 0.0797 \log \text{pi} - 0.0238D1$$
$$(5.70) \qquad (-1.91) \qquad (-2.08)$$
$$- 0.0381D2 \cdots\cdots\cdots\cdots\cdots\cdots\cdots\cdots\cdots\cdots\cdots (8\text{-}28)$$
$$(-3.61)$$
$$R^2 = 0.7015 \quad \overline{R}^2 = 0.6856 \quad F = 44.25$$

產出增加對物價上漲具有抑制作用。理論上預期的符號是負的，我們實際估計的結果確實也是負的。這些對消費者物價具有影響的解釋性變數，無論是屬於成本面的工資率或躉售物價指數，或是屬於需求面的貨幣供給與工業生產指數，都是解釋1980年代消費者物價與變動的重要變數，其估計係數符合理論

要求,在統計上也具顯著性。

在其他條件不變情況下,我們以表8-1所示的1980年代各變數的變動率代入上式的實際迴歸估計式中,單就貨幣供給增長17.52%而言,便可使消費者物價上漲2.30%;單就產出水準增長8.12%而言,便可使消費者物價下跌0.65%,如此說來,需求面的因素使得1980年代台灣消費者物價年平均上漲1.65%。來自工資率上漲超過勞動生產力部分,可使消費者物價上漲0.32%;因躉售物價的走跌,可使消費者物價回降0.76%;成本面使物價年平均下跌0.44%。兩種因素的加總為1.21%,對實際消費者物價年平均上漲1.67%。

兩相比較,躉售物價指數與消費者物價指數的決定因素並不完全相同,躉售物價深受進口物價的影響,隨著進口物價的沈浮而波動,進口物價經由躉售物價而傳遞到消費者物價的波動上。此外,貨幣供給的增加與工資率的上升對消費者物價都具有較大的影響力,但對躉售物價的變動就起不了任何統計上顯著的影響。至於產出的增加(以工業生產指數為代表)對消費者物價與躉售物價都具有抑制作用。

第九章

資產不景氣時期的物價走勢

　　泡沫經濟破滅，股價自天價重重跌落，經由一段時間的療傷與調整，隨經濟景氣的復甦，於1990年代中期，股市又漸漸熱絡起來。不料，到1996年與1997年間又呈現出大漲大跌的行情，即股價於1996年4月在4600點左右一路爬升到1997年8月的10,256點，漲幅有1.5倍。後因東亞金融風暴的衝擊，新台幣隨著貶值，股價在不到兩個月的時間就跌落到7040點[1]。至1998年底，台灣仍籠罩在金融危機中。其實，在1990年代的上半期，台股股價上上下下波動也有好幾回。

　　儘管股價起起落落，直到1990年2月台股崩盤後，房地產也就陷於慘澹的寒冬，一蹶不振。由於過高的房價超過中產階級購屋的能力，台灣各地都出現過剩的餘屋，再加上台北地區的房地產遭受天災人禍，使得房地產市場雪上加霜。1990年代

1　有關1996~97年間台股股價大起大落的研討，可參閱拙著之《台灣泡沫經濟》。

台灣經濟特徵可稱爲資產不景氣時期。爲探討在這段時期一般物價的走勢與決定因素,本章共分三節來進行,分別爲資產不景氣時期的一般經濟狀況,物價走勢與其計量分析。

第一節　資產不景氣時期一般經濟狀況

一、資產不景氣之現象

隨著1980年代下半期股價的狂飆,台灣房地產價格亦跟著飆漲。由於房地產價格資料既不完整,亦無統一編製,分析應用時常有捉襟見肘之感。股市的大崩盤,使得房地產失去支持的力道,致使陷入長期不景氣之中。

表9-1　台灣地區重要城市預售屋價格

單位:萬元/坪

年期	基隆市	台北市	台北縣	桃園市	台中市	高雄市
1992	13.2	35.7	17.7	12.8	13.6	12.8
1993	12.3	38.9	18.4	13.5	13.2	13.1
1994	11.5	34.4	19.4	14.8	13.4	12.6
1995	13.0	36.9	17.9	13.2	13.9	13.8
1996	12.7	33.6	17.5	12.8	12.6	12.7

資料來源:《1997年台灣地區房地產業年鑑》,信義房屋仲介公司,1997年5月。

表9-1列出台灣地區重要城市如台北市、基隆市、桃園市、台中市與高雄市1992~96年預售屋平均每坪價格的情形。表中

顯示，地區間房價差異頗大，以台北市每坪售價為最高；由於售價偏高，房市呈現出不景氣的頹勢。就平均每坪預售屋售價而言，台北市1993年達到每坪38.9萬元後，便陸續下降到1996年的33.6萬元；台北縣地區於1994年達到每坪19.4萬元後，也開始下落到1996年的17.5萬元；桃園市的情形也是一樣，由1994年的14.8萬元降到1996年的12.8萬元。

至於中部地區的情形，以台中市為例，1992~93年間預售屋每坪平均售價介於13~14萬元之間，到1996年底降到12.6萬元。其實，表中所列的預售屋售價似有偏高之嫌，根據查訪得知，台中市地區空屋率偏高，目前公寓房屋每坪8萬元便可輕易尋到，比表列的預售價格至少可降低三到四成。高雄的情形也是如此。

一般認為，房地產平均每五年有一次循環，此次的低迷已持續八年之久，仍未見復甦跡象。同時在金融風暴侵襲下，資產大幅縮水，金融業在營運方面逾期放款比率大幅提高，反應營建公司的經營已面臨淒風苦雨，飽受金融風暴的無情打擊。預售屋銷售滑落，空屋比例攀升，尤其是房價較低、面積較小、且離市鎮較遠的一般房屋，在得不到需求者之青睞下，銷售情況更糟。房地產景氣將在何時恢復？無人敢斷言。

雖然，房地產的售價並未上漲，但租金持續上漲的現象十分明顯。1991~97年間居住類物價年平均上漲為3.37%，這種現象與理論不相符合。探究其因，乃是由於國人對房地產投資與房屋居住服務租金分離處理所致，國人對房地產投資並不完全

著眼於租金收入，而在於置產保值。

二、一般經濟狀況之概述

　　1990年代台灣的經濟狀況，與其他年代相比較時，除房地產處於不景氣外，其它方面就顯得比較普通。就整體經濟成長而言，年成長率圍繞在6.5%，上下不差1%。由於出口成長減緩，且進口成長快速，致使1970年代與1980年代大額貿易順差的情景不復再見，外匯存底亦不曾呈快速的累積。外匯存底於1994年達924.54億美元後，便呈減退走勢；於1997年降為835億美元。至於在匯率方面，美元兌換新台幣於1992年底時來到最低點，兌換比率為1：25.4，之後大都圍繞在1：27。1997年7月泰銖貶值而引發印尼、馬來西亞、菲律賓等國相繼貶值，造成東亞金融風暴，進而演變成全球的金融風暴，甚至連美國都無法倖免，台灣自然亦不例外，於1997年底時兌換比率貶到1：32.64。

　　其實，在1990年代，以製造業平均每人每月薪津所代表的工資率，由1990年的22,048元穩定地上升到35,275元，平均上漲率為6.96%，約高於經濟成長率。從表9-2所示，工資率的年上漲率呈遞減走勢。在同期間，勞動生產力也增長5.36%，兩者之間相差1.6%。它對物價上漲的壓力是有限的。至於貨幣供給成長情形，年平均上漲率為9.95%，但1991~94年間每年的增長率皆不低於12%，而1995~97年間每年的增長率皆低於9%，尤其是1995年，其增長率只有0.76%。與經濟成長率相比較，1991~94年間，貨幣供給增長率為經濟成長率的倍數，但1995~97

表9-2 台灣資產不景氣時期重要總體經濟指標

	消費者物價指數	躉售物價指數	GDP（億元）	M1b（億元）	重貼現率	工資率（元）	勞動生產力	股價	股票交易（億元）	匯率	外匯存底	失業率
1990	96.50	99.84	44728	19256	7.750	22048	91.26	6775.32	213646	27.11	724.41	1.67
1991	100.00	100.00	48107	21584	6.250	24469	100.00	4928.83	103283	25.75	824.05	1.51
1992	104.46	96.33	51360	24258	5.625	26972	103.80	4217.63	62870	25.4	823.06	1.51
1993	107.54	98.76	54605	27971	5.500	28829	107.16	4214.78	93014	26.63	835.73	1.45
1994	111.94	100.89	58174	31393	5.500	30727	111.15	6252.99	194766	26.24	924.54	1.56
1995	116.05	108.33	61681	31631	5.500	32441	118.72	5543.75	103052	27.27	903.10	1.79
1996	119.62	107.25	65176	34261	5.000	33765	124.85	6003.72	131425	27.49	880.38	2.6
1997	120.69	106.76	69614	36184	5.000	35275	132.83	8357.13	372411	32.64	835.00	2.72
變動率												
1991	3.63	0.16	7.55	12.09	-19.35	10.98	9.58	-27.25	-51.66	-5.02	13.75	-9.58
1992	4.46	-3.67	6.76	12.39	-10.00	10.23	3.80	-13.33	-39.13	-1.36	-0.12	0.00
1993	2.95	2.52	6.32	15.31	-2.22	6.88	3.24	-1.33	47.95	4.84	1.54	-3.97
1994	4.09	2.16	6.54	12.23	0.00	6.58	3.72	48.36	109.39	-1.46	10.63	7.59
1995	3.67	7.37	6.03	0.76	0.00	5.58	6.81	-11.34	-47.09	3.93	-2.32	14.74
1996	3.08	-1.00	5.67	8.31	-9.09	4.08	5.16	8.30	27.53	0.81	-2.52	45.25
1997	0.89	-0.46	6.81	5.61	0.00	4.47	6.39	39.20	183.36	18.73	-5.15	4.62
1991~97	3.25	0.96	6.52	9.95	-5.80	6.96	5.36	3.04	6.36	2.68	1.59	7.22

資料來源：行政院主計處編印的各種統計年表。

附註：M1b、重貼現率、匯率、外匯存底等皆為年底值。消費者物價指數、躉售物價指數與勞動生產力指數係以1991年為基期，GDP係按1991年固定幣值計算。

年間反而低於經濟成長率，使得1991~94年間工資上漲率大於1995~97年。

至於在物價方面，仍延續1980年代的狀況，躉售物價與消費者物價呈現背離現象，在整個觀察期間，躉售物價年平均上漲率爲0.96%，消費者物價爲3.25%。在資產不景氣期間，物價沒有呈現大幅回跌現象，其情形如同在1980年代後期泡沫經濟時期，物價亦沒有呈現巨幅上漲現象。質言之，台灣物價於1980年代與1990年代都呈現出相當穩定的局面。

第二節　各種物價走勢剖析

如前述，在資產不景氣時期，消費者物價與躉售物價之間的走勢，如同在1980年代泡沫經濟時期呈現背離現象，消費者物價於1991~97年間呈穩定地上揚走勢，年平均上漲率爲3.25%；而躉售物價卻呈現較大的波動，1992年的變動率爲-3.67%，之後其指數開始趨堅，於1995年時上漲率爲7.38%，爾後又開始滑落，1996年的變動率爲-1%，1997年爲-0.46%，整個觀察期間（1991~97）的年平均上漲率只有0.96%，在走勢上與消費者物價大相逕庭。由圖9-1可清楚地看出它們不一樣的走勢。

消費者物價與躉售物價走勢背離與不一致的情形，大致上可歸納成下列因素：

1. 從行銷階段而言，躉售物價處於生產者批發階段，而消費者物價處於消費者最終消費階段，前者爲生產者的進

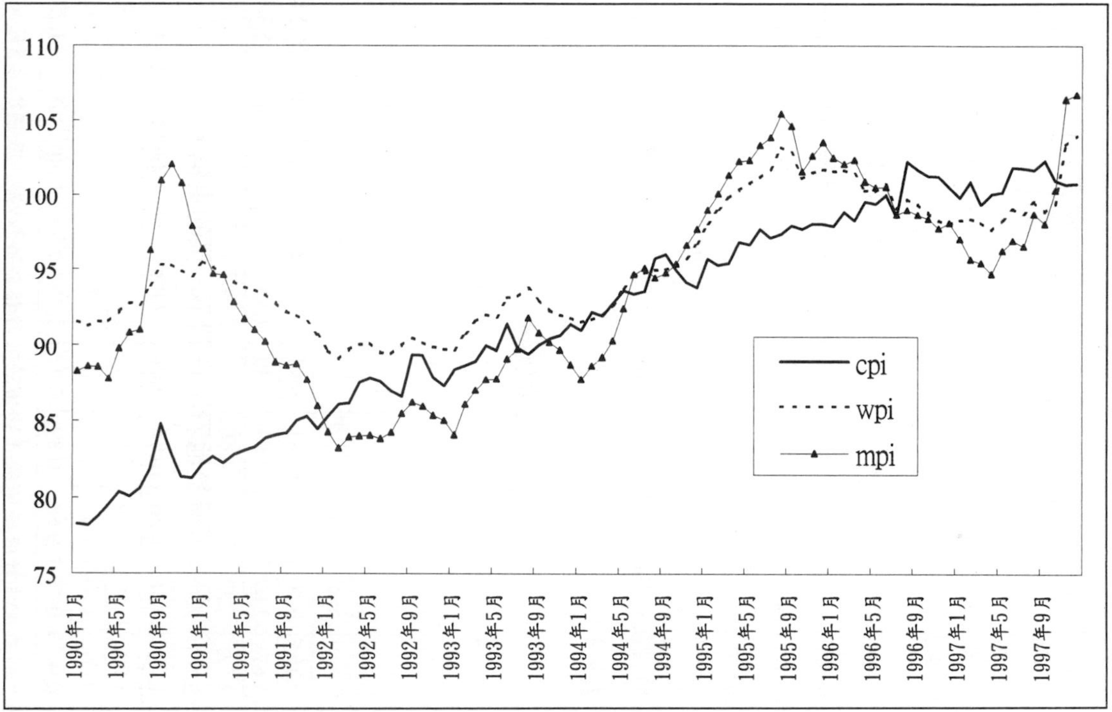

圖9-1 消費者物價、躉售物價及進口物價

貨成本，後者為生產者的銷售價格。兩者之間的差距，除了表示生產者的利潤與稅賦外，行銷階段的初級要素投入，如店面的租金、勞動的工資、營運資金的利息等的高低，自然就會影響兩者的差距。

2. 就指數編製構成項目而言，消費者物價指數與躉售物價指數差異頗大，躉售物價指數包括內銷品與出口品，但出口品並不涵蓋在消費者物價指數編算的範圍內。出口品物價占躉售物價指數編算時的權數為31.11%，這就是說，若出口物價變動1%時，對躉售物價指數的編算就構成0.31%的變動，但消費者物價卻分毫不受影響。（見表9-3）

表9-3 各類物價變動率

年 期	躉 售 物 價					消 費 者 物 價			進口物價指數	出口物價指數
	總指數	內 銷 品			出口品	總指數	商品類	服務類		
		內銷指數	國產內銷品	進口品						
1991	0.16	0.00	0.79	-2.81	0.54	3.63	1.31	7.35	-2.81	0.54
1992	-3.67	-2.07	-1.19	-6.93	-5.39	4.46	4.13	4.99	-6.93	-5.38
1993	2.52	1.52	0.16	4.66	5.19	2.94	1.43	5.23	4.66	5.19
1994	2.16	2.78	1.75	5.11	0.57	4.09	3.44	5.06	5.11	0.56
1995	7.38	7.56	6.36	10.15	6.89	3.68	3.53	3.89	10.15	6.89
1996	-1.00	-2.01	-1.79	-2.49	1.68	3.07	2.84	3.40	-2.49	1.68
1997	-0.46	-1.43	-1.45	-1.40	2.05	0.90	-0.09	2.32	-1.40	2.05
1991~97	0.96	0.76	0.66	0.89	1.77	3.25	2.37	4.60	0.89	1.77

資料來源：行政院主計處編印的《物價統計月報》第329期，民國87年5月。

3. 消費者物價編算構成的項目中,除商品類的產品外,亦包括以勞務提供的服務類在內,而服務類並不涵蓋在躉售物價指數編算的範圍裡。服務類占消費者物價指數編算的權數為17.97%,這就是說,若服務類價格變動1%,消費者物價指數就會產生0.1797%的變動,但對躉售物價卻無影響。服務類物價的年變動率由1991年的7.35%穩定地下降到1997年的2.32%,消費者物價的變動率亦隨著走低。就服務類價格年平均上漲4.6%而言,對消費者物價年平均上漲3.2%的貢獻率為25.8%(見表9-3)。

4. 從成本面分析,雖然躉售物價指數為影響消費者物價指數的重要因素,然而從上述在行銷階段與指數編算構成項目上得知,躉售物價指數對消費者物價指數的影響呈現式微現象,這就說明為何兩指數的走勢呈現背離的原因。

台灣是屬於開放性的經濟體系,進出口貿易占經濟活動的比例極高,物價自然會受國外(際)因素的影響,其傳遞的過程為:國際原材料價格與匯率的變動而影響進出口物價的變動,進出口物價的變動影響躉售物價的變動,而躉售物價的變動再影響消費者物價的變動。圖9-1列出1991~97年月資料指數的走勢,躉售物價的走勢與進口物價亦步亦趨,當進口物價指數上揚時,躉售物價指數亦同時上揚;當指數下跌時,躉售物價亦同時下跌。但無論上漲或下跌,進口物價指數的變動幅度都大於躉售物價指數,這情形可從圖9-2的年變動率上清楚地看出。然而消費者物價指數的走勢,並沒有呈現出大幅波動的現象,

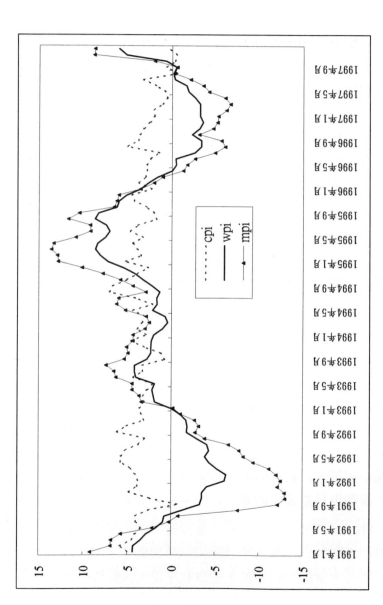

圖9-2　消費者物價、躉售物價及進口物價年變動率

而是呈現出鋸齒般持續上揚的走勢，這說明除受躉售物價變動的影響外，其他因素如貨幣供給變動或工資率變動亦影響消費者物價變動的走勢。

圖9-1所示，從1990年4月起，進口物價指數自87.76開始上漲，於1990年10月底時達到這波漲幅的最高點102.07後，就開始下降，於1992年2月指數來到83.25點，之後就介於83~91之間呈微幅上揚的走勢。但自1994年1月起，指數又開始爬升，從87.78爬到1995年8月的105.49，之後又回跌下來，於1997年4月來到94.74點後，指數再推升，於1997年底時達到106.74點。進口物價指數如此的波動，躉售物價也亦步亦趨相隨，但幅度低於進口物價指數。

造成進口物價指數波動的因素，可從匯率與國際原材料價格波動分析之。就進口物價指數與匯率的關係，從圖9-3所示，1994年1月之前新台幣貶值可使進口物價上漲，新台幣升值使進口物價下降，但1994年1月到1997年8月間進口物價的波動與匯率的升降似乎沒有太大的關係。從1997年8月以後，台灣亦無法倖免東亞金融風暴的肆虐，匯率從1：28迅速貶到年底的1：32.64，使進口物價指數亦緊跟著上升。

進口物價大幅波動的因素除來自匯率升降外，國際原材料價格的波動也是重要的因素。1990年4~10月間，進口物價上漲了16.3%，主要因素為：(1)美元相對於日圓與馬克的貶值幅度小於新台幣的貶值，致使從日本與德國進口的工業原材料與資本財的價格上漲。(2)因國際油品市場價格反彈以及中東局勢

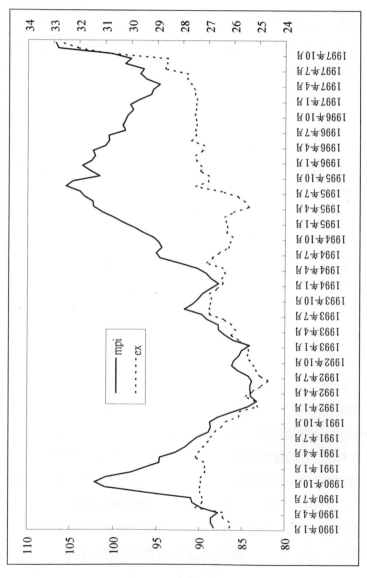

圖9-3 進口物價與匯率

趨緊，使進口原油價格巨幅攀升。至於1994年1月到1995年8月進口物價上漲了20.18%，其主要原因亦為原材料國際行情持續攀升所導致，其種類包括(1)銅、鋁、鋅、鎳等非鐵金屬與小鋼胚、不銹鋼等材料。(2)石化原料如苯乙烯、對苯二甲酸、醋酸乙烯脂等。(3)紙漿、木材與廢紙等。

從圖9-1與圖9-2所示三種物價的關係，呈現出消費者物價不會隨進口物價與躉售物價的下降而下降，但亦不密切地隨進口物價與躉售物價的上升而上升。從成本面分析，躉售物價視為影響消費者物價變動的要因之一，但不是唯一的要因。按經濟理論，另一項成本變動如工資率也會影響消費者物價的變動，而來自需求面的產出與貨幣供給對物價亦具有影響。

1991~97年，名目工資率的年平均上漲率為6.96%，同期間勞動生產力的增長率為5.36%，兩者的差距為1.3%，似對消費者物價上漲的壓力不大。然就圖9-4所示，除季節性因素外，消費者物價與名目工資率似呈同方向之變動。另外，貨幣供給量的年增長率為9.95%，遠大於經濟成長率的6.52%，更何況於1990年代前半期的貨幣供給的年增長率卻為經濟成長率的倍數，如此所累積的效果必定會對物價的上漲產生壓力。圖9-5列出消費者物價指數與貨幣供給月資料序列，兩者走勢的方向與變動幅度類似，想必貨幣供給對消費者物價會產生影響。

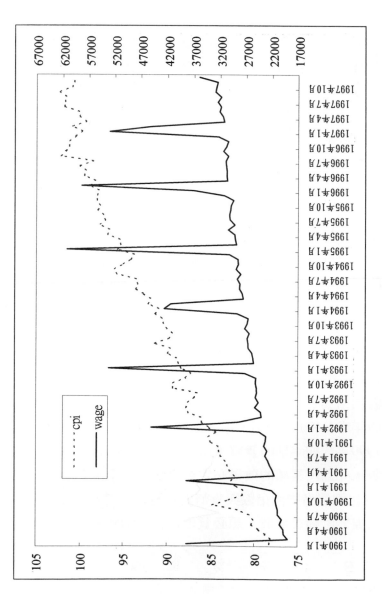

圖9-4 消費者物價與名目工資率

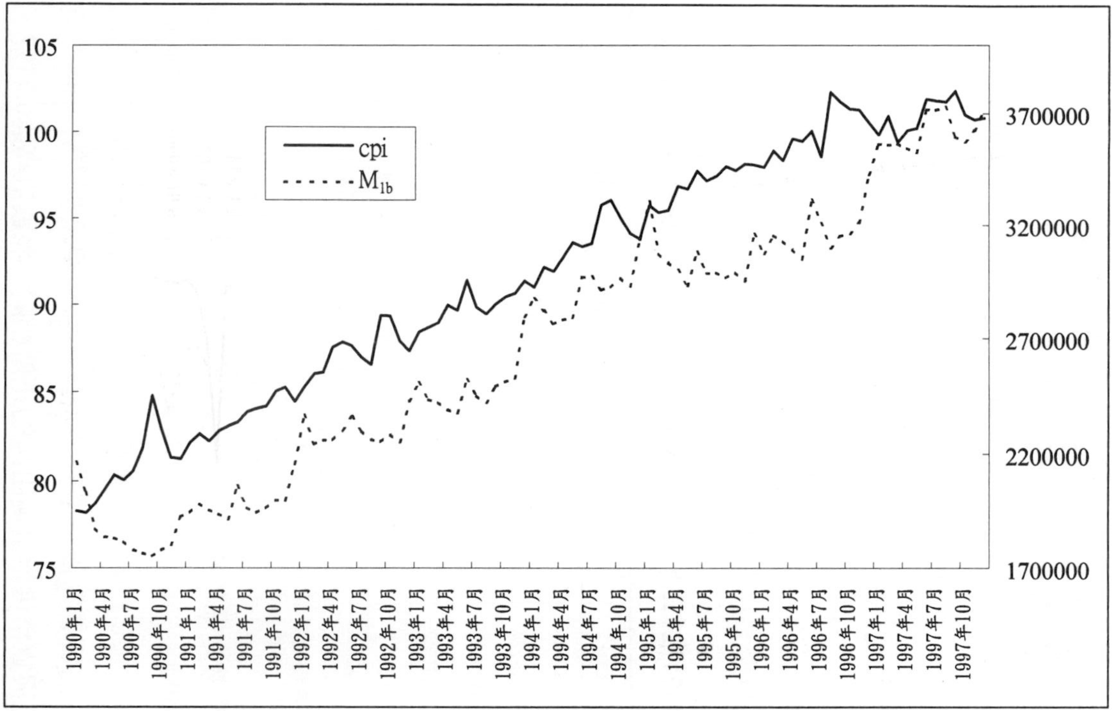

圖9-5 消費者物價與貨幣供給

第三節　物價變動之計量分析

對1990年代資產不景氣時期物價水準的計量分析，基於上一節對該時期物價變動可能成因的解說，擬從成本面與需求面在計量分析上找出最適的解釋變數。在進行迴歸分析之前，先對與物價水準有較密切關係的變數，進行Pearson相關係數分析，以便先了解變數間的相關程度。相關係數分析結果列於(表9-4)。

表9-4　1991~97年月資料物價指數與主要變數的Pearson相關係數

	cpi	wpi	mpi	wage	ER	M_{1b}
Cpi	1.0000					
Wpi	0.8024	1.0000				
Mpi	0.7507	0.9844	1.0000			
Wage	0.4022	0.3148	0.2845	1.0000		
ER	0.5415	0.6428	0.6254	0.1974	1.0000	
M_{1b}	0.9557	0.7474	0.7001	0.4884	0.5871	1.0000

註：英文名稱之變數如表8-5之定義。

各變數之間的相關係數全為正值，其情形與1980年代的結果極不相同。消費者物價與躉售物價、進口物價的相關係數分別為0.8024與0.7507，而躉售物價與進口物價的相關係數高達0.9844。消費者物價與工資率及匯率的相關係數較低，尚不及0.55，但與貨幣供給呈現出高的正值相關，係數值高達0.9557。

躉售物價與名目工資率的相關係數較低，只有0.3148，而進口
物價與名目工資率的相關係數就更差了。匯率與躉售物價及進
口物價指數之間的相關係數還能保持在0.62~0.64之間，算是正
常，但與名目工資率的相關係數不及0.2，算是最低者。貨幣供
給與進口物價的相關係數為0.7，與名目工資率為0.4884，與匯
率為0.5871。從上述各相關係數的陳述中，可知消費者物價與
貨幣供給存有較高的正相關；同樣地，躉售物價與進口物價指
數之間亦存有較高的正相關。

　　我們利用1991年1月到1997年12月的時間數列資料進行物
價水準之迴歸分析。從相關分析中得知，躉售物價指數（wpi）
與進口物價指數（mpi）存有較高的相關係數，我們分別以雙對
數型態、年成長率型態及雙對數值差分型態進行簡單迴歸，結
果為

$$\text{Log wpi} = 1.6792 + 0.6343 \log \text{mpi} \cdots\cdots\cdots (9\text{-}1)$$
$$(29.11)\quad(49.94)$$
$$R^2 = 0.9682 \quad \overline{R}^2 = 0.9678 \quad F = 2494.34$$

$$\text{G wpi} = 0.0050 + 0.5285 \text{ G mpi} \cdots\cdots\cdots (9\text{-}2)$$
$$(3.99)\quad(29.73)$$
$$R^2 = 0.9151 \quad \overline{R}^2 = 0.9140 \quad F = 883.55$$

$$\text{D wpi} = 0.0056 + 0.5180 \text{ D mpi} \cdots\cdots\cdots (9\text{-}3)$$
$$(4.38)\quad(28.49)$$
$$R^2 = 0.9082 \quad \overline{R}^2 = 0.9071 \quad F = 811.38$$

由上述可知，無論何種型態的模式，進口物價的解釋能力都很強，符號與理論預期的結果相符合，係數估計值亦具有統計顯著性。尤其感到欣喜的，連年成長率型態與對數值差分型態的迴歸實證結果都有很高的配適度，這就說明1990年代躉售物價的變動深受進口物價變動的影響，也可說明上述所講的亦步亦趨的關係。就年成長率模式而言，進口物價指數年上漲1%時，躉售物價指數便變動0.5285%。

此外，我們亦看一看躉售物價與貨幣供給的簡單迴歸結果，即

$$\text{Log wpi} = 2.06 + 0.1710 \log M_{1b} \cdots\cdots\cdots\cdots\cdots\cdots\cdots (9\text{-}4)$$
$$(7.86)\ (9.82)$$
$$R^2 = 0.5406 \quad \overline{R}^2 = 0.5350 \quad F = 96.51$$

雖然模式的解釋能力並不強，但貨幣供給對躉售物價仍具有統計上的影響力，在其他條件不考量下，貨幣供給增長1%時，躉售物價便變動0.171%。接著我們以雙對數型態進行複迴歸分析，結果為

$$\text{Log wpi} = 1.5314 + 0.5879 \log \text{mpi} + 0.0242 \log M_{1b} \cdots (9\text{-}5)$$
$$(24.15)\ (36.61) \qquad\qquad (4.18)$$
$$R^2 = 0.9738 \quad \overline{R}^2 = 0.9732 \quad F = 1506.49$$

複迴歸模式比簡單迴歸模式的解釋能力顯然增強，所考慮的解釋變數如進口物價指數與貨幣供給，對躉售物價的變動，都具

有統計上的顯著性，只是貨幣供給係數的估計值比在簡單迴歸式中的重要性滑落了。就估計模式而言，在其他條件不變下，當進口物價上漲1%時，躉售物價便上升0.5879%；當貨幣供給增長1%時，躉售物價便上升0.0242%。

物價走勢的形成，預期心理扮演重要角色，我們將前期躉售物價指數納入當作解釋變數，複迴歸估計結果便為

$$\text{Log wpi} = 0.7024 + 0.3061 \log \text{mpi} + 0.0157 \log M_{1b}$$
$$(2.15) \quad (11.03) \quad\quad (4.15)$$
$$+ 0.4903 \log \text{wpi}_{t-1} \quad\cdots\cdots (9\text{-}6)$$
$$(10.90)$$
$$R^2 = 0.9895 \quad \overline{R}^2 = 0.9851 \quad F = 2504.15$$

加入前期躉售物價指數當作解釋變數後，迴歸分析結果就產生頗大的變化，但各解釋變數仍具有統計上的顯著性。原本由進口物價對當期躉售物價變動所作的解釋，便有部分轉由前期躉售物價來擔任了。

接著我們進行消費者物價的迴歸分析。從成本面與行銷階段觀察，進口物價影響躉售物價，躉售物價再影響消費者物價，如此便對它們個別進行簡單迴歸分析，結果為

$$\text{Log cpi} = 1.3028 + 0.7111 \log \text{mpi} \quad\cdots\cdots (9\text{-}7)$$
$$(4.09) \quad (10.13)$$
$$R^2 = 0.5559 \quad \overline{R}^2 = 0.5505 \quad F = 102.66$$

$$\text{Log cpi} = -0.8367 + 1.1774 \text{ log wpi} \cdots\cdots\cdots\cdots\cdots (9\text{-}8)$$
$$(-1.86) \quad (11.90)$$
$$R^2 = 0.6334 \quad \overline{R}^2 = 0.6289 \quad F = 141.67$$

就上述實證結果而言，進口物價與躉售物價對消費者物價確實具有影響力，但無論從解釋能力或係數值的大小上，再配合先前的相關分析，以躉售物價當作解釋變數卻較進口物價來得理想，也符合實際現象。

從需求面考量，貨幣供給爲一個不可忽視的解釋性變數，簡單迴歸估計結果爲

$$\text{Log cpi} = -0.3753 + 0.3311 \text{ log } M_{1b} \cdots\cdots\cdots\cdots\cdots (9\text{-}9)$$
$$(-2.46) \quad (32.17)$$
$$R^2 = 0.9266 \quad \overline{R}^2 = 0.9257 \quad F = 1035.03$$

就上述估計結果而言，在不考慮其他條件下，當貨幣供給變動1%時，消費者物價便上漲0.3311%。

接著，我們進行複迴歸分析，結果爲

$$\text{Log cpi} = 0.9500 + 0.2837 \text{ log wpi} + 0.2826 \text{ log } M_{1b} \cdots (9\text{-}10)$$
$$(-5.33) \quad (4.92) \qquad (21.08)$$
$$R^2 = 0.9425 \quad \overline{R}^2 = 0.9421 \quad F = 676.04$$

複迴歸模式的解釋能力增強了。在資產不景氣時期，躉售物價走勢雖與消費者物價不相一致，但從計量分析上，仍爲影響消

費者物價變動的要因之一，在其他條件不變下，躉售物價上漲
1%時，消費者物價便可上漲0.2837%；另一個影響消費者物價
變動的要因便是貨幣供給，當貨幣供給增長1%時，消費者物
價便可上漲0.2826%。

　　總之，在這段分析期間，消費者物價變動的決定因素與躉
售物價不盡相同。躉售物價受進口物價影響的程度較大；而貨
幣供給的增長亦影響到躉售物價，但影響程度不及對消費者物
價的影響。此外，消費者亦受躉售物價的影響。如此說來，進
口物價的變動直接衝擊著躉售物價，然後再經由躉售物價而傳
遞到消費者物價的變動上。同時，預期心理的因素仍扮演較重
要的角色。

第十章
金融風暴與物價變動

第一節　所謂東亞金融風暴

　　在人們的印象中，總把金融與物價連在一起，以為金融風
暴必然是貨幣供給暴增所產生的結果；而貨幣供給暴增必然會
造成物價的上升。其實金融風暴與物價的關係並非如此直接而
單純。在1980年代末期，台灣曾爆發泡沫經濟現象，房地產價
格暴漲了數倍，貨幣供給的漲幅也逾平常，可是一般物價水準
卻相當地穩定。自1997年7月以來，東亞金融風暴在泰國爆發，
很快就蔓延到馬來西亞、印尼、新加坡和菲律賓，普遍的現象
是股市崩盤、貨幣驟貶，緊跟著是出口衰退，經濟成長趨緩。
到該年9月，這場金融風暴也刮到了東北亞的香港、台灣、韓
國和日本。西方觀察家認為這只是東亞經濟失衡所造成的局部
金融危機，殊不知1998年8月，它也蔓延到了俄國和拉丁美洲
國家，同樣使這些國家的貨幣驟貶，股市崩盤。由於對外投資

和國際貿易的關聯,無論歐盟國家或美國也都無法置身事外來
欣賞東亞金融風暴的景觀。

　　茲以1997年6月底同1998年6月底,東亞十國匯市和股市變
動作一比較,顯見各國受金融風暴的影響程度。就貨幣貶值程
度而言,最嚴重的是印尼,貶值83.6%,其次是馬來西亞和泰
國,分別貶值39.0%和38.7%;貶值較輕的國家,爲新加坡、日
本和台灣,分別爲15.4%,18.3%和19.0%。中國大陸和香港並
未貶值,因爲它們的政府作了某種程度的干預,硬使其不貶值。
至於股價下跌程度,暴跌最厲害的爲韓國,爲60.0%,其次爲
馬來西亞,爲57.7%,下跌程度較輕的,爲台灣和日本。

表10-1 東亞國家金融風暴之衝擊程度

（1997年6月到1998年6月）　　　　　　　　　　單位：%

	貨幣貶值程度	股價下跌程度
四小虎		
印尼	83.6	38.5
泰國	38.7	49.3
馬來西亞	39.0	57.7
菲律賓	37.3	40.9
四小龍		
新加坡	15.4	46.3
台灣	19.0	16.4
香港	0.0	43.8
韓國	35.3	60.0
中國大陸	0.0	
日本	18.3	23.2

資料來源：行政院主計處:《國情統計通報》,民國87年7月2日。

讓我們再看看東亞金融風暴對各國經濟成長、失業率及通貨膨脹之影響。顯然，東亞十國的經濟成長普遍下降。1997年的經濟成長率除新加坡、中國大陸、馬來西亞及台灣尚能保持以往之成長態勢外，韓國、日本、泰國與印尼的經濟成長為大幅下降，尤其泰國與印尼的經濟成長率已變為負值。在失業率方面，就1998年上半年而言，已較1997年有較大幅度之增加。至於通貨膨脹率，就1998年前9個月而言，除中國大陸、香港與新加坡外，皆有較大幅度之上升，其中最嚴重的是印尼，這與該國連續數次的暴亂有直接關係。其餘三小虎所受影響亦較顯著。

表10-2 東亞金融風暴對經濟情況之衝擊

單位：%

	經濟成長率			失業率		通貨膨脹率	
	1997	1998		1997	1998	1997	1998 (1~9月)
		上半年	全年*				
四小虎							
印尼	4.6	-12.2	-13.5	6.0	10.5(6月)	10.0	52.9
泰國	-0.4	-7.5	-6.8	3.5	20.0(6月)	5.6	9.2
馬來西亞	7.6	-4.8	-4.1	2.7	5.9	2.7	5.2
菲律賓	5.2	0.6	0.7	5.1	8.9(7月)	5.1	9.4
四小龍							
新加坡	7.8	3.8	0.3	2.4	2.3(6月)	2.0	0.4
台灣	6.8	5.5	5.2	2.7	3.0(9月)	0.9	1.3
香港	5.3	-3.9	-2.6	2.2	5.0(9月)	5.7	3.9
韓國	5.5	-4.3	-6.0	2.6	7.4(8月)	4.5	8.1
中國大陸	8.8	7.0	7.0	3.1	3.5(1季)	1.5	-2.5
日本	0.9	-4.3	-2.1	3.4	4.3(8月)	1.8	0.8

資料來源：行政院經建會：《國際經濟動態指標》，民國87年10月22日。
註：*係WEFA1998年9月預測值。

第二節　東亞金融風暴對物價之影響

　　一般言之，東亞金融風暴對每一國家物價之影響程度並不完全相同，這與一國經濟體質似乎有密切關係。從(表10-2)很明顯的可以看出：它對那些受金融風暴衝擊較重的國家之物價影響較大，對那些受金融風暴衝擊較輕的國家之物價影響較小。前者如印尼、泰國、馬來西亞、韓國和菲律賓；後者如新加坡、中國大陸、香港、台灣和日本[1]。例如1998年1~9月，印尼物價暴升52.9%，當然，這不完全歸罪於東亞金融風暴，但是印尼政局不穩，社會紊亂，暴動頻傳，致生產受到破壞，城市經濟活動陷於低潮，物資缺乏，乃導致惡性通貨膨脹之發生。再如韓國，它的政局較穩，但1997年通貨膨脹率為4.5%，並不算嚴重，可是1998年1~9月卻也升為8.1%，顯然受了大幅貶值的影響。

　　在此次金融風暴中，受衝擊較輕的新加坡，雖然身處東南亞金融風暴核心之內，它的通貨膨脹率不但未上漲，反而由1997年的2%下降為1998年1~8月的0.4%。香港也有類似情況，1997年通貨膨脹率為5.7%，1998年1~8月也降為3.9%，中國大陸在此次金融風暴中，也受了些創傷，但不嚴重，例如經濟成長率

---

1 其實，在此次東亞金融風暴過程中，受損失最大的是日本，只是因為日本經濟基礎深厚，民間潛力大，故有較大的應變力，來迎接東亞風暴的挑戰；況日本物價變動率一向皆低。

未達到計畫目標，出口成長率下降，但它的物價，卻由1997年
的上漲率1.5%降為1998年1~9月的-2.5%。至於台灣物價受影響
的程度，將在此後各節中，作較詳細的分析。

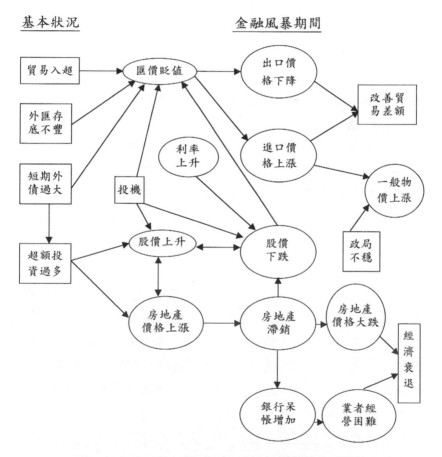

圖10-1 受東亞金融風暴衝擊較重國家的情形

基本狀況 金融風暴期間

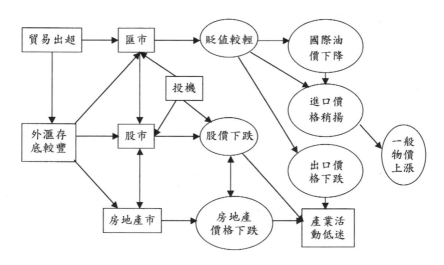

圖10-2 受東亞金融風暴衝擊較輕國家的情形

從上面圖示，受東亞金融風暴衝擊程度之不同，與這些國家的基本狀況有關。如果這個國家的經濟狀況很健康，即經濟維持某一程度的成長，對外貿易享有一些出超，而外匯存底也夠豐富，同時也沒有可觀的短期外債負擔及可怕的超額而不當的投資。當金融風暴來臨時，它們的股價也會下跌，貨幣也會貶值，但程度較輕。如果貶值程度不大，對進口物價提升程度也就不會太高；從而對一般物價的影響也就不大了，況1998年下半年，國際石油價格暴跌，對進口石油國家的物價會有抑制

作用[2]。

如果這個國家的經濟不健康,譬如連年入超,外匯存底不豐,有可觀的短期外債,再加上超額而盲目的投資,即使經濟仍能維持某種程度的成長,其所受的衝擊仍會很嚴重;無論其股市或匯市,都呈現出令人沮喪的現象,由於貶值過大,又增加償還短期外債的負擔,更會使進口價格大幅上漲。復由於外匯短缺,所需要的工業原材料會供不應求,益增國內價格之上漲,儘管國際油價下跌對它們有些幫助,但幫助並不夠大。

第三節 東亞金融風暴與台灣物價

東亞金融風暴源自東南亞國家,它通過兩種流量(flow)影響到台灣經濟,一個是資本流量(capital flow),即台灣與東南亞國家的投資關係,包括台灣到東南亞國家的直接投資與間接投資。直接投資為在當地設廠生產,它的產品是以當地市場為主,還是以外銷市場為主;而外銷市場是以開發中國家為主,還是以已開發國家市場為主。如果直接投資所生產的產品是以已開發國家為主,因廠商手中持有外幣,不因當地貨幣貶值而受損,反而因當地貨幣貶值,其在當地的支出會減少;如果外銷市場是以其鄰國為主,其外銷會受不利影響,因其鄰近國家

---

2 國際油價從1998年上半年的18美元一桶,跌到該年12月份的8美元一桶,跌幅為56%,可謂相當的大。這對進口原油國家的物價水準會有很大的下降壓力。

也因金融風暴而減少進口。如果是以間接投資，無論投資於股市或債券市場，都會因股值慘跌而被套牢。就台灣情況而言，台商在東南亞國家的投資主要以外銷市場爲主，而投資於股市者數額較少；投資於房地產者也不多見[3]。由於投資產品以外銷爲主，反而因當地貨幣貶值，所付出的房租、工資等費用大幅降低。同時東南亞的華僑也到台灣來投資，由於東南亞金融風暴使他們遭受創傷很重，在短期內難以增加對台灣的投資。

另一個是貿易流量(trade flow)，即台灣與東南亞國家的進出口關係。台灣對東南亞的貿易，在最近十年以來有相當大的成長，可是自1997年下半年以來，台灣對此地區的貿易大受影響。即以1998年1~11月而言，對東協五國的商品出口比去年同期下降30%，從而影響對該地區的貿易差額，1998年1~11月，對該地區入超高達美金16.2億元(去年同期爲出超19.7億美元)。

台灣對外貿易除受東協國家減少進口之影響外，也受其它東亞國家的影響，譬如對日本、韓國、香港及中國大陸，在商品出口方面，皆有大幅度的下降。就1998年1~11月而言，對日本出口下降21.3%，對韓國出口下降39.4%，對香港及大陸出口下降11.9%，這些影響都會反應到台灣廠商的生產，進而影響GDP。至於這些國家對台灣的出口，年來並無顯著的增長，影響程度不大。問題在於：與東亞各國資本流量與貿易流量發生

---

3 像日本，在東南亞國家的投資，主要以投資於房地產爲主，當房價大跌，日本銀行的房貸便成爲呆帳，故其損失不貲。

變動,是否會影響台灣的進口物價?台灣主要的進口國為日本,
自1997年以來,日幣對美元貶值,曾由1996年6月底的1:109.42,
貶值到1998年11月的1:120,日圓貶值幅度為8.8%;但同期間,
台幣對美元的貶值,由1:27.49貶到1:32.5,貶值幅度為15.4%。
兩相比較,台幣貶值幅度大於日圓,致使從日本進口的財貨與
原材料的價格上揚,更何況政府於1997年10月放棄力守匯率穩
定政策,台幣對美元匯兌跌破1:30時,於1998年曾來到1:35
的水準,貶值幅度最高曾達24%,算是不輕。從表10-3與圖10-3
所示,在政府放棄力守匯率後,1997年10月相對上年同期的貶
值,便從低於5%一下躍升為12.35%,爾後貶值再加大,於1998
年1月時達23.91%。貶值所產生的效果,衝擊最嚴重地為出口
物價指數,其上漲率由1997年10月的4.03%變為11月的11.97%,
到1998年1月時為17.57%;其次為進口物價指數,1997年10月
為1.96%,11月便跳到8.82%,1998年1月便為11.55%。由於在
構成上躉售物價指數深受進出口物價指數的影響,使得躉售物
價由1997年10月的0.68%跳躍式地上揚到11月的5.21%,於1998
年1月時達7.23%。

　　1998年新台幣貶值的幅度大都在20%左右,由於東亞金融
風暴的持續與擴散,蔓延到全球各地,其所受到的衝擊也漸漸
浮現,致使國際資產大幅縮水,需求不振,產能過剩,產生全
球性供過於求的現象。國際間原材料價格開始滑落,種類包括
石化原料與化纖,廢鐵與鋼品類,半導體等,國際原油每桶價
格亦跌破10美元。雖台幣貶值仍維持在較高的幅度,但因國際

表10-3 1997年與1998年各物價與重要變數月資料年變動率

單位：%

年　月	cpi	wpi	mpi	xpi	ex	M_{1b}	vs	ps	wage	fn
1997年1月	1.97	-3.26	-5.33	-2.77	-0.11	15.82	186.96	44.35	43.07	5.05
1997年2月	2.05	-3.23	-6.29	-2.49	0.11	12.73	676.15	59.54	-22.73	14.21
1997年3月	1.10	-3.22	-6.76	-2.30	1.06	13.82	438.09	66.76	2.07	6.41
1997年4月	0.50	-2.66	-6.15	-0.03	1.80	14.51	81.85	45.49	2.27	5.13
1997年5月	0.76	-1.91	-4.26	-0.29	0.61	15.48	90.99	36.09	4.70	2.70
1997年6月	1.83	-1.68	-3.61	-1.05	1.16	12.12	179.91	37.36	3.34	5.32
1997年7月	3.30	-0.33	-2.17	-0.19	4.29	15.60	440.06	53.95	5.24	-2.77
1997年8月	-0.57	-0.17	-0.28	2.75	4.22	20.19	315.52	58.78	4.46	4.72
1997年9月	0.62	-0.52	-0.62	1.45	4.08	14.07	169.19	36.40	4.82	7.77
1997年10月	-0.33	0.68	1.96	4.03	12.35	12.87	146.41	22.34	6.28	6.94
1997年11月	-0.52	5.21	8.82	11.97	16.59	12.81	50.09	15.56	6.72	5.28
1997年12月	0.26	6.04	8.74	13.79	18.73	8.44	160.22	18.40	11.12	7.65
1998年1月	1.99	7.23	11.55	17.57	23.91	10.40	-22.12	10.02	38.31	9.15
1998年2月	0.30	4.64	8.54	12.81	16.60	7.09	96.34	15.25	-30.73	-1.67
1998年3月	2.46	3.21	4.93	10.53	19.32	4.53	2.59	9.91	3.12	2.11
1998年4月	2.11	3.46	5.41	11.08	19.20	1.75	-19.99	3.28	4.01	6.41
1998年5月	1.66	2.19	3.36	10.05	22.09	3.48	-9.81	0.97	5.10	8.43
1998年6月	1.42	2.43	3.35	10.74	23.52	1.07	-29.75	-12.37	2.36	5.90
1998年7月	0.84	1.77	2.69	9.35	19.76	-1.73	-49.40	-17.58	1.76	6.33
1998年8月	0.44	0.61	0.35	5.74	21.69	-4.01	-54.04	-27.09	0.35	7.41
1998年9月	0.41	1.25	1.39	5.99	20.17	-0.07	-20.15	-22.09	1.66	6.61
1998年10月	2.59	-2.20	-4.15	-0.86	4.87	0.66	-22.33	-13.75	-0.28	5.73

資料來源：行政院主計處所編的《物價統計月報》與《薪津及生產力月報》，
中央銀行經濟研究處所編的《金融統計月報》。

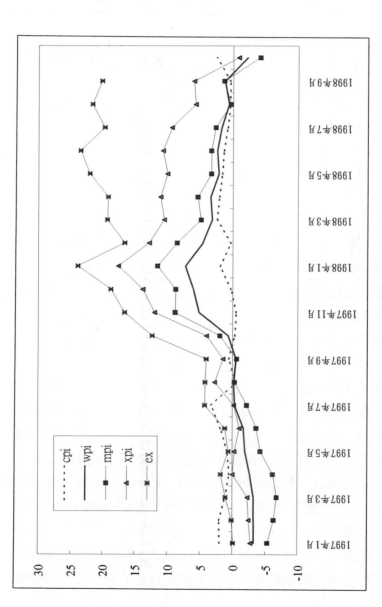

圖10-3 各種物價與匯率月資料年變動率

原材料價格的滑落,使出口物價指數的漲幅由1998年1月達最高點後便開始滑落,到10月時已變為負的變動率了。進口物價指數的變動率亦是如此,到10月時已為-4.15%。由於躉售物價的走勢隨著進出口物價亦步亦趨,但幅度上低於進出口物價,因而躉售物價的走勢也從1998年1月達到最高漲幅後便開始滑落,到同年10月時已變為負的變動率了,為-2.2%。

由上述分析得知,東亞金融風暴對台灣的進出口物價與躉售物價確實存有顯著的影響,其影響因早期台幣貶值而使物價上漲,後因國際需求不振,原材料價格下滑,而使物價上漲力道衰竭,便出現負的變動率。

雖然股價指數在1997年8月27日曾上漲到10,256點,但當東亞金融風暴波及到台灣時,類似泡沫影子的股價與過熱的證券市場交易也遭衝擊,股價指數便開始滑落。股價以兩個多月的時間,於10月30日落到7040點,之後反彈回升,於1998年2月27日回到9378點,當在4月7日作成M頭後,股價便從9337點狂瀉到9月1日的6219點,然後時落時起,到1998年底一直在7,000點上下徘徊。由於股價不包括在消費者物價之內,也未包括在躉售物價與進出口物價內,它的漲跌很難反應到這些物價上面。然而按經濟理論,消費者物價的變動,可從成本面與需求面觀察。成本面可從躉售物價與消費者物價的關係上分析,在圖10-3所示,當躉售物價下跌時,消費者物價不但不下跌,還可能有上漲的情形;當躉售物價受初期金融風暴衝擊而大幅上漲時,消費者物價的走勢依然如故,似乎在走自己的路,顯然不受影

響。需求面可從貨幣供給上著手。由於1997年延續1996年股價
的挺升,泡沫經濟重現,過熱的證券市場交易,儲蓄與定期存
款不斷地解約,改存活期存款,使得1997年大部分月份的M_{1b}
年增率大於M_2約五個百分點,1997年7月剛暴發金融風暴時,
該月台股平均股價為9553點,交易額為51272億元,為M_{1b}的1.38
倍,由此可見股市交易之熱絡。金融風暴也衝擊股市,泡沫破
滅,追逐者退潮,M_{1b}的增長率也開始從20%快速地下降,於1998
年2月時低於M_2,1998年7~9月的變動率為負的。隨股市的榮枯,
M_{1b}呈現出較大的起落,然而M_2自始至終增長率都圍繞在8%上
下波動。相對地,消費者物價的變動似亦不受M_{1b}的影響。M_{1b}
大漲時,消費者物價不但不隨波盪漾,有時卻出現反方向的變
動;M_{1b}的漲幅大幅滑落時,消費者物價也沒有跟著下降,有
時反而上漲(見圖10-4)。金融風暴從1997年7月到1998年10月,
消費者物價指數由101.81上漲到103.62,15個月共上漲了
2.38%,消費者物價算是相當平穩。

再就是房地產價格。由於房地產價格不包括在消費者物價
之內,它的漲跌很難反應到消費者物價上面,但房屋租金包括
在消費者物價之內。自1990年泡沫經濟崩潰以來,台灣的房地
產便陷入不景氣狀態。由於空屋率很高,空屋一直維持在83萬
戶左右,致使房地產價格曾下降20~30%。就地區言,台灣中
部的台中市下降幅度最大,其次為高雄市,而台北市下降幅度
為最小,譬如1998年台中市的新建大樓,每坪8萬元左右,台
北市東區的新建大樓則在40~50萬元一坪。由於房地產不景氣,

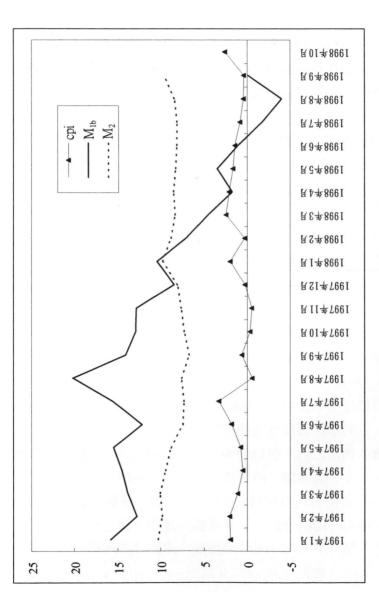

圖10-4 消費者物價與貨幣供給月資料年變動率

滯銷情況十分嚴重，許多建設公司、營造商發生財務危機，從而影響到銀行逾期放款比例的增高，到1998年第4季，台灣的金融危機因股價連續下跌或被套牢或面臨「斷頭」局面[4]，而逐漸呈現出來。金融當局爲怕發生「骨牌效應」，便採取「概括承受」的方式，讓健全的金融機構去接管陷入危機的公司；或者用「道德勸說」的方式，使金融機構不要抽緊銀根，也不要催收到期債款[5]。

---

4 股市上的「斷頭」，係指借錢（融資）買股票，當股價連續重挫，融資戶無法再提供擔保品或補足價差，質權人便將股票賣出。
5 政府當局要銀行延期六個月償還到期債務。

第十一章
對未來台灣通貨膨脹之蠡測

　　人類的智慧畢竟是有限的。就二十世紀而言，人類對通貨膨脹的預測可說十分有限。儘管運用了大量的統計資料和精益求精的計算工具，對溫性通貨膨脹有了較有把握的預測，但對惡性通貨膨脹的預測並沒有良好的紀錄。茲就台灣的情況而言，自1949年中央政府遷台以來，同樣對溫性通貨膨脹之預測有較大的把握，對惡性通貨膨脹預測也是無良好的紀錄。

　　問題出在那裡？對於具趨勢性的現象，比較容易掌握其走向；對於變動突特的現象，則較難以掌握其走向，這也是經濟預測迄今無法突破的盲點。就如地震、颱風一樣，尚無可靠的工具做預測。惡性通貨膨脹多產生於戰亂期間；重大天災是人類生產活動蒙受嚴重破壞時期，或重要工業資源奇缺時期。如石油危機期間，世界各國無不發生惡性通貨膨脹，然而這種現象在二十世紀只發生在1970年代。台灣因需石油但不生產石油，故無法避免它的波及。在戰亂期間，生產活動停頓，供不應求，致發生惡性通貨膨脹。所以預測嚴重性的通貨膨脹並非

想像那麼簡單。

　　雖然惡性通貨膨脹較難預測，但因其關係到人民生活福祉，我們仍應對其作適當的關注，那就是利用各種資料和各種方法，使物價變動掌握在手中。

　　對未來通貨膨脹之蠡測主要從三方面來推論：一、國際方面是否有世界性的通貨膨脹發生；二、國內方面是否有通貨膨脹的造因存在；三、大自然反撲可能造成的災難及其影響。任何一種原因，都有形成台灣通貨膨脹的可能。

一、國際方面

　　由於台灣不是一個自給自足即能發展的經濟，它對國際經濟的依賴度相當的高。此可從對外貿易的依賴度可以見之。

表11-1 對外貿易的依賴度

	國民生產毛額	出口	進口	進出口
1960	100.00	11.51	19.04	30.55
1970	100.00	30.36	30.42	60.78
1980	100.00	52.61	53.80	106.41
1990	100.00	45.65	40.78	86.43
1997	100.00	48.93	46.21	95.14

資料來源：行政院主計處所編的《國民所得》。

　　台灣對進口依賴度相當的大，即使近年來有下降跡象，但是不可諱言地，有三種進口品對台灣物價有影響，即石油價格、

糧食價格和工業原材料價格。有人認為三十年後石油會用罄，這種論調屢見不鮮，三十年後是否會用罄，無人敢斷言，因為目前未發現的油源將來還會被發現；代替石油的產品也次第出現。除此，由於國際上有強烈的要求，各國的 CO_2 排放量水準要回到1990年，這對抑制石油的使用會有效果。正如1970年代石油危機發生後，很多人預測石油的未來是逐漸枯竭，而價格上漲會到每桶130美元，可是二十年過去了，這種論調已不攻自破。

表11-2 世界石油價格

單位：美元／桶

年	價　格
1973	2.59
1974	11.65
1979	17.50
1980	36.00
1985	28.00
1990	18.91
1995	16.22
1998	10.50

資料來源：*Weekly Petroleum Status Report.*

　　至於工業原料，在未來短缺的可能性也不大，人類利用合成材料的用途愈來愈多，石油經裂解後所產生原料也愈來愈

多，如沙分解後竟成爲晶圓的素材，地面上仍有很多金屬及非
金屬，經分解後會成爲工業原料。基於這種考慮，工業原材料
供應不致成爲未來通貨膨脹的一個原因。

我們了解到進口品價格暴漲後，會產生輸入性通貨膨脹。
就台灣而言，進口仍是必要的，今後是否還會因某一原料的危
機，而造成全球性的通貨膨脹？這種可能性會很小。

二、國內方面

影響物價變動的因素，除國際因素外，在國內方面，一爲
物資供應，一爲貨幣供給，這兩個因素影響物價較大，由於台
灣又同世界聯在一起，除非因局部戰爭，海上全被封鎖，物資
不得輸入，否則，在貿易頻繁的情況下，國內物資缺乏，將是
季節性的，或因颱風掠境造成的短期不足。不過，爲時不會太
長，而且這種物價暴漲並不是累積性的，既非累積性的，它對
形成通貨膨脹就較困難。

其實，最重要的因素還是貨幣供給。增加貨幣供給主要情
況爲政府赤字龐大，而增稅不易，爲挹注赤字，政府大量發行
貨幣，會造成通貨膨脹。除此，國際貿易連續發生逆差，導致
新台幣貶值，新台幣大幅貶值會提高進口價格，造成輸入性通
貨膨脹，如果政府大興土木，民間過度投資，也會造成通貨膨
脹。這些因素都是政府經常考慮的因素，相信即使政權更易，
也不會冒風險而招致通貨膨脹。

三、大自然反撲問題

在二十世紀，人類過度利用了大自然，也破壞了我們的環境。人們闢山伐林，圍湖造田，填河成田，濫採，濫墾，濫葬，濫植，使土地面目全非，造成土石流現象，狂抽地下水，使泥土鹹化，不再生長植物，近海處，地層下陷，海水倒灌，桑田成澤國。復由於製造太多的二氧化碳、二氧化硫，破壞了臭氧層，使輻射線直射大地，結果自然環境失去平衡，為了調整這種不平衡現象，自然環境會起變化，即季節更易，風災，雨災，火災不時爆發，造成人間災難，處在這種情況，人類所需生活必需品欠缺，也會導致通貨膨脹。

近十年來，聯合國還努力促使各國響應「永續發展」運動，停止對地球的破壞，進一步修補大地被破壞的面貌。而世界上，又有不少國家確在響應此一運動，若此一運動蔚成風氣，對大自然會產生些補償效果，以減少它對人類不當行為的反撲。

考慮及此，在可見的二十一世紀，嚴重的通貨膨脹不致再發生，然輕度的通貨膨脹還是難以避免的，儘管我們的想法是如此，但未雨綢繆，仍有必要，那就是最易為執政當局所犯的毛病：濫發通貨，使貨幣供給大幅增長。同時，執政當局應盡量保持政府預算的平衡，使財政赤字降至最低；盡量保持貿易平衡，使逆差現象不再出現。盡量保持各地區產品的流暢，使供需差異不要擴大。這些措施對抑制或減低通貨膨脹均有裨益。

第十二章
結論與建議

第一節　結論

　　人類的經驗很重要。凡經歷過惡性通貨膨脹蹂躪的人都曾體驗到：在物價波動劇烈時期，貨幣所得在一夜之間會變成廢紙，使消費者無力購置所需要的民生品，而陷入飢餓的困境；由於貨幣失去交換價值，也會使人們重回到以物易物的原始社會。如果一個人從未經歷過物價暴漲，所賺取的所得就可買到想要買到的東西，他們對通貨膨脹的體驗可能是：物價波動無關緊要，也就不會覺得惡性通貨膨脹是個可怕的經濟夢魘。

　　在二十世紀，我們經歷了各種程度的通貨膨脹。只要有連年的戰亂，或重大的天災，或貨幣大幅度的貶值，惡性通貨膨脹就會接踵而至。為了防範惡性通貨膨脹的發生，我們須同時從理論與實證上，找出造成通貨膨脹的原因，然後運用各種經濟政策去消除這些造因。

　　根據我們的觀察，在過去六十年，每次惡性通貨膨脹之發生都有不同的造因。對於這些造因，我們可將其歸納為：(1)在戰亂期間，生產被嚴重破壞，致物資極度匱乏，政府靠印發鈔票去解決這個問題；結果是治絲益棼，使物價更加暴漲。(2)重要民生物資來源嚴重不足，致其價格高漲，為怕有人囤積居奇，抬高物價，謀取暴利，政府乃採用管制辦法，限制價格上漲，結果也會造成物資的有行無市，而且也會波及相關物價的上漲。(3)政府擴大公共支出，致造成龐大財政赤字，因為無法增稅來挹注，乃採用增發通貨的方式去填補，結果過多的通貨造成了通貨膨脹。(4)重大的天災不斷發生，或致命的傳染病流行，也會使生產中斷，產生物價上漲的現象。(5)當總體經濟嚴重失衡，如超額投資發生，導致物價上漲；或大量入超，致外匯存底不多，因此而發生的貨幣大幅貶值也會引發輸入型通貨膨脹。

　　就最近六十年台灣的情況而言，惡性通貨膨脹之發生，一是來自1950年代以前的戰亂，政局不穩，物資奇缺，又濫發通貨，二是來自1970年代石油價格突升和進口糧食及原料價格暴漲。這兩個年代所經歷的惡性通貨膨脹原因不同，帶來的衝擊也不一樣。1950年代以前的惡性通貨膨脹，在大陸，使執政的中國國民黨丟掉了江山；在台灣，使人民剛脫離戰爭的蹂躪，又遭受窮困的襲擊。不過，卻孕育出克難的精神及體認到政局穩定，社會安定的重要，以及濫發通貨的後遺症。1970年代的惡性通貨膨脹是輸入型的，以對外貿易為發展導向的台灣經濟

雖無法完全避免,但可減輕其衝擊程度,惟由於政策上的缺失,卻增大了通貨膨脹的惡性程度。不過,值得注意的,除惡性通貨膨脹發生時,如1974、1975、1980和1981年經濟成長率稍低外,其餘各年的經濟成長都很高。

除這兩個年代外,在其他年代,台灣的通貨膨脹可歸納為低度通貨膨脹和溫性通貨膨脹。同時台灣的經濟成長,除1990年代外,都保持高度的經濟成長。1990年代,既是個低度通貨膨脹時期,也是個經濟成長偏低時期,原因是在這個年代,泡沫經濟崩潰之後,資產不景氣連續達八年之久。

1997年7月,東亞金融風暴爆發,台灣也不能倖免,諸如股市一度崩盤,房地產業更陷於困境,並危及金融機構的發展。這是亟待解決的問題。

第二節　建議

對於一般物價持續上漲,應經常作預測工作,以便把握住物價變動的方向與幅度。如果發現,一般物價上漲幅度超出5%,政府就應檢討它的成因並考慮是否採取些措施。如果採取某些措施,必須考慮措施執行後的結果。

根據前面對物價的分析,我們認為任何涉及政策性建議,都必具可行性;為使其具可行性,必須針對社會的背景,國家的處境來設計,使一般物價能長期穩定下來。穩定的物價對阻止所得分配惡化有幫助。在這方面,我們將提出下列數項政策

建議：

一、任何經濟政策之設計，必須先考慮到政治環境，如果政治環境不良，經濟政策的效果就會被打折扣。在前面的分析中，我們已指出，一個國家的連年戰亂是造成惡性通貨膨脹的重要原因。消除戰亂是穩定物價最重要一環。為使台灣免於戰亂，對內要促成社會的和諧，各族群間的公平相待，對外主要是如何維持兩岸的和平關係。兩岸不宜起禍端，一旦起禍端，那將是台灣人民最大的不幸。試想，處在烽火中的台灣，必然是四周被封鎖，工商業生產癱瘓的局面。為了消除這種顧慮，執政當局要有智慧與手段去為兩岸締造一個和平相處的局面。

二、對於主要民生物資來源匱乏，或供應受阻所造成的通貨膨脹：1973年的糧食短缺與石油價格的暴漲曾是通貨膨脹的起因。台灣不產石油，但生產糧食，糧食已多元化。只要進口暢通，外匯充裕，國內糧食供給不足時，可以進口。所以平時應掌握糧食的主要來源，一旦發生短缺現象時，即可進口，便不會發生連年飢荒的情事。

三、政府執行預算不當的後果。自古以來，如政府執行預算不當，必會引來通貨膨脹現象。一種是政府每年從事預算編製，當一項連續性支出無法結束，而出現龐大的赤字時，如果增稅不易，政府就會增發通貨來挹

注，可是過多的通貨，會導致通貨膨脹，因爲發行的通貨具有累積效果。另一種是政府規劃大規模的經建建設（主要爲公共建設），設計與評估不當，也會造成無法支應的支出。

四、貨幣持續貶值的影響。貨幣貶值，通常有兩個重要原因：一爲入超持續增大；一爲國內物價大幅上漲，致使國內貨幣對美金貶值。針對這兩個原因，政府所能作的委實有限，這要靠民營企業來提高其競爭力，增加出口，使入超變爲出超，或運用外匯存底，大量進口物資，抑制物價上漲。

五、平日作好預測工作。所謂「山雨欲來風滿樓」，通貨膨脹之發生通常有預兆，因此對物價預測工作要做好。盡量利用計量方法，使預測工作成爲經常性的工作，一旦發現有異狀，應做警示。

六、基本上，對於物價之變動，像季節性變動，應將供需關係調整好。在台灣，每到夏秋，必有颱風來襲，而颱風來襲後，必造成民生物資供應上的困難。如果能及時由鄰近地區進口所需物資，便可使物價穩定下來。再如個別物資之短缺，也會形成這個物資價格的暴漲，如1995年蒜價突漲，那是因爲台灣供應商利用特權，獨占供應，不准進口所致，如果進口暢通，也會很快解決上漲問題。因此，對於個別物資之供應，不論是獨占，或聯合寡占的現象，都必須加以消除。

參考文獻

一、中文部分

于宗先

民國63年　〈台灣經濟穩定因素之探索〉,《經濟論文》第2卷第2期(9月),中央研究院經濟研究所。

民國66年　〈台灣通貨膨脹模型〉,《經濟論文》第5卷第2期(9月),中央研究院經濟研究所,頁1-22。

民國72年　〈第一次石油危機台灣通貨膨脹之分析〉,《經濟論文》第11卷第1期(3月),頁1-33。

王作榮

民國62年　〈當前的物價與出超問題〉,刊於《當前台灣物價問題研討會會議紀錄》(12月),中央研究院經濟研究所。

王金利

民國76年　〈台灣地區石油產品需求與其價格變動之研究〉,《台灣銀行季刊》第38卷第3期(9月),頁1-33。

民國83年　〈家戶生活成本之研究〉,中興大學法商學院,《法商學報》

第30期(8月),頁199-242。

王金利、孫智陸、周添城
　民國78年　〈台灣地區產業成長之來源分析〉,《中國經濟學會年會論文集》(12月),頁165-204。

尹仲容
　民國64年　〈對當前外匯貿易管理政策及辦法的檢討〉,收集於孫震編《台灣對外貿易論文集》(5月)聯經出版事業公司,頁9-28。

台灣銀行經濟研究室
　民國42年　《台灣之金融史料》(5月)。

吳中書、黃達煥
　民國79年　〈貨幣組成與物價波動台灣之實證研究〉,《台灣金融情勢與物價問題研討會論文集》(6月),頁35-53。

吳聰敏、高櫻芳
　民國80年　〈台灣貨幣與物價長期關係之研究:1907到1986〉,《經濟論文叢刊》,頁23-71。

李庸三
　民國62年　〈台灣物價變動分析〉,《經濟論文》第1卷第2期(9月),頁33-55。
　民國62年　〈台灣物價變動與價格預期〉,《當前物價問題研討會》(12月),中央研究院經濟研究所,頁93-115。
　民國64年　《台灣物價分析》,台北:聯經出版事業公司,。

李貳連
　民國80年　〈台灣地區貨幣供給額與物價變功之研究〉,《台銀季刊》第41卷第3期,頁70-99。

李榮謙
　民國75年　〈我國貨幣所得流通速度程定性之探討〉,《央行季刊》第8卷第3期,頁14-29。

邱正雄、侯德潛

民國82年　〈金融自由化之下物價，貨幣與貨幣政策之施行－台灣經驗〉，
《央行季刊》第14卷第3期，頁44-67。

林安樂

民國61年6月　〈台灣物價結構之研究〉，經濟專論163，中華經濟研究院，。

林景源

民國65年　〈台灣之工業化〉，收集於杜文田編《台灣工業發展論文集》
（3月），聯經出版事業公司，頁63-114。

林霖

民國41年　《中國經濟之出路：認真收稅與平衡預算問題》，稅務月刊社，
11月。

侯家駒

民國61年　〈戰後台灣物價動向〉（6月），經濟部物價會報:專案研究報告
第一號。

民國61年　〈戰後台灣物價結構〉（6月），經濟部物價會報:專案研究報告
第二號，。

柳復起

民國64年　〈台灣由通貨膨脹到經濟穩定的金融發展〉，收集於邱正雄編
《台灣貨幣與金融論文集》（9月），聯經出版事業公司，頁31-70。

孫智陸

民國78年　〈國際油價戰略分析與預測〉（7月），中油公司企劃處。

孫智陸、王金利

民國74年　〈台灣地區理性與部份預期物價模式之比較〉，《台灣銀行季
刊》第36卷第1期（3月），頁22-71。

高欣欣

民國82年　　〈台灣地區物價與貨幣供給關係之研究〉，中國文化大學經濟
　　　　　　研究所碩士論文（6月）。

高翠蓮
　民國64年　〈輸入性通貨膨脹之研究〉，台大經濟學研究所碩士論文（7月）。

夏霖成
　民國40年　〈論發行、物價與生產〉，《財政經濟月刊》第1卷第8期（76
　　　　　　月），頁1-23。

張仁明
　民國42年　〈台灣之貨幣供給與貨幣流量〉，《台灣銀行季刊》第20卷第
　　　　　　1期（3月），頁50-72。

梁國樹、侯金英
　民國62年　〈台灣物價變動形態之分析〉，刊於當前台灣物價問題座議會
　　　　　　會議紀錄（12月）。

梁發進
　民國73年　〈台灣之貨幣供給與物價〉，台灣金融發展研討會（12月），中
　　　　　　央研究院經濟研究所，頁475-513。

莊元生
　民國65年　〈五年來我國的物價變動之分析——國際經濟劇變後我國的物
　　　　　　價問題〉，《中國經濟月刊社叢書》（1月）。

許振明
　民國81年　〈貨幣政策與物價：向量自我迴歸（VAR）模型之實證分析〉，
　　　　　　物價研討會（7月），中華經濟研究院，頁1-50。

許榮昌
　民國42年　〈台灣優利存款之研究〉，《台灣銀行季刊》第5卷第4期（3月），
　　　　　　頁93-114。

許嘉棟

民國83年　　《當前物價問題與對策》，行政院研究發展考核委員會編印(6月)。

陳正順

民國67年　　〈進口代替工業化：理論之檢討與台灣之實證與研究〉，《經濟論文叢刊》第8卷，頁121-174。

陳昭南、許日和

民國62年　　〈台灣的貨幣，貿易與物價〉，《經濟論文》第1卷第2期(9月)，頁57-70。

民國64年　　〈貨幣成長與物價〉，收集於邱正雄編，《台灣貨幣與金融論文集》(9月)，聯經出版事業公司，頁387-398。

陳昭南、許日和及高翠蓮

民國65年　　〈輸入性通貨膨脹之研究〉，《經濟論文》第4卷第1期(3月)，中央研究院經濟研究所。

陳師孟

民國78年　　〈通貨膨脹總體觀〉，《央行季刊》第11卷第2期，頁6-20。

程耀蓉

民國80年　　〈台灣通貨膨脹與貨幣需求之實證研究〉，文化經研所碩士論文(6月)。

黃柏農

民國80年　　〈台灣貨幣政策中立性的檢定〉，中國經濟學會年會論文集，頁141-161。

黃智輝

民國66年　　〈台灣地區輸入性通貨膨脹之研究〉，《台灣銀行季刊》第28卷第4期(12月)。

民國70年　　〈台灣物價變動型態之分析〉，《台灣銀行季刊》第32卷第3

期（9月），頁1-34。

傅祖壇
民國78年　〈台灣價格方程式之估計〉，台灣經濟計量模型研討會（12月），頁457-497。

葉萬安、施敏雄
民國62年　〈當前台灣物價問題〉，《自由中國之工業》第39卷第6期（6月）。

劉錦添、蔡偉德
民國78年　〈光復初期台灣地區的惡性通貨膨脹〉，台灣大學經濟學系：台灣景氣循環與經濟成長研討會（1月）。

劉鳳文
民國69年　《外匯貿易政策與貿易擴展》（9月），聯經出版事業公司。

潘志奇
民國62年　〈台灣的通貨膨脹〉，刊於當前台灣物價問題研討會會議紀錄（12月），中央研究院經濟研究所。
民國69年　《光復初期台灣通貨膨脹的分析》（4月），聯經出版事業公司。

蔣碩傑
民國49年　〈台灣之利率問題〉，《台灣銀行季刊》第11卷第1期（3月），頁71-80。

謝美玲
民國81年　〈物價，貨幣供給與所得關係之研究－共整合分析法之應用〉，中興經研所碩士論文（6月）。

二、英文部分

Beladi, H., M. A. S. Choudhary and A. K. Parai,
1993　"Rational and Adaptive Expectations in the Present Value Model of Hyperinflation," *Review of economics and Statistics*, pp.511-514.

Cagan, P.
1956　"The Monetary Dynamics of Hyperinflation," in Studies in *the Quantity Theory of Money Supply*, ed. by M. Friendman,(Chicago: Univ. of Chicago Press).

Friedman, M.
1968　"The Role of Monetary Policy," *American Economic Review*, pp.1-17.

Granger ,C. W .J.
1969　"Investigating Causal Relations by Econometric Models and Cross Spectral Methods," *Econometrica*, 37, pp.424-438.

Hsiao, C.
1979　"Causality Tests in Econometrics," *Journal of Dynamics and Control*, 1, pp.321-346.

Kuo, S. W. Y.
1997　*Economic Policies: The Taiwan Experience 1945~95*.

Lin, K. S. and T. M. Wu
1988　"Taiwan's Big Inflation: 1946-1949" (Department of Economics, Taiwan University, Working Paper).

Liu, Fu-Chi
1970　*Studies in Monetary Development of Taiwan,* Monograph Series, No. 1, Institute of Economics, Academia Sinica.

Makinen, G. E. and G. T. Woodward

1988 " The Transition from Hyperinflation to Stability: Some Evidence," *Eastern Economic Journal*, pp.19-26.

Muth, J. F.

1961 " Rational Expectations and the Theory of Price Movement," *Econometrica*, 29, pp.315-335.

Phelps, Edmund S.

1968 " Money Wage Dynamics and Labor Market Equilibrium," *Journal of Political Economy*, pp.678-711.

Phillips, A. W.

1958 " The Relationship Between Unemployment and the Rate of Change of Money Wage Rates in the U. K. 1861-1957," *Economica*, pp.283-299.

Quddus, M., J. T. Liu and J. S. Butler

1989 " Money, Prices, and Causality: The Chinese Hyperinflation 1945-49, Reexamined," *Journal of Macroeconomics*, 11.

Samuelson, Paul A. and Robert M. Solow

1960 " Analytical Aspects of Anti-Inflation Policy," *American Economic Review*, pp.177-194.

Sargent, T. J.

1986 *Rational Expectations and Inflation*(New York: Harper and Row).

Sargent, T. J., and N. Wallace

1973 " Rational expectations and the Dynamics of Hyperinflation," *International economic review*, 14, pp.328-350.

Wang, C. L., J. L. Sun and T. C. Chou

1992 " Sources of Economic Growth and Structural Change: A Revised Approach," *Journal of Development Economics*, pp.383-401.

索 引

台灣經濟論叢2

台灣通貨膨脹（1945—1998）

1999年9月初版　　　　　　　　　　　　　定價：新臺幣300元
有著作權・翻印必究
Printed in Taiwan.

著　　者	于	宗	先
	王	金	利
發 行 人	劉	國	瑞

出版者　聯 經 出 版 事 業 公 司　　　　　執行編輯　賴　韻　如
臺 北 市 忠 孝 東 路 四 段 5 5 5 號　　　封面設計　王　振　宇
電　　話：2 3 6 2 0 3 0 8・2 7 6 2 7 4 2 9
發行所：台北縣汐止鎮大同路一段367號
發行電話：2 6 4 1 8 6 6 1
郵 政 劃 撥 帳 戶 第 0 1 0 0 5 5 9 - 3 號
郵撥電話：2 6 4 1 8 6 6 2
印 刷 者　雷 射 彩 色 印 刷 公 司

行政院新聞局出版事業登記證局版臺業字第0130號

國家圖書館出版品預行編目資料

台灣通貨膨脹（1945-1998）／于宗先、王金利著 .
--初版 . --臺北市： 聯經，1999年
面； 公分 . （台灣經濟論叢：2）
參考書目： 面；含索引

ISBN 957-08-1999-5(平裝)

1. 通貨膨脹 2. 物價-台灣 3. 經濟-台灣-歷史

561.17   88011582